Marcus Damm und Stefan Werner

Schemapädagogik bei jugendlichen Gewalttätern

Diagnose von Schemata, Konfrontation und Verhaltensänderung

SCHEMAPÄDAGOGIK KOMPAKT

herausgegeben von Dr. Marcus Damm

ISSN 2191-186X

1 *Marcus Damm*
Praxis der Schemapädagogik
Schemaorientierte Psychotherapien und ihre Potenziale für die psychosoziale Arbeit
ISBN 978-3-8382-0040-8

2 *Marcus Damm*
Schemapädagogik im Klassenzimmer
Ein neues Konzept zur Förderung verhaltensauffälliger Schüler
ISBN 978-3-8382-0140-5

3 *Marcus Damm*
Schemapädagogik im Klassenzimmer – Das Praxisbuch –
Arbeitsmaterialien und Methoden für Lehrer und Schüler
ISBN 978-3-8382-0220-4

4 *Marcus Damm und Stefan Werner*
Schemapädagogik bei jugendlichen Gewalttätern
Diagnose von Schemata, Konfrontation und Verhaltensänderung
ISBN 978-3-8382-0190-0

In Vorbereitung:

5 *Marcus Damm und Marc-Guido Ebert*
Schemapädagogik und Lehrerpersönlichkeit
Konstruktive Beziehungsgestaltung im Unterricht
ISBN 978-3-8382-0200-6

Marcus Damm und Stefan Werner

SCHEMAPÄDAGOGIK BEI JUGENDLICHEN GEWALTTÄTERN

Diagnose von Schemata, Konfrontation und Verhaltensänderung

ibidem-Verlag
Stuttgart

Bibliografische Information der Deutschen Nationalbibliothek
Die Deutsche Nationalbibliothek verzeichnet diese Publikation in der Deutschen Nationalbibliografie; detaillierte bibliografische Daten sind im Internet über http://dnb.d-nb.de abrufbar.

Bibliographic information published by the Deutsche Nationalbibliothek
Die Deutsche Nationalbibliothek lists this publication in the Deutsche Nationalbibliografie; detailed bibliographic data are available in the Internet at http://dnb.d-nb.de.

Coverbild: Fondo Abstracto © Pakmor #4540264. www.fotolia.de

∞

Gedruckt auf alterungsbeständigem, säurefreien Papier
Printed on acid-free paper

ISSN: 2191-186X

ISBN-13: 978-3-8382-0190-0

Printed in Germany

Inhalt

Stimmen zum Buch 9
Einstieg ins Thema 17

1. Begriffsklärungen – Gewalt, aggressives Verhalten, Aggressivität und Aggression 19

2. Woher kommen Einstellungen zur Gewalt? 23

2.1 Konstruktivismus 23
2.2 Begriffsdefinitionen – Schemapädagogik, Schema, Schemamodus 26

3. Typische Wahrnehmungsfehler, Manipulationen und Interaktionsspiele von Gewalttätern aus psychodynamischer Sicht 39

3.1 Externale Kausalattribuierung 40
3.2 Tests 43
3.3 Appelle 46
3.4 Images 48
3.5 Wiederholungszwang 51
3.6 Interaktionsspiele 55

4. Gewaltbereitschaft verringern 63

4.1 Gewalt verringern – Veränderungsprozesse effizient gestalten 63
4.1.1 Schädigendem und verletzendem Verhalten Grenzen setzen 67
4.1.2 Klärung des Verhaltens 70
4.1.3 Ressourcenaktivierung 72
4.1.4 Problemaktualisierung 73
4.1.5 Hilfestellung 76
4.1.6 Anleitende Person 77

4.2 Präventivprogramme zur Kompetenzentwicklung im Umgang mit Aggressionen und Gewaltverhalten 78
4.2.1 Der Entscheidungsprozess in Konflikten 78
4.2.2 Spezialthemen zur Gewaltprävention 81

4.3 Konfrontative Pädagogik 84

4.4 Das Täterprogramm Anti-Aggressivitäts-Training® (AAT®) 89
4.4.1 Erweiterung des „Heißen Stuhls“ um das Qualitätsmerkmal „Rollen-Arbeit“ 91
4.4.2 Allgemeiner Ablauf einer schemapädagogischen Intervention innerhalb des AATs® 96

4.5 Empowerment-Konzepte 109
4.5.1 Empowerment als Einzelhilfe 111

4.6 Aktivierende Ressourcenkonfrontation 122
4.6.1 Definition 129
4.6.2 Kurzfristige Praxis der Aktivierenden Ressourcenkonfrontation 130
4.6.3 Langfristige Praxis der Aktivierenden Ressourcenkonfrontation im KraVt® 133
4.6.4 Vorteile der Aktivierenden Ressourcenkonfrontation 143

5. Schemapädagogik bei jugendlichen Gewalttätern 147

5.1 Schemata in der Gruppe 1: Ablehnung und Abtrennung 150
5.2 Schemata in der Gruppe 2: Beeinträchtigung von Autonomie und Leistung 166
5.3 Schemata in der Gruppe 3: Beeinträchtigung im Umgang mit Begrenzungen 177
5.4 Schemata in der Gruppe 4: Fremdbezogenheit 184
5.5 Schemata in der Gruppe 5: Übertriebene Wachsamkeit und Gehemmtheit 193

5.6 Vorgehensweisen und Ziele 205

6. Praxisbeispiele 207

6.1 Mobbing 207
6.2 „Aufwind"-Programm mit Mobbingopfern 220
6.3 Körperverletzung 223

7. Ausblick 231

Weiterführende Literatur 233
Kontakte 237
Literatur 239

Anhang „Arbeitsmaterial" 247
Beobachtungsbogen 247
Das Rollen-Memo 248
Das Rollen-Tagebuch 249
Schemafragebogen© 257

Stimmen zum Buch

Vorwort von Prof. Dr. Rainer Sachse

In diesem Buch stellen sich die Autoren einem äußerst schwierigen Thema: Jugendliche Gewalttäter zu therapieren gehört zu den anspruchsvollsten Aufgaben, die man in der Klinischen/Pädagogischen Psychologie wählen kann. Denn es ist schon auf der Beziehungsebene kompliziert, eine vertrauensvolle Beziehung aufzubauen, von einer konstruktiven pädagogischen Beeinflussung ganz zu schweigen.

Die Autoren beginnen mit einer sehr gründlichen psychologischen Analyse des Gewaltphänomens, wobei sie sich theoretisch auf die Schema-Theorie beziehen, die sehr gut in der Lage ist zu erklären, wie aggressive Situationsverarbeitungen und entsprechende Handlungen entstehen und aufrechterhalten werden.

Aus der Schema-Theorie können die Autoren ableiten, zu welchen typischen Interpretationsfehlern, dysfunktionalen Interaktionsstrategien und manipulativen Handlungen gewalttätige Jugendliche neigen: Damit entwickeln die Autoren ein psychologisches Modell, aufgrund dessen der Leser verstehen kann, wie es prinzipiell zu Gewalthandlungen kommt, was Jugendliche veranlasst, schnell gewalttätig zu handeln und wie sich diese Handlung selbst bekräftigt.

Dieses Modell ist auch sehr gut geeignet, um pädagogische Ansatzpunkte abzuleiten, also deutlich zu machen, an welchen Stellen der Prozesse Interventionen ansetzen müssen.

Besonderen Wert legen die Autoren dabei darauf, Verarbeitungen auf der sogenannten „Spielebene" zu analysieren, also darauf, wie Personen zum Beispiel Gewalttaten vor sich selbst rechtfertigen und wie sie damit ihr System selbst stabilisieren. Damit machen die Autoren aber auch deutlich, wie stark „intern abgeschottet“ das Verarbeitungssystem der Klienten ist und wie schwierig pädagogisch-therapeutische Interventionen sein werden.

Aufgrund der Analyse leiten die Autoren dann Prinzipien und Strategien ab: zur Beziehungsgestaltung und zur Bearbeitung der Probleme. Äußerst hilfreich ist hier aus meiner Sicht, dass ein Schwerpunkt in der Bearbeitung von Interaktionsspielen liegt. Gerade dieser Ansatz ist ebenso wichtig wie neu. Denn ohne spezielle Vorgehensweisen sind Bezugspersonen ständig in Gefahr, in „Spiele“ verwickelt zu werden, was ihre Änderungsbemühungen dann praktisch völlig „ausschaltet“.

Die Autoren bieten aber noch weit mehr: sie entwickeln auch Strategien, um direkt die Gewaltbereitschaft zu vermindern, wobei sie als prinzipiellen Rahmen alle der von Grawe definierten Wirkfaktoren heranziehen und diese bis in sehr differenzierte Strategien weiterentwickeln.

Besonders relevant ist aus meiner Sicht auch die „Aktivierenden Ressourcenkonfrontation“, die sowohl stark klientenzentriert als auch stark prozessdirektiv ist und die gut geeignet ist, die Kompetenzen der Jugendlichen zu fördern und damit eine zu starke und möglicherweise reaktionsfördernde Konzentration auf Defizite vermeidet.

Die Autoren stellen ihre Strategien sehr übersichtlich und nachvollziehbar dar. Der Leser erhält gute Informationen über die Phasen des Vorgehens und die jeweils relevanten Inhalte: von Strategien der komplementären Beziehungsgestaltung über Strategien der Problemaktualisierung und Problemklärung bis hin zum Transfer in den Alltag werden alle relevanten Vorgehensweisen behandelt.

Aus meiner Sicht ist es dann besonders spannend, dass die Autoren die entwickelten theoretischen Modelle auf ihre Erfahrungen und auf die Praxis anwenden. Dadurch wird noch sehr viel deutlicher, was schematheoretische beziehungsweise schemapädagogische Vorgehensweisen in der Praxis bedeuten und wie sie wirken. Durch viele praktische Beispiele erhält der Leser einen guten Einblick in das tatsächliche pädagogisch-therapeutische Handeln.

Der Ansatz, Schemapädagogik auf den Bereich von Jugendgewalt anzuwenden, erscheint auf den ersten Blick gewagt, geradezu kühn; betrachtet man jedoch das Ergebnis in Form des vorliegenden Buches, dann wird deutlich: der

Ansatz ist äußerst innovativ und vielversprechend, und den Autoren ist es sowohl theoretisch als auch praktisch gelungen, ein überzeugendes Konzept zu entwickeln.

Natürlich ist die Arbeit mit gewaltbereiten Jugendlichen auch mit diesem Konzept nicht „einfach", sie kann aber sehr effektiv sein. Der Ansatz enthält sehr weitgehende pädagogisch-therapeutische Möglichkeiten, er erfordert aber, wie alle komplexen und kreativen Systeme, eine hohe Expertise von den Anwendern, was aber m.E. keineswegs ein Nachteil ist: denn die einzige wirkliche Alternative zu unflexiblen Manualen sind flexible Experten.

Bochum, im Januar 2011
Prof. Dr. Rainer Sachse

Begründer der Klärungsorientierten Psychotherapie (KOP). Leiter des Instituts für Psychologische Psychotherapie (IPP) in Bochum. Zahlreiche Veröffentlichungen, unter anderem zur Psychotherapieforschung und zur therapeutischen Beziehungsgestaltung. Arbeitsschwerpunkte: Klinische Psychologie, Klientenzentrierte Psychotherapie, Verhaltenstherapie.

Vorwort der Autoren

Das Thema Jugendgewalt hat Hochkonjunktur und ist medial entsprechend vertreten. Und gerade in sozialpädagogischen- und auch in anderen Bildungsberufen ist Jugendgewalt (seit jeher) präsent. Pädagogen, Sozialarbeiter usw. müssen sich in der Regel mit dem Phänomen auseinandersetzen, ob sie wollen oder nicht.

Dabei stellen sich immer wieder dieselben Fragen:

- „Welche innerpsychischen Prozesse laufen bei Gewalttätern ab?"
- „Was sind ihre Motive?"
- „Wie kann man sie zu Verhaltensänderungen motivieren?"
- „Wie kann man solches Verhalten langfristig verändern?"
- „Wie geht man professionell mit Gewalt um?"

In diesem Buch berichten wir von wissenschaftlichen Erkenntnissen zu Veränderungsprozessen bei Gewaltverhalten und von dem Transfer dieser Erkenntnisse in unseren beruflichen Alltag. Wir arbeiten seit Jahren mit gewalttätigen beziehungsweise gewaltbereiten Jugendlichen, und zwar in unterschiedlichen Praxisfeldern (Berufsbildende Schule und Soziale Arbeit).

Im Laufe der Jahre haben wir verschiedene Erfahrungen gemacht, Erfolge wie „Niederlagen" verbucht. Dies liegt in der Natur der Sache. Schließlich handelt es sich bei vorliegendem Thema – Aggression/Gewalt – um ein existenzielles Potenzial des *Homo sapiens*, welches im Berufsalltag ausgeprägte pädagogisch-psychologische Reaktionen seitens der Fachkraft erfordert.

Im Folgenden werden die Themen „Umgang mit Gewalt" und „Gewaltprävention" aus Sicht eines Ausbilders für Anti-Aggressivitäts-Training® (Stefan Werner) und aus der Perspektive eines Schemapädagogen (Marcus Damm) behandelt.

„Traditionelle" Interventionen in der Arbeit mit gewalttätigen Heranwachsenden, die der Konfrontativen Pädagogik zugeordnet werden, werden darüber hinaus dargestellt, kritisch betrachtet und nach aktuellem wissenschaftlichen Stand erneuert. Darauf aufbauend werden auch neu konzipierte Methoden infolge von Praxiserfahrungen beschrieben. Schlussendlich finden sich auch schemapädagogische Vorgehensweisen in diesem Buch.

Da einseitige (monokausale) Erklärungen und Vorgehensweisen bezüglich des Phänomens Gewalt nur scheitern können, weil es sich um ein vielschichtiges, kognitives und affektives Potenzial handelt, wird im vorliegenden Band (Nr. 4 der Reihe *Schemapädagogik kompakt*) entsprechend eine *integrative* Perspektive eingenommen.

Die in der Reihe *Schemapädagogik kompakt* zuvor erschienen Bücher – *Praxis der Schemapädagogik* (DAMM 2010a), *Schemapädagogik im Klassenzimmer* (DAMM 2010b), *Praxisbuch Schemapädagogik im Klassenzimmer* (DAMM 2010c) – decken die Bereiche *„schwierige"* Jugendliche beziehungsweise Heranwachsende in den Praxisfeldern der Sozialen Arbeit und Schule ab. In dem vorliegenden Band geht es speziell um *gewalttätige/gewaltbereite* Jugendliche.

Vorab sei noch erwähnt: Die Grundlagen der Schemapädagogik sind die sogenannten schemaorientierten Psychotherapien (*Klärungsorientierte Psychotherapie*, *Schematherapie* und *Kognitive Therapie*). Deren Potenziale in Hinsicht auf den Umgang mit gewalttätigen Jugendlichen wurden noch nicht dargelegt. Dies soll hier ergänzend geschehen.

Das Buch soll pädagogischen Fachkräften in ihren Praxisfeldern dabei helfen, Jugendgewalt tiefgründiger zu verstehen, etwaige Eigenanteile an Beziehungsstörungen zu bemerken und zu berücksichtigen. – Aber es soll Professionelle auch dabei unterstützen, neue Interventionsmöglichkeiten im Umgang mit der entsprechenden Klientel aufzugreifen und auszuprobieren.

Außerdem sollen neue Einsichten in die Psychodynamik der betreffenden Heranwachsenden vermittelt werden. Ferner findet sich im Folgenden auch eine neue Konfrontationsmethode, die schnell erlernbar und umsetzbar ist – die sogenannte Aktivierende Ressourcenkonfrontation.

Im **ersten Kapitel** werden zunächst die relevanten Arbeitsbegriffe geklärt, die in diesem Buch vor dem Hintergrund des Phänomens Gewalt besonders berücksichtigt werden.

Danach (**zweites Kapitel**) finden sich spezielle, im Rahmen der Schemapädagogik relevante Begriffserklärungen.

Das **dritte Kapitel** thematisiert typische Wahrnehmungs- und Beurteilungsfehler, die Gewalttäter meistens offenbaren, entweder wenn sie Gewalt „gerade" anwenden oder wenn sie im Nachhinein mit ihren Taten konfrontiert werden. Die Darstellung beinhaltet sowohl die detaillierte Beschreibung der (aus Sicht der Fachkraft) unliebsamen Phänomene als auch deren hintergründige Psychodynamik. Damit wollen wir darlegen, wieso es in der Regel so schwierig ist, aufseiten des Betreffenden irgendeine Form von Einsicht in die eigenen Taten anzuregen.

Das Naheliegendste („*Ich* bin tatsächlich gewalttätig und dafür verantwortlich") ist quasi gleichsam das Unwahrscheinlichste – aus Sicht des Jugendlichen. Erfahrungsgemäß sind sich die Betreffenden gar nicht über den Eigenanteil an den Vergehen bewusst („Wenn *der Andere* mich nicht provoziert hätte..."). – Grundlagen der Ausführungen sind unter anderem auch ausgewählte Inhalte der Klärungsorientierten Psychotherapie (SACHSE 2004).

Danach (**viertes Kapitel**) werden praktische Methoden zur Reduktion von aggressivem Verhalten vorgestellt und beschrieben. Sie entstammen der Tradition der Konfrontativen Pädagogik (zum Beispiel WEIDNER & KILB 2008). Hier findet der Leser auch die oben schon erwähnte Interventionsmethode Aktivierende Ressourcenkonfrontation vor (WERNER 2009).

Daneben wird der übliche Ablauf einer schemapädagogischen Intervention beschrieben: Beobachtung – (komplementäre) Beziehungsgestaltung – Ausbau von vorhandenen Kompetenzen – Problemaktualisierung – Problemklärung – Unterstützung beim Transfer der erarbeiteten Lösungen in den Alltag – Ressourcenaktivierung.

Im **fünften Kapitel** findet konkret der Transfer der Schemapädagogik in diejenigen Arbeitsfelder statt, in denen man gezielt mit Gewalttätern in Interaktion tritt beziehungsweise Gewaltprävention praktiziert. Ausgeführt wird unter anderem, welche nachteiligen Schemata (Wahrnehmungsmuster mit biografischem Hintergrund) die betreffenden Heranwachsenden in der Regel offenbaren, welche Ursachen diese haben und in welchem Zusammenhang sie mit dem Thema „Gewalt" stehen.

Das **sechste Kapitel** beinhaltet Praxisbeispiele aus dem Bereich schemapädagogische Interventionen im Umgang mit Mobbing, mit Körperverletzung und im Umgang mit Opfern.

Letztlich findet sich noch ein Resümee, außerdem werden noch ausgewählte Arbeitsmaterialien vorgestellt, die Professionelle *ad hoc* einsetzen können.

Worms und Bingen, im Frühjahr 2011
Die Autoren

Kontakt

Institut für Schemapädagogik
Dr. Marcus Damm
Höhenstr. 56
67550 Worms
Internet: www.schemapädagogik.de

Stefan Werner
Bienengarten 18
55411 Bingen
Internet: www.gewaltlos.info
www.mentalstarke.de

Einstieg ins Thema

Die Adoleszenz ist eine wichtige Zeit im Leben eines Menschen. In der Jugendphase geht es unter anderem um die Suche nach der eigenen Identität, Grenzen werden ausgetestet, verschiedene gesellschaftliche Rollen werden ausprobiert beziehungsweise einstudiert. Jugendliche orientieren sich dabei stark an attraktiven Modellen. Ebenso findet Lernen über try-and-error-Prozesse statt.

Dafür verantwortlich sind (aller Wahrscheinlichkeit nach) hauptsächlich massive „Umbauprozesse" im Gehirn des Heranwachsenden (LEDOUX 2001), die auch zur Auslösung extremer Emotionen beitragen.

Ein stark zunehmendes „Begleitphänomen" der Pubertät ist die Gewalt. Gewalt wird häufig als Kompensationsmittel eingesetzt, um frustrierte Bedürfnisse durchzusetzen und fehlende Kompetenzen auszugleichen.

Viele Jugendliche können sich durch Gewalt in ihrem gleichaltrigen Milieu eine anerkannte Identität aufbauen, lapidar gesagt, auch „ohne Abitur". Sie bekommen den Respekt, den ihnen die Erwachsenen nicht erweisen, da sie oft die Verlierer der Gesellschaft sind.

Ebenso können durch das ausgelebte Gewaltverhalten Ohnmachtsgefühle abgebaut werden, gleichzeitig wird eine Art Wellness-Zustand (kurzzeitig) herbeigeführt. Weiterhin schafft Gewalt Verbindlichkeiten in Sachen Freundschaft; und in Hinsicht auf den Jugendjargon erschafft sie eine Art Familienersatz unter Gleichaltrigen.

Und letztlich ermöglicht Gewalt (in Form von Machtausübung), wie im Erwachsenenleben auch, Kontrolle. – Gewalt hat in den letzten 35 Jahren laut kriminalstatistischen Befunden zugenommen (CIERPKA 2005).

Die Ursachen von Jugendgewalt sind zahlreich, vielfältig und vor allem viel*schichtig*. (Im vorliegenden Rahmen wird entsprechend eine integrative Perspektive eingenommen, um das Phänomen zu erschließen. Das heißt, evolutionäre, tiefenpsychologische, lerntheoretische und konstruktivistische Erklärungen werden miteinbezogen, siehe unten.)

Als sehr problematisch in Hinsicht auf das Thema Gewalt erscheinen vor allem drei Aspekte:

1. Die Täter werden offensichtlich immer jünger;
2. Körperverletzungen sind mit circa 25 Prozent – in Bezug auf das Straftatenspektrum – ziemlich häufig vertreten;
3. Außerdem ist bei den Gewaltdelikten (Körperverletzung, Sachbeschädigung usw.) tendenziell mehr Brutalität zu verzeichnen als das früher der Fall war (HEISIG 2010).

Daraus folgt: Die Anforderungen an Eltern, Lehrer[1], Fachkräfte beziehungsweise Pädagogen[2] steigen an, denn die genannten Berufsgruppen arbeiten sowohl mit unauffälligen als auch mit gewaltbereiten/gewalttätigen Kindern und Jugendlichen (siehe WINKEL 2009; GROSSE SIESTRUP 2010; MENZEL & WIATER 2009).

1 Im Folgenden wird der Einfachheit halber meistens die männliche Sprachform verwendet. Dies dient der Erhaltung des Leseflusses und ist natürlich nicht diskriminierend gemeint.

2 Die Begriffe Sozialpädagogen, Lehrer, Sozialarbeiter, professionelle Fachkräfte, Pädagogen usw. werden im Folgenden synonym gebraucht.

1. Begriffsklärungen – Gewalt, aggressives Verhalten, Aggressivität und Aggression

Gewalt Ausübende sind vor allem männliche Kinder und Jugendliche, die häufig physisch überlegen sind. Dabei werden typische Geschlechterrollenerwartungen sichtbar: Schwierige Jungen „erlernen" in ihrem Sozialisationsprozess Dominanz, eine geringe Affektkontrolle und das Überspielen von Versagensangst.

Um (a) ihren Selbstwert aufzubauen oder zu schützen, (b) Ärger oder Frust loszuwerden und sich danach besser zu fühlen, (c) in einer Gemeinschaft integriert zu sein oder sich abzugrenzen oder (d) um sich sicher zu fühlen (GRAWE 2004), wenden einige Jugendliche kompensatorisch Gewalt an.

Wenn Sie, liebe Leserin, lieber Leser, Ihre Klienten fragen, *wer* sie ohne Gewalt wären, dann würden die Betreffenden ein komplett anderes Bild von sich selbst entwickeln müssen. Es kann sein, dass viele sich dann als langweilig, depressiv oder einsam beschreiben würden.

Somit kann die Anwendung von Gewalt gerade im Falle von Jugendlichen in der ressourcenorientierten Sichtweise als Kompetenz zum „Überleben" eingestuft werden. Leider sehr zum Nachteil der Opfer, die aus systemischer Perspektive die Mechanismen der Ellbogengesellschaft auffangen müssen.

Wichtig ist auch die Erkenntnis, dass Opfer- und Tätersein einen Zusammenhang bilden: Diejenigen, die häufig benachteiligt, diskreditiert und/oder geschlagen werden, sind später hinaus überproportional oft auf der Täterseite zu finden (STICKELMANN 2006).

Dies kann mit erlernten und verinnerlichten Konfliktlösungsmustern sowie mit der Aufrechterhaltung von Traumata erklärt werden. Was jedoch (a) einen Menschen dazu antreibt, Gewalt zu zeigen, (b) welche Bedürfnisse hinter

Gewaltverhalten stehen und wie man (c) dieses Verhalten modifizieren kann – diese Kernpunkte sollen durch die folgenden Ausführungen beleuchtet werden.

Zunächst eine kurze Begriffsklärung:

Aggressionen sollen hier als elementare Emotionen angesehen werden. Sie sind in der Hierarchie der Empfindung Ärger übergeordnet, der Wut gleichgesetzt und dem Zorn untergeordnet. Solche Affektzustände sind *angeboren*, ihre Ausprägung und Umleitung in andere Gefühle sind *erlernt*.

Ihre Veränderbarkeit durch Erfahrung (Lernen/Instruktion) ist sehr begrenzt. Diese Affekte *bewegen* uns jedoch zu einem bestimmten Verhalten.

Der *Umgang* mit Aggressionen ist geschlechtsspezifisch sozialisiert – Jungen dürfen eher als Mädchen diese Gefühle ausleben und werden deshalb später hinaus auch *spezifisch* gesundheitlich beeinflusst – und es ist dadurch erlernbar, wie wir uns im Falle einer Aktivierung dieser Emotion verhalten.

Allerdings resultiert nicht aus jeder aggressiven Emotion aggressives Verhalten oder Gewalt, sondern auch andere reaktive Verhaltensweisen – etwa Kreativität, Diskussionsbereitschaft, Rückzug – sind möglich. Somit sind Aggressionen nicht mit dem Verhalten „an sich“ zu verwechseln.

Von vielen Wissenschaftlern werden die Begriffe „Aggression“, „aggressives Verhalten“ und „Gewalt“ unterschiedlich definiert. Nach NOLTING (2002) beinhaltet aggressives Verhalten stets eine Schädigung (Verletzung, Schmerzen). Wer jedoch beurteilt, so wollen wir einwerfen, wann etwas als schädigend empfunden wird? Denn einerseits muss der Betroffene letztlich selbst beurteilen, wann für ihn eine Schädigung einsetzt. – Andererseits muss aus der Sicht von MUMMENDEY (1982) die Definition aggressiven Verhaltens um den Aspekt der gesellschaftlichen Normabweichung oder Unangemessenheit erweitert werden, da zum Beispiel *Hooligans* in ihrem Ausleben von Gewalt die selbst erlittenen Schläge wohl eher nicht als Schädigung bewerten würden.

Somit wird die Perspektive der Betroffenen um die entsprechende Beurteilungsperspektive erweitert. Daher definiert die Gesellschaft etwa die Körperverletzung beim Profiboxen nicht als Gewalt, sondern als „Begleitphänomen“ eines Exklusivsports, hingegen gelten die Mobbingversuche des Schülers als klare Gewalt.

Aus den genannten Gründen muss jede soziale Einrichtung oder Schule auch definieren, an welchem Punkt sie eingreifen und Partei ergreifen will gegen

Gewalt. Dies erleichtert allen Mitarbeitern die Arbeit, da sie dadurch eine klare Orientierung bekommen und entsprechend reagieren können.

Weiterhin muss der Begriff der **Schädigung** noch um den Schädigungsversuch oder die Schädigungsandrohung erweitert werden (SELG 1997), da ansonsten ein Mordversuch nicht unter diesen Oberbegriff fallen würde. Letztlich geht es aber auch um die „Gerichtetheit" einer Ausführung.

Um in der praktischen Arbeit dem Klienten gegenüber einen klaren Standpunkt vertreten zu können, nutzen wir in der Anlehnung an STICKELMANN (2006) nur den Begriff **Gewalt** und verzichten auch auf den Begriff **aggressives Verhalten** im pädagogischen Rahmen.

Gewalt soll hier folgendermaßen definiert werden: *Gewalt beinhaltet die Ebene der Schädigung, der Zielgerichtetheit und der Absicht; außerdem die Nutzung unangemessenen Zwangs (TILLMANN 2001), ab einem bestimmten Zeitpunkt den Willen und das Selbstbestimmungsrecht der angegriffenen Person (Integrität) ohne deren Zustimmung zu brechen (SELG 1997).*

Bei Gewaltausübungen stehen also, zusammenfassend gesagt, oft *erlernte* Handlungsmuster und Lebenseinstellungen im Vordergrund, die (größtenteils von der Familie oder Gleichaltrigengruppe) vorgelebt wurden und bei der Ausführung einen Vorteil nach sich gezogen haben. Somit wurde Gewalt als stabiles und dauerhaftes Verhaltensmuster angelegt.

Diese im Lebensprozess ebenfalls als Denkkonstrukte (Schemata) angelegten (nicht unbedingt realen) Lebenstheorien steuern entscheidend das eigene Verhalten. Warum sich ein Mensch für ein bestimmtes Verhalten aufgrund gewisser Reize entscheidet, hängt größtenteils von dem im Moment zu erwartenden Nutzen (Vorteil) und den dahinter stehenden Bedürfnissen ab.

Da Gewalttäter im Laufe ihrer Biografie auch innerpsychische Strategien erworben haben, möglichst „unbelastet" mit ihren Taten zu leben, möchten wir im Folgenden einige entsprechende typische innerpsychische Wahrnehmungsfehler und Manipulationen skizzieren; die Arbeitsbegriffe stammen aus psychotherapeutischen Ansätzen und wurden noch nicht auf die hier thematisierte Klientel bezogen.

2. Woher kommen Einstellungen zur Gewalt?

2.1 Konstruktivismus

Die Phänomene Gewalt und Gewaltbereitschaft sagen einerseits sehr viel über die innerpsychische Struktur des Betreffenden aus und andererseits auch über die vorhandenen Kompetenzen, ihre Probleme zu lösen. Somit müssen in der Beeinflussung des Phänomens Gewalt die innerpsychische Struktur des Betreffenden geklärt und seine Problemlösekompetenzen erweitert werden. Dies klingt zunächst lapidar – aber dieser Aspekt ist gewissermaßen die Ausgangsbasis sozialpädagogischen Handelns, wie noch zu zeigen sein wird.

Aus konstruktivistischer Sicht wird davon ausgegangen, dass sich jeder Mensch seine Wirklichkeit selbst *konstruiert*. Durch seine innerpsychischen Verarbeitungsprozesse beschreibt sich der Mensch und seine Umwelt selbst.

Anders gesagt, es ist in Hinsicht auf die Arbeit mit den Betreffenden sehr relevant, *wie* die Klienten ihre Wirklichkeit, sich selbst, ihre Problemlösekompetenzen und auch ihre Mitmenschen häufig *wahrnehmen*, sprich: *konstruieren* (vergleiche WATZLAWICK 2010).

Nach SINGER (2002, 72) darf Wahrnehmung nicht so verstanden werden, dass lediglich die Wirklichkeit quasi vom Betreffenden „aufgesogen" wird, also „ungefiltert von außen nach innen wandert". Vielmehr ist Wahrnehmung das Ergebnis eines neuronalen *aktiven* Prozesses, der auf biografischen Erfahrungen beruht.

Diese Prozesse finden von „klein auf" statt. Bereits Kinder konstruieren ihre Wirklichkeit anhand ihrer Erfahrungen, egal ob diese letztlich positiv oder negativ wahrgenommen wurden. Schlägt beispielsweise der Vater häufig die Mutter, so könnte das Kind seine Wirklichkeit in der Art konstruieren, dass das unmoralische Geschehen *logisch* erscheint: *Mutter macht etwas verkehrt; oder: Vater bestraft andere und reagiert bei Stress mit Gewalt.*

Die Identifikation mit dem schwächeren Part ist für das Kind in der Regel sehr unwahrscheinlich, da das Verbünden mit dem starken Elternteil eher ein „psychisches Überleben" ermöglicht. Somit findet im genannten Fall wahrscheinlich eine Identifikation mit dem Vater statt, obwohl das Kind innerlich gern für die Mutter einstehen würde.

Auf diese Weise wird auch Problemlöseverhalten gelernt; und ferner wird auch irgendwann konstruiert, *wie* Beziehungen geführt werden und wie „ein Mann" im Allgemeinen aufzutreten hat.

In für das Kind ähnlichen stressbesetzten Situationen werden diese Problemlösekonstruktionen dann selbst praktiziert. Setzt Erfolg mittels dieses Verhaltens ein, macht es für das Kind „Sinn", diese Reaktion als effiziente Strategie auch weiterhin einzusetzen.

Erfolg kann vielseitig sein, etwa auch in der Art, dass nach der Gewaltausübung ein Stressabbau stattfindet, anders gesagt, dass sich eine Entspannungsempfindung einstellt.

Gewalt spielt besonders bei den erlernten Mechanismen der Problemlösung, des Durchsetzens, der Machtausübung und der Beziehungsgestaltung eine wichtige Rolle. (Ebenso könnte aber auch das Kind durch die Identifikation mit der Mutter die Opferrolle erlernen und in dieser Rolle entsprechende Konstruktionen aufbauen.)

Intensive Konstruktionen verfestigen sich als Denkmuster und beeinflussen neben dem Denken das eigene Empfinden und Handeln.

Dieses beschriebene konstruktivistische Geschehen hat wiederum gedankliche und emotionale Auswirkungen auf das Hier und Jetzt. Beispiel: Ein jugendlicher Gewalttäter, der etwa über Jahre hinweg „gelernt" hat, dass das soziale Umfeld potenziell gefährlich sein kann, wird auch heute noch, in der aktuellen Situation, seinen Mitmenschen tendenziell bösartige Absichten unterstellen – nämlich dann, wenn bestimmte, strukturähnliche Reize bestimmte früh ausgeprägte neuronale Muster (Schemata) aktivieren.

Der konstruktivistische Mechanismus führt auch dazu, dass gerade jugendliche Gewalttäter immer wieder Situationen erleben, die sie „kennen". Das heißt, sie fühlen sich schnell provoziert und meinen dann, sie müssten sich „verteidigen". Diese Erwartungshaltungen (Schemata) zu verändern, sollte unbedingt auch das Ziel pädagogischen Handelns sein.

2.2 Begriffsdefinitionen – Schemapädagogik, Schema, Schemamodus

Im Folgenden werden die relevanten Arbeitsbegriffe vor dem Hintergrund des noch neuen Konzepts Schemapädagogik (DAMM 2010a) definiert.

Schemapädagogik

Schemapädagogik ist ein neuer Trend in Erziehung, Sozialer Arbeit und Sozialpädagogik. Schemapädagogik versteht sich als ein sich stets weiter entwickelnder Ansatz, der die sozialpädagogische Praxis massiv befruchten kann. Er möchte im Praxisfeld Sozialarbeit dazu beitragen, Interaktions- und Beziehungsstörungen zwischen den Klienten und den Pädagogen tiefgründiger zu verstehen und zu verbessern. Schemapädagogik basiert auf den sogenannten schemaorientierten Psychotherapien: Kognitive Therapie, Schematherapie und Klärungsorientierte Psychotherapie. Es wird davon ausgegangen, dass zwischenmenschliche Probleme durch nachteilige innerpsychische Muster (Schemata) verursacht werden, die kognitiv und affektiv verankert sind und einen biografischen Hintergrund haben. Schemapädagogen[3] wollen mithilfe einer speziellen (komplementären) Beziehungsgestaltung sowie der Thematisierung von nachteiligen Persönlichkeits-Teilen des Selbst (Schemamodi/Rollen) und der Unterstützung beim Transfer der Lösungen in den Alltag solche dysfunktionalen Muster dauerhaft verändern. Wesentliches Ziel ist die Minimierung der Gewaltbereitschaft sowie die Optimierung der Selbststeuerung von gewaltbereiten Jugendlichen.

Schema

Bei einem Schema handelt es sich nach der Definition von YOUNG et al. (2008, 36) konkret „um ein weitgestecktes, umfassendes Thema oder Muster, das aus Erinnerungen, Emotionen, Kognitionen und Körperempfindungen besteht, die sich auf den Betreffenden selbst und seine Kontakte zu anderen Menschen beziehen, ein Muster, das in der Kindheit oder Adoleszenz entstanden ist, im Laufe

[3] Der Begriff „Schemapädagogin/Schemapädagoge“ ist keine Berufsbezeichnung. Mit „Schemapädagoginnen/Schemapädagogen“ sind bisher diejenigen Angehörigen der sozialen Berufe gemeint, die lediglich schemapädagogisch intervenieren. Eine zertifizierte „Ausbildung zur Schemapädagogin/zum Schemapädagogen“ im Institut für Schemapädagogik ist derzeit (März 2011) in Vorbereitung.

des weiteren Lebens stärker ausgeprägt wurde und stark dysfunktional ist".

Es ist sehr wichtig zu berücksichtigen, dass Schemata mehrere Ebenen beinhalten: Erinnerungen, Emotionen, Kognitionen und Körperempfindungen. Außerdem haben Schemata einen starken Bezug zu einem frühkindlichen oder adoleszenten Lebensthema. YOUNG et al. unterscheiden stark und weniger stark ausgeprägte Muster. Im Rahmen der Schematherapie heißen sie *bedingt gültige* und *bedingungslos gültige* Schemata.

Bedingungslos gültige Schemata

Letztere Muster üben einen sehr großen Einfluss auf den Betroffenen aus. Sie steuern im Falle einer Aktivierung die psychischen und physischen Vorgänge und schränken somit die Willensfreiheit im hohen Maß ein. Der Grund: Bedingungslos gültige Schemata, etwa (a) *Verlassenheit/Instabilität* oder (b) *Misstrauen/Missbrauch,* sind sehr früh entstanden und nehmen nunmehr aufgrund ihres „neuronalen Niederschlags" einen zentralen Status im Leben des Betreffenden ein (wie sie sich konkret auswirken, sehen wir später).

Das heißt, im ersten Fall (a) sind Betreffende während der Schema-Aktivierung wirklich davon überzeugt, dass etwa ihr Partner sie trotz zahlloser Liebesbekenntnisse verlassen wird, im zweiten (b) wird die Meinung vertreten: „Jeder will mir schaden!"

Erschwerend kommt hinzu: Klienten sind sich während der Aktivierung nicht über die innerpsychischen Vorgänge im Klaren. Sie haben aus Sicht des Umfelds „ihre fünf Minuten" (so erklären sich die Mitmenschen manchmal Schema-Aktivierungen von Betreffenden).

Gutes Zureden nützt dann rein gar nichts, selbst scheinbar überzeugende Argumente werden schemaspezifisch aufgefasst und kommen daher „nicht an". Es bleibt erfahrungsgemäß nicht nur bei den erwähnten „fünf Minuten". – Das Schema prägt unter Umständen die ganze Lebensphilosophie des Betreffenden, sein Verhältnis zu sich selbst und anderen. Es kann schließlich auch zu folgendem Phänomen kommen: Die Mitmenschen werden dazu animiert, negative Verhaltensweisen zu zeigen, die den vorauseilenden schemaspezifischen Erwartungen entsprechen. Dieser Mechanismus wird in der Psychoanalyse auch *projektive Identifizierung* genannt.

Bedingt gültige Schemata

Die bedingt gültigen Muster andererseits lassen kognitiven Spielraum zu. Das heißt, der Klient könnte sie infrage stellen und sogar mithilfe des Sozialarbeiters modifizieren. Hierzu zählen zum Beispiel die Schemata (a) *Unterwerfung* und (b) *Emotionale Gehemmtheit*. Klienten können solche Muster verändern, indem sie etwa (a) lernen, ihre Unterwerfungstendenz vor dem Hintergrund ihrer Biografie zu verstehen und sie zukünftig im Alltag zu unterdrücken; auf der anderen Seite (b) kann die Wirkung des hinderlichen Musters *Emotionale Gehemmtheit* durch Rollenspiele und Training der Sozialkompetenzen im Rahmen der Zusammenarbeit reduziert werden. Schemata sind, wie oben schon erwähnt, in die neuronalen Netzwerke des Gehirns „eingebrannt". Sie haben daher die Tendenz, sich selbst zu erhalten – was mit den natürlichen Gesetzen des Hirnstoffwechsels zusammenhängen könnte. – Denn: Da das Gehirn im Erwachsenenalter circa 30 Prozent der gesamten Stoffwechselenergie beansprucht, ist davon auszugehen, dass es aufgrund von ökonomischen Gesetzmäßigkeiten überwiegend die vorhandenen Ressourcen, das heißt, vorwiegend solche neuronalen Bahnungen nutzt, die bisher erbaut wurden. Und zu solchen Bahnungen gehören auch die in den neuronalen Netzwerken eingebrannten notdürftigen Anpassungen an die frühkindliche Umwelt, sprich: die maladaptiven[4] Schemata (siehe ROTH 2003).

Die hier beschriebene Tendenz zur Schemaerhaltung führt dazu, dass Klienten stets wieder dieselben Erfahrungen machen, auch wenn es sich dabei um nachteilige handelt. Dadurch bleibt das leidige Lebensthema/Schema immer aktuell. Auf der anderen Seite macht dieser Mechanismus die während der pädagogischen Zusammenarbeit angestrebte Schemaheilung so schwierig.

Man gibt nämlich ungern das auf, was man seit der Kindheit kennt, auch wenn es nicht „angenehm" ist. Die Klienten stehen sich aufgrund ihres Widerstandes sozusagen selbst im Weg, was sie aber gar nicht selbst merken. Sie meinen, sie würden in den sich stets wiederholenden Konfliktsituationen spontan, gerechtfertigt und gemäß ihres freien Willens handeln.

Doch die Wahrheit ist eine andere: *Betreffende denken, fühlen und handeln letztlich genau so und nicht anders, weil ein bestimmtes Schema das typische*

---

[4] Im Rahmen der Schematherapie werden die neuronalen Auswirkungen von negativen frühkindlichen Erfahrungen auf das Gehirn als „frühe maladaptive Schemata" bezeichnet. Dazu später mehr.

unangebrachte Denken, Fühlen und Handeln regelmäßig provoziert.

Trotz der meistens zerstörerischen Wirkung gehören maladaptive Schemata zum Identitätsgefühl des Betreffenden. In langjährigen klinischen Beobachtungen von Patienten stellten YOUNG et al. (2008) schließlich 18 Schemata fest; sie wurden ausführlich empirisch untersucht. ROEDIGER (2009b, 32) hat die Definition von YOUNG et al. (2008) etwas modifiziert und folgende Übersicht (inklusive der Auflistung der Schemata) vorgeschlagen:

Nr.	Schema	Gruppe	Grundbedürfnis
1. 2. 3. 4. 5.	Emotionale Vernachlässigung Verlassenheit/Instabilität Misstrauen/Missbrauch Soziale Isolation Unzulänglichkeit	Ablehnung und Abtrennung	Bindung
6. 7. 8. 9.	Erfolglosigkeit/Versagen Abhängigkeit/Inkompetenz Verletzbarkeit Verstrickung/ Unentwickeltes Selbst	Beeinträchtigung von Autonomie und Leistung	Kontrolle nach außen
10. 11.	Anspruchshaltung/Grandiosität Unzureichende Selbstkontrolle/Selbstdisziplin	Beeinträchtigung im Umgang mit Begrenzungen	Kontrolle nach innen
12. 13. 14.	Unterwerfung/ Unterordnung Aufopferung Streben nach Zustimmung und Anerkennung	Fremdbezogenheit	Selbstwerterhöhung
15. 16. 17. 18.	Emotionale Gehemmtheit Überhöhte Standards Negatives hervorheben Bestrafungsneigung	Übertriebene Wachsamkeit und Gehemmtheit	Lust-/Unlust-Vermeidung

Wie man sieht, lassen sich die 18 Schemata in fünf verschiedene Gruppen (auch Domänen genannt) untergliedern. Die Gruppen selbst stehen nun in Zusammenhang mit einem bestimmten Bereich menschlicher Grundbedürfnisse (nach GRAWE 2004).

Die in den Gruppen aufgelisteten Schemata entstanden durch frühe Erfahrungen im Leben von Personen. In den ersten beiden Gruppen finden sich sogenannte unkonditionierte Schemata. Sie bilden das primäre kindliche Erleben ab und weisen, wie auch die Gruppenbezeichnungen schon verraten, gleichzeitig auf diejenigen Bereiche hin, in denen der Klient über einen längeren Zeitraum hinweg subjektive Mängel erlebt hat.

Die konditionierten Schemata andererseits sind in den Gruppen drei, vier und fünf zusammengefasst. Sie stellen gewissermaßen schon „frühkindliche Lösungsstrategien" seitens des Betreffenden dar, die in der Regel infolge von massiven und dauerhaften Bedürfnis-Frustrationen ausgeprägt wurden.

Schemamodus/Rolle

Ein Schemamodus steht im engen Zusammenhang mit einem oder mehreren Schemata. So konstatiert ROEDIGER (2009, 43): „Die Schemata stehen im Hintergrund und treten als Modi in Erscheinung, wenn sie aktiviert werden."

Ein Schemamodus ist demnach der gerade aktivierte **Status der Persönlichkeit**, eine **Rolle**. Diese Rolle offenbart sich als spezifischer Ich-Zustand, der verschiedene Schemata gleichzeitig repräsentieren kann (siehe unten). (Im Grunde genommen weist der Ansatz Parallelen zum Persönlichkeitsmodell der Transaktionsanalyse auf (Kind-Ich, Erwachsenen-Ich, Eltern-Ich)).

Ein Beispiel: Das maladaptive Schema *Anspruchshaltung/Grandiosität* kann sich einmal in einem wütenden („Ich bin hier der Chef!"), ein anderes Mal in einem verletzbaren Kind-Modus offenbaren („Die Anderen sind viel besser als ich!"). Welcher Modus wann und in welcher Form vom Klienten (unbewusst) „ausgesucht" wird, hängt von dem jeweiligen Kontext, der Stimmung und dem absehbaren Nutzen der Reaktion ab.

Das heißt: Zwar können sich die äußeren Erscheinungsformen im Falle einer Schema-Aktivierung unterscheiden, der „Grundkonflikt" bleibt aber stets derselbe. Dies sollte man als Sozialarbeiter wissen, ansonsten deutet man das Verhalten des Klienten falsch.

Wie erwähnt, wird zwischen drei Grundkomponenten unterschieden:

1. *Kind-Modi.* Sie stellen das emotionale, spontane Erleben dar, das vor allem in den ersten Lebensjahren offenbart wurde.
2. *(Maladaptive) Bewältigungsmodi.* Sie regulieren die Spannungen zwischen den Kind- und Innere Eltern-Modi – aber sie führen gewöhnlich zu Konflikten mit dem sozialen Umfeld.
3. *Innere Eltern-Modi.* Diese Persönlichkeitsfacetten beinhalten verinnerlichte elterliche Bewertungen, Normen und Regeln.

Erfahrungsgemäß offenbaren gewaltbereite Klienten, die unter Stress stehen und/oder sich bedroht fühlen, aggressive **Kind-Rollen** (etwa die Modi *Ärgerliches (beziehungsweise Wütendes) Kind* und *Impulsiv-undiszipliniertes Kind*), aber auch meistens ein bis zwei konfliktreiche **Bewältigungsmodi** (häufig den *Aggressiven Beschützer* und den *Schikanierer- und Angreifer-Modus*). Was die Zusammenarbeit häufig erschwert: Die hier thematisierte Klientel hat ja (leider) gelernt, dass sie ihre verletzbaren Kind-Rollen am besten nicht oder nie zeigen. Daher kommen Sozialarbeiter auch nur sehr schwer an sie heran. Die „gesunden" innerpsychischen **Eltern-Rollen** sind aufgrund der üblichen unvorteilhaften Sozialisationserfahrungen überwiegend schwach ausgeprägt, was übrigens gleichzeitig das in der Regel nur rudimentär ausgeprägte Gewissen (Über-Ich) von Gewalttätern erklärt. Dennoch kommt es vor, vor allem, wenn die Betreffenden selbst physisch und psychisch benachteiligt wurden, dass die Klienten „gut funktionierende" *strafende* Eltern-Teile offenbaren und entsprechend einen sadistischen Eindruck machen können (Grund: Die einst realen „bösen" Eltern-Teile wurden in der Kindheit psychisch verinnerlicht und zu Teilen des eigenen Selbst). Genannt werden muss noch der **Modus des *Gesunden Erwachsenen***. Er steht stellvertretend für das rationale, selbstreflexive Bewusstsein und übernimmt im besten Fall die Organisation der anderen Modi. Dieser Modus muss aufseiten des Klienten gestärkt werden.

Positiv ist: Alleine schon die Kenntnis um verschiedenen Klientenrollen ist im pädagogischen Alltag sehr gewinnbringend. In folgender Tabelle sind die wichtigsten Modi sowie deren Auswirkungen im Falle einer Aktivierung zusammengefasst (nach ROEDIGER 2009a 67):

Das Modus-/ Rollenmodell umfasst...	... zeigt sich als...	Bei entsprechender Aktivierung ist die Person...
Kind-Rollen	a) *Verletzbares Kind* b) *Ärgerliches (beziehungsweise Wütendes) Kind* c) *Impulsiv-undiszipliniertes Kind* d) *Glückliches Kind*	... verwundbar, sensibel, emotional („Ich konnte nichts dafür!") ... aufgebracht, unreflektiert, sauer („WAS! Ich glaub, ich zieh dir gleich eine rein!") ... bockig, widerspenstig, aufmüpfig („Immer bin ich dran schuld!") ... begeistert, kontemplativ, unbekümmert, glänzend aufgelegt („Mir geht's richtig gut!")
Kompensatorische Rollen (maladaptive Bewältigungsmodi)	***Unterordnender Modus (Angepasster Unterwerfer)*** ***Gefühlsvermeidende Rollen*** a) *Distanzierter Beschützer* b) *Distanzierter Selbstberuhiger*	... passiv, aufmerksam, vorsichtig, vorauseilend „dienlich" („Ja, ja, ich mach ja schon.") ... rational, unnahbar, ausweichend („Wenn du nicht angefangen hättest...!") ... emsig, aktiv (neigt auch zu Suchtmittelmissbrauch („Ich brauch ne Zigarette!")

Kompensatorische Rollen (maladaptive Bewältigungsmodi)	c) *Aggressiver Beschützer*	… vorauseilend „stachelig“, feindselig („Komm mir bloß nicht zu nahe, du!“)
	Überkompensierende Rollen (Übertreiber)	
	a) *Selbsterhöher*	… denunzierend, narzisstisch, selbstverherrlichend („Ich mach dich sowas von platt, Alter!“)
	b) *Schikanierer- und Angreifer-Modus*	… sadistisch, teuflisch, gewaltbereit („Du kleiner Pisser, du…“)
	c) *Manipulierer, Trickser, Lügner*	… motiviert, verdeckt ein bestimmtes Ziel zu verfolgen („Ich hab wirklich gar nichts gemacht!“)
	d) *Zerstörer-/Killer-Modus*	… gewalttätig, brutal, mitleids- und gewissenlos („Jetzt bist du fällig!“)
	e) Zwanghafter Kontrolleur	… überkontrollierend, spaßbefreit („Was sind Sie denn für ein Sozialarbeiter?“)

Nachteilige internalisierte Eltern-Modi	Innere Antreiber (nach außen und innen wirkend) Innere Bestrafer (nach innen und außen wirkend)	... sehr anspruchsvoll sich selbst und anderen gegenüber („Ich muss das perfekt machen!“) ... geneigt, sich selbst und anderen physischen/psychischen Schaden zuzufügen („Ich bin saudumm!“)
Rolle des Gesunden Erwachsenen	Gesunder Erwachsener	... selbstreflektiert, rational, reaktionsflexibel, neugierig, offen, aufnahmefähig („Lass uns darüber ordentlich reden!“)

Aus dieser Perspektive zerfällt das „Ich“, anders gesagt, die „Identität“ der Klienten (und natürlich auch die des Sozialarbeiters) in verschiedene Rollen, Teil-Ichs.

Erfahrungsgemäß ist dieses Modell in der pädagogischen Arbeit mit „schwierigen“ Klienten sehr gewinnbringend. Wenn man nämlich das Rollen-Modell im Alltag im Hinterkopf hat, so wird einem nach kurzer Zeit bewusst, durch welche äußeren Reize welche Modi aufseiten des Klienten aktiviert werden, insbesondere diejenigen Rollen, die mit Gewalt in Zusammenhang stehen.

Die Fachkraft weiß dann, auf welche „Knöpfe“ sie bewusst „drücken“ und welche sie konkret „nicht drücken“ sollte, um die Beziehung nicht zu gefährden. Im später stattfindenden Rollengespräch (siehe unten) kann man das entsprechende Wissen dazu nutzen, um dem Klienten die relevanten Zusammenhänge aufzuzeigen, frei nach dem Prinzip „Psychoedukation“.

Dieses Coaching soll dabei hilfreich sein, dass der Klient Kompetenzen aufbaut, um später hinaus im „normalen“ Alltag den Gewalt-Teufelskreis durchbrechen zu können.

Im Rahmen der Schemapädagogik werden in der Regel die kostenintensiven Rollen (siehe Tabelle) aber auch direkt *bearbeitet.* Hierzu werden sie zunächst gemeinsam mit dem Klienten bewusst gemacht. Man beginnt üblicherweise mit einem Modus, der extrem auffällt.

Der Klient gibt letztlich dem jeweiligen Modus diejenige Bezeichnung, mit der er „etwas anfangen" kann; dieses „Etikett" kann dann mit dem Vornamen des Klienten verknüpft werden und muss nicht zwingend mit den oben ausgeführten Modusbezeichnungen übereinstimmen.

Das heißt, vielleicht beschreibt der Klient mit der Titulierung „der sehr leicht frustrierte Mathias" eventuell den Modus *Impulsiv-undiszipliniertes Kind*; „der böse Anteil" andererseits ist möglicherweise ein Etikett für den *Zerstörer-/Killermodus* o.Ä.

Danach werden aktuelle Probleme, Konflikte und sonstige Unstimmigkeiten mit dem jeweiligen Modus in Verbindung gebracht. Der Klient erkennt zum Beispiel den kurzfristigen Nutzen, den ein häufig aktivierter Modus wie der des *Inneren Antreibers* nach sich zieht (Höchstleistungen im Beruf), aber auch den langfristigen Nachteil (etwa Konflikte in der Ehe aufgrund von zu vielen Überstunden).

Der Klient muss danach in die Lage versetzt werden, dass er die tendenzielle Dysfunktionalität des entsprechenden Modus erkennt. „Hinter" einem maladaptiven Muster steht ja meistens der Modus des *Verletzbaren oder Glücklichen Kindes.* Diese Rollen zeigen sich durch Traurigkeit beziehungsweise durch Freude.

Am Ende der Arbeit mit den maladaptiven Schemamodi kann der Klient besser auf seine primären Bedürfnisse eingehen, die in den Kind-Modi verortet sind: „So, und jetzt will ich von dir wissen, was der emotionale Teil in dir braucht, um glücklich zu sein!" Der Modus des *Gesunden Erwachsenen* wird außerdem durch eine solche Frage entsprechend gestärkt.

Es ist sehr wichtig zu erwähnen, dass aktivierte maladaptive Modi ebenfalls - wie auch die Schemata selbst - bestimmte Erinnerungen, Emotionen, Kognitionen und Körperempfindungen von jetzt auf gleich auslösen. Das sollte der Sozialarbeiter immer bedenken.

In solchen Momenten ist dem Betreffenden die Rollen-Aktivierung mitsamt den zahlreichen Auswirkungen auf mehreren Ebenen (leider) nicht bewusst; er weiß nicht einmal, dass dieser Modus überhaupt existiert. Eines muss klar sein: Man kann den Klienten nur in der Rolle des *Gesunden Erwachsenen* kognitiv erreichen. Daher ist die Arbeit mit charakterologisch schwierigen Klienten im Rahmen der Schemapädagogik so anspruchsvoll. – Es kann durchaus vorkommen, dass infolge von Rollen-Aktivierungen Affekte im Laufe des Gesprächs rasch wechseln, wodurch die Beziehung stark belastet werden kann.

Das heißt: Der Klient erscheint im einen Moment aggressiv (*Modus Einschüchterer*), im anderen traurig, ja geradezu hilflos (*Modus Verletzbares Kind*). Entsprechend schnell und professionell muss man dann reagieren.

Nun einige Worte zu den typischen Kommunikationseigenarten, die durch die Aktivierung einer bestimmten Rolle gleich mit aktiviert werden (siehe auch Abbildung 1). Diese Phänomene können sich zeigen als...

... Psychospiel des Klienten

Ein wirksames Mittel, um die Befriedigung eines bestimmten Bedürfnisses wirkungsvoll durchzusetzen, sind Psychospiele. Sie zeichnen sich durch einen bestimmten Ablauf der Kommunikation zwischen Sender und Empfänger aus. Er ist immer gleichartig.

Mithilfe eines Psychospiels wird der Gesprächspartner zu einem erwünschten Verhalten animiert beziehungsweise dazu gezwungen. Psychospiele werden in der Kindheit erlernt, einerseits im Zuge des Modelllernens psychisch verinnerlicht, andererseits infolge von bestimmten Sozialerfahrungen ausgeprägt (Beispiel: „Versetz mir eins" (permanent nerven, um negative Aufmerksamkeit zu erzwingen), siehe Kapitel 3.6).

... Image

Ein Image ist ein bestimmter Eindruck, den – nehmen wir zum Beispiel den Schulalltag – der Schüler beim Lehrer erzeugen will. Dies muss dem Betreffenden nicht bewusst sein.

Ein verbales Image dient dazu, ein zugrundeliegendes Motiv/Bedürfnis zu kommunizieren, oder anders formuliert, anzumelden (etwa: „Ich bin cool!" heißt übersetzt: „Mir macht das alles nichts aus und du solltest dich schon anstrengen, um mich vom Hocker zu reißen!"). Auf solche Images sollten Sozialarbeiter gut dosiert und positiv reagieren. Dies trägt zum Aufbau von Beziehungskredit bei.

... Test

Mithilfe von unbewusst praktizierten Tests strebt der Betreffende nach der Verwirklichung eines nachteiligen(!) Schemas. So wird vielleicht der Sozialarbeiter angegriffen, man will ihn provozieren, aus der Fassung bringen („Na, Herr X, schlecht drauf heute?"; oder: „Ich will nur aufs Klo!").

... Appell

Appelle sind „Hilferufe durch die Blume". Jeder Lehrer kennt Schüler, die aggressiv vor einer Klassenarbeit verkünden: „Das Thema haben wir noch nie gemacht!" Eigentlich wollen Betreffende kommunizieren: „Bitte keine Arbeit heute!" beziehungsweise: „Bitte erklären Sie uns dieses Thema noch einmal!"

Wie mit diesen typischen Kommunikationseigenarten umgegangen werden kann, besprechen wir ausführlich im Kapitel 3. Schemapädagogen berücksichtigen im Umgang mit gewalttätigen Jugendlichen die genannten Konzepte (siehe Abbildung 1). Dadurch *bemerken* sie manipulative Verhaltensweisen der Betreffenden und erkennen insbesondere deren „tieferen", unbewussten Sinn.

Das eigene Verhalten und das pädagogische Vorgehen können durch entsprechende Manipulationsdiagnosen professionell und vorteilhaft gestaltet werden. Insbesondere wird dadurch der Aufbau von „Beziehungskredit" gesichert. Und der ist die Grundlage jeglicher Verhaltensänderung.

Abbildung 1: Schemapädagogik-Modell

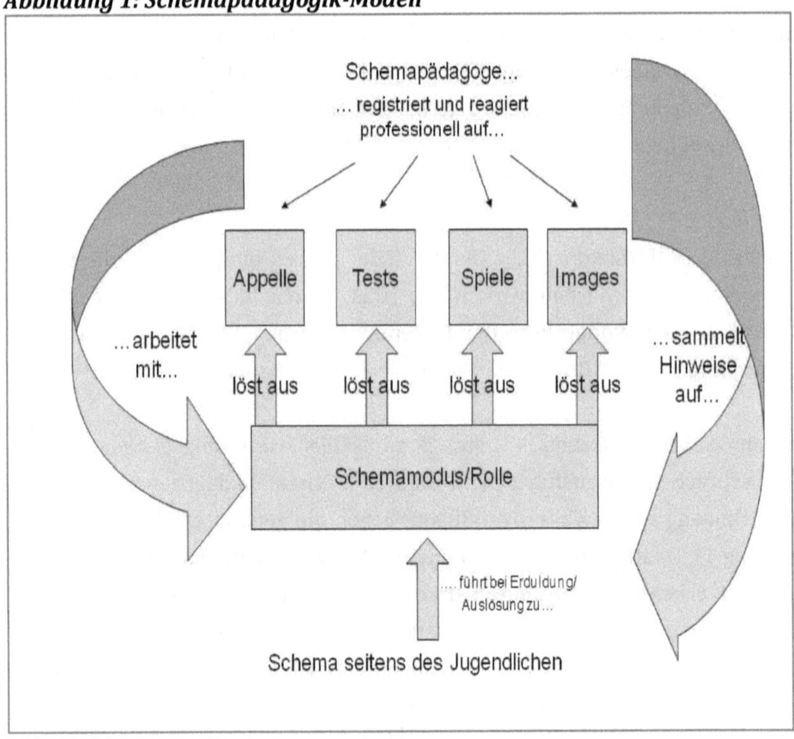

3. Typische Wahrnehmungsfehler, Manipulationen und Interaktionsspiele von Gewalttätern aus psychodynamischer Sicht

Es geht in diesem Kapitel um folgende Auffälligkeiten, die gewalttätige Personen in der Regel immer mal wieder offenbaren:

- External Kausalattribuierung,
- Tests,
- Appelle,
- Images,
- Wiederholungszwang,
- Interaktionsspiele.

Jedem Schemapädagogen sind die genannten Phänomene, deren Auswirkungen sowie deren Psychodynamik im Berufsalltag bewusst. Diese kognitiv-affektiven Auffälligkeiten liefern Hinweise darauf, wie „schwierige" Jugendliche „ticken". Das Wissen um die unbewussten Phänomene trägt auch zur Beantwortung der Frage bei: „Wie kommt man auf der Beziehungsebene an Betreffende heran?"

3.1 Externale Kausalattribuierung

Jugendliche Gewalttäter besitzen sehr ausgeprägte und effiziente innerpsychische „Kompetenzen", ihre Taten vor sich selbst und anderen im Nachhinein zu rechtfertigen. Diese Rechtfertigungsstrategien weisen strenggenommen auch auf ihre verinnerlichten Normen hin.

Dabei werden teilweise sehr irrationale und unangebrachte Meinungen vertreten. Sie zielen darauf ab, die eigene(!) Straftat als „einzig mögliche Reaktion(!)" darzustellen und sie somit zu rechtfertigen. Das heißt: Nicht der Täter hat Schuld, sondern das Opfer beziehungsweise die „Umstände" („Hätte *der Typ* mich nicht so dumm angeguckt, hätte ich ihn nie geschlagen!"). Insbesondere MATZA & SYKES (2010) haben das Thema Rechtfertigungsstrategien in ihren Veröffentlichungen bekannt gemacht.

Dieser Mechanismus hat unzählige Variationen und wird „externale Kausalattribuierung" genannt (KELLER 2010). Im Rahmen sozialpsychologischer Forschung wird auch der Begriff „selbstwertdienliche Attribution" verwendet.

Selbstwert*dienlich* ist dieser Automatismus deshalb, weil der Betreffende seine *eigenen* Verfehlungen beziehungsweise Straftaten *notwendigerweise äußeren* (= externalen) *Gründen* (= Kausalität) zuschreibt (= Attribuierung). Dies entlastet sein Gewissen maßgeblich, ist aber für einen Menschen mit gesundem Rechtsempfinden nicht nachvollziehbar oder hinnehmbar.

Das heißt, er fühlt sich aus seiner Sicht im Recht, die Straftat begangen zu haben. *Er* konnte in der bestimmten Situation damals gar nicht anders handeln. Wären „nur" die Umstände anders gewesen, wäre es *gar nicht* zur Straftat gekommen. So die übliche Überzeugung.

Aus tiefenpsychologischer Perspektive offenbart sich die externale Kausalattribuierung als sogenannter Abwehrmechanismus (siehe DAMM 2010d). Sein Ziel ist die Verdrängung von unangenehmen, moralisch-verwerflichen und peinlichen Vorstellungen. Mithilfe dieses Automatismus werden sowohl das Selbstwertgefühl als auch das Gewissen geschützt.

In weniger extremer Ausprägung ist dieser Wahrnehmungsfehler, so unsere Einschätzung, bei allen Menschen vorhanden. Er ist im durchschnittlichen Umfang sogar sinnvoll und wichtig, da er das innerpsychische System mehr oder weniger unbewusst stabilisiert. Wahrscheinlich steckt auch ein evolutionärer

Ursprung hinter dem Bestreben, „selbstwertschädigende Vorstellungen" vorauseilend abzuwehren. Somit könnte die externale Kausalattribuierung sogar als selbstwerterhaltende Kompetenz der Jugendlichen angesehen werden.

Viele Lehrer machen im Schulalltag häufig Bekanntschaft mit diesem Phänomen, meistens dann, wenn sie (schlechte) Zensuren verteilen. In der Regel wird *der Lehrer* für das eigene Versagen verantwortlich gemacht („Wieso geben *Sie mir* eine schlechte Note!?").

Manchmal findet sich sogar ein Schüler in der Klasse, der, wenn er im Unterricht mit seinem Namen aufgerufen wird, diesen Mechanismus in starker Ausprägung offenbart („ICH HAB GAR NICHTS GEMACHT!").

Man kann daher annehmen, dass diese Auffälligkeit auch biografische Ursachen hat. Und gerade unter Berücksichtigung der Tatsache, dass Gewalttäter häufig selbst „Opfer" waren (LOHMANN 2007), so liegt der Schluss nahe, dass Betreffende eine extreme Ausprägung der externalen Kausalattribuierung „erlernt" haben. – Denn schließlich werden Menschen, die in diesem Zusammenhang die Opferrolle innehaben, ihrerseits für die Vergehen ihrer Sozialpartner verantwortlich gemacht.

Fazit

Wenn wir mit Kolleginnen und Kollegen, Richtern, Mitarbeitern im Strafvollzug usw. sprechen, wird klar, wie populär und weitreichend der hier beschriebene Mechanismus ist, im negativen Sinn. Gewalttäter sitzen scheinbar seelenruhig vor ihrem Gesprächspartner und schieben wie selbstverständlich die Schuld auf ihre Opfer. („Der hat so schräg geguckt, er hatte ein Problem mit mir!")

Der Mechanismus stellt tatsächlich die größte Herausforderung für den Pädagogen dar, egal in welchem Praxisfeld er arbeitet.

Konfrontiert man Gewalttäter mit ihren Vergehen, kommt es in der Regel sofort zur Aktivierung der externalen Kausalattribuierung. Sie ist kognitiv *und* affektiv verankert. Dies erschwert die Zusammenarbeit maßgeblich.

Aus Sicht des Betreffenden andererseits ist der Mechanismus von höchstem Interesse: Würde ihm dieser Abwehrmechanismus nicht zur Verfügung stehen, müsste er plötzlich einsehen, dass er für seine Tat doch letztlich selbst verantwortlich war.

Umgang mit der externalen Kausalattribuierung

Es gibt mehrere Möglichkeiten, wie man als pädagogische Fachkraft diesem Phänomen begegnen kann; entweder in Form von *konfrontativen* oder *einfühlsamen* Methoden. Beide Interventionsarten werden unten noch ausführlich beschrieben. Ziel ist die Förderung der Selbsteinsicht in gewalttätiges Verhalten sowie die Steigerung der Selbststeuerung des Klienten, um später hinaus entsprechende Situationen im Alltag professionell zu meistern („Ich muss nicht gleich jedes Mal ausflippen, wenn ich schräg angeguckt werde!").

Sicherlich muss vor jeglicher Art der Konfrontation der Fokus auf dem Beziehungsaufbau liegen. Denn gegenüber Gesprächspartnern, zu denen man eine stabile Beziehungsbasis entwickelt hat, ist man authentisch(er). Aber bis der Sozialarbeiter in einer solchen Position ist – dies nimmt einige Zeit in Anspruch –, gilt es, einige Widerstände zu überwinden.

Beispiele

Gewalttat	**Wahrnehmung des Betreffenden**
Körperverletzung	„Der Andere hatte ein Problem mit mir!" „Der hat angefangen, mich zu rempeln!" „Der Typ war halt ein Opfer!" „Der hat meine Familie beleidigt!"
Räuberische Erpressung	„Hätte der Andere nicht so viel Kohle dabei gehabt, hätte ich ihn gar nicht ausgeraubt!"
Mobbing	„Das war nur Spaß!" „Die Anderen machen es ja auch!" „Ach, dem macht das nichts aus!"

3.2 Tests

Jugendliche Gewalttäter prüfen ihre Sozialarbeiter häufig mit dem sogenannten Test-Verhalten. Der Psychotherapeut RAINER SACHSE (2006b) stieß im Laufe seiner Arbeit mit „schwierigen" Klienten auf diese spezielle Kommunikationseigenart; er hat sie daraufhin ausführlich beschrieben.

In der Folge können Beziehungsstörungen entstehen, wenn der Professionelle Tests nicht als solche erkennt und sich entsprechend provozieren lässt.

Leider taucht manipulatives Test-Verhalten irgendwann auch bei denjenigen Jugendlichen auf, mit denen man bisher gut zusammenarbeiten konnte. – Der Professionelle hat die drei humanistischen Grundvariablen Empathie, Kongruenz und Akzeptanz erfolgreich umgesetzt – und dennoch verändert sich der Jugendliche plötzlich. Dies kann Zweifel aufkommen lassen: Hat man sich im Anderen getäuscht? Waren nicht beide nett zueinander gewesen? Empfand man nicht sogar gegenseitig Sympathie?

Nun, auch diese scheinbar irrationale Auffälligkeit hat biografische Ursachen – und ihren Sinn. Diese sogenannten Interaktionstests dienen dazu, den Gesprächspartner „abzuchecken". Gerade zu Beginn der Zusammenarbeit, wenn der Teenager noch nicht weiß, was für eine Persönlichkeit er da vor sich hat, praktiziert er (unbewusst) einige Interaktionstests, die „Klarheit" schaffen sollen.

Doch die Sache hat einen Haken. Wenn der Jugendliche nämlich den Pädagogen als „unverlässlichen" oder gar „hinterhältigen Typen" einschätzt, so inszeniert er, sagen wir mal, sehr unliebsame Tests („Ich kann Sie nicht leiden und Sie mich nicht, stimmt's?"), um den Sozialarbeiter zu einer entsprechenden (negativen) Reaktion zu animieren. Er provoziert dann alle paar Minuten, diskutiert über Nichtigkeiten, vergreift sich im Ton, versucht den Gesprächspartner „zu verarschen" usw.

Fällt der Pädagoge auch solche Interaktionstests herein, das heißt, lässt er sich zu einem „Gegenschlag hinreißen", so „versiebt" er dadurch die komplette Beziehungsgestaltung, die bis dato mühsam verwirklicht wurde („JA, ICH KANN DICH NICHT LEIDEN, stimmt!"). Denn der Jugendliche hat dann gerade dadurch(!) nun die „Erkenntnis" gewonnen, dass seine Grundannahmen „richtig" waren.

Fazit

Provokationen, Manipulationsversuche sind manchmal nichts anderes als Tests. Der junge Mensch will den Sozialarbeiter gar nicht wirklich provozieren, „verarschen". Er will „nur" sehen, wie der Andere auf die Provokationen *reagiert*. Er will also nur eines: Klarheit („So, ich wusste es, Herr X ist so ein Arsch wie alle anderen Sozialarbeiter vorher auch!").

Umgang mit Tests

Daher sind Aufmerksamkeit und Einfühlungsvermögen sehr wichtig im pädagogischen Alltag. Denn das Test-Verhalten muss als solches durchschaut werden. Um einen Test handelt es sich meistens dann,

- wenn man aus heiterem Himmel extrem kritisiert, herabgesetzt wird,
- wenn ohne Ende in Sicht stark emotional über eine Lappalie diskutiert wird,
- wenn man irgendwie dauerhaft das Gefühl hat, man würde „verarscht".

Bleibt man als Pädagoge trotz einiger Tests vonseiten der Jugendlichen zugewandt, empathisch, trägt man unglaublich viel zum Aufbau von Beziehungskredit bei. Man sollte sich entsprechend ein „dickes Fell" zulegen und sich nicht von seinem ersten Handlungsimpuls leiten lassen, wenn man das Gefühl hat, der Andere würde gerade einen Test praktizieren.

Denn der Heranwachsende spürt im Falle des „Cool-Seins", dass der professionelle Helfer trotz der „fünf Minuten-Ausraster" am „Ball" bleibt. Die Folge: Der Jugendliche lässt sich ein Stück weit mehr auf eine intimere Beziehung ein. Mehr und mehr Beziehungskredit wird angehäuft. Und den braucht man später für die Konfrontation, die irgendwann zwecks angestrebter Verhaltensmodifikation stattfinden muss!

Man muss sich in Momenten, in denen Tests praktiziert werden, bewusst machen, dass der ganze Mumpitz gar nicht persönlich gemeint ist. Es würde nämlich jeden anderen Sozialarbeiter an Ihrer Stelle genauso treffen. Ebenfalls sollte man im Hinterkopf behalten, dass das gerade gezeigte (negative) Verhalten in Zusammenhang steht mit einem oder mehreren nachteiligen Schemata, die der Betreffende unter schwierigsten sozialen Bedingungen einmal ausgeprägt hat.

Das heißt, der Betreffende hat mit an Sicherheit grenzender Wahrscheinlichkeit viele leidige Erfahrungen mit seinem sozialen Umfeld gemacht – und diese führten erst zu einer allgemeinen negativen Einschätzung der „Erwachsenenwelt“. So gesehen „kann“ der Betreffende nichts für seine verzerrte Personenwahrnehmung und ihre Auswirkungen.

In der folgenden Tabelle sind einige Tests von Heranwachsenden zusammengefasst, die wir in unserer Berufspraxis unmittelbar erlebt haben; sie tauchen auch gegenwärtig immer mal wieder in verschiedenen Variationen auf.

Beispiele

Test	**Unterschwellige Absicht**	**Professionelle Reaktion**
„Na, Herr X, gestern Nacht schlechten Sex gehabt?“	Provokation („Reagiert Herr X so negativ, wie ich es erwarte?“)	(bei ausreichend vorhandenem Beziehungskredit) **„Nee, du?!“** (am Anfang der Zusammenarbeit) **„Du willst mich jetzt testen, ob ich auf so was negativ reagiere!“**
„Ich habe jetzt einfach keinen Bock dazu!“	Der Pädagoge soll zu einer Disziplinarmaßnahme motiviert werden	**„Ist gut; nimm dir ein paar Minuten – ausnahmsweise!“**
„Ich hab hier auf meinem Handy ein Sexvideo!“	Die Fachkraft soll peinlich berührt sein, eine Szene machen o.Ä.	**„Du scheinst viel Wert auf Sexvideos zu legen. Bitte erst später!“**

3.3 Appelle

Sozialarbeitern wird immer mal wieder bewusst, dass ihre Klienten mittels bestimmter Verhaltensweisen spezielle Motive, anders gesagt, Bedürfnisse befriedigen (wollen). Meistens geht es um Anerkennung, Akzeptierung, Solidarität (SACHSE 2003).

Das Problem im Umgang mit gewalttätigen Jugendlichen ist, dass die Betreffenden häufig Strategien praktizieren, die nicht authentisch, sondern irrational sind; sie schießen etwa weit über das Ziel hinaus. Sie verunsichern den Gesprächspartner mit ihren offenen oder – öfter der Fall – verdeckten Appellen o.Ä.

SACHSE (2006b, 37) unterscheidet zwischen positiven und negativen Appellen, und er stellt folgende allgemeine Definition auf: „Appelle haben die Funktion, das Verhalten des Interaktionspartners zu steuern."

Im Falle von positiven Appellen („Gestern Abend wurde ich in der Stadt dumm angemacht!") soll der Gesprächspartner sich dem Betreffenden zuwenden, ihm zuhören, ihn unterstützen, sprich: für ihn etwas *tun*. Manchmal wird der Sozialarbeiter auch dazu motiviert, sich gegen einen Anderen zu verbünden („Der Thomas hat mich gestern provoziert!").

Bei negativen Appellen andererseits wird der Pädagoge dazu animiert, etwas Bestimmtes *gerade nicht zu tun*. Auch auf diese Art von Appellen sollte man achten. Entsprechend soll etwa die Meinung des Anderen nicht infrage gestellt werden („WAS?! DIE FAMILIE GEHT ÜBER ALLES!!!"), man soll keine weiteren Fragen stellen, die Sichtweise des Anderen nicht kritisieren usw.

Fazit

Appelle werden meistens nicht auf der Sach-, sondern auf der Beziehungsebene kommuniziert; manchmal auch nur körpersprachlich. Deshalb spricht SACHSE (2004) von einer manipulativen Intervention.

Ein Beispiel: Ein Jugendlicher sitzt traurig (oder genervt) in einer Ecke und schweigt. Dieses Verhalten kann gleichzeitig verschiedene Appelle „transportieren", etwa: „Kümmere dich um mich", „Lass mich bloß in Ruhe", „Sprich mich an" usw.

Wir finden es wichtig, das Thema „Appelle" im pädagogischen Alltag im

Hinterkopf zu behalten. Denn wer professionell mit ihnen umgeht, trägt (wieder) maßgeblich zum Aufbau von Beziehungskredit bei; auf der anderen Seite fördert man auch durch bestimmte Interventionen die Selbstkenntnis des Jugendlichen (siehe Tabelle mit Beispielen unten).

Umgang mit Appellen

Es ist nicht immer einfach, Appelle überhaupt zu erkennen, besonders dann, wenn man die Jugendlichen, mit denen man arbeitet, noch nicht gut kennt. Denn es kann immer vorkommen, dass man sich *angesprochen fühlt*, obwohl der Teenager in diesem Moment gerade das nicht im Sinn hat.

Das heißt, es wird sicherlich so sein, dass der Sozialarbeiter mit seiner Diagnose auch mal „daneben liegt" und entsprechend ein „unpassendes Verhalten" an den Tag legt. Die „Fehlerquote" lässt sich durch konkretes Nachfragen, aktives Zuhören und Spiegeln aber erfreulicherweise reduzieren.

Mittels Aufmerksamkeit und einigen Test-Interventionen werden die hier thematisierten pädagogisch-psychologischen Kompetenzen schrittweise gefördert. Und irgendwann kennt man die „typischen Appelle" seiner Klienten – und man kann mit ihnen konstruktiv umgehen.

Beispiele

Appell	**Unterschwellige Absicht**	**Professionelle Reaktion**
„Ich kann das nicht!"	Der Sozialarbeiter soll den Teenager unterstützen und motivieren	**„Okay, ich zeige dir einmal, wie es geht, dann schaffst du es sicher!"**
„Mir geht's heute scheiße!"	Entweder: **„Kümmere dich um mich!"**, oder: **„Lass mich bloß in Ruhe!"**	**„Willst du drüber reden oder soll ich dich einfach in Ruhe lassen; ich bin mir gerade nicht sicher!"**
„Ist doch so, oder? Sagen Sie doch mal was dazu!"	Die eigene Sichtweise soll vom Sozialarbeiter bestätigt werden	**„Dir ist es jetzt wichtig, dass ich dich bestätige!"**

3.4 Images

Wer über Jahre hinweg „gelernt" hat, dass die Ausübung von Gewalt zwischenmenschliche Erfolge nach sich zieht (siehe unten), etwa Anerkennung vonseiten der Peer-group, der offenbart auch häufig gegenüber dem Sozialpädagogen eine weitere spezielle Verhaltenstendenz. Mit dieser kann die Fachkraft in der Regel nicht viel anfangen, sie schlecht einordnen – und schon lässt man sich aufs sprichwörtliche Glatteis führen.

Manche der Jugendlichen wollen vorauseilend einen „passenden Eindruck" auf ihr Gegenüber machen, umgangssprachlich gesagt, den eines „coolen", „lässigen", „harten Kerls".

Die Betreffenden vermitteln sowohl auf der Sach- als auch auf der Beziehungsebene in vielerlei Variation ein entsprechendes *Image* (SACHSE 2003). Dieses Image soll im Kopf des Pädagogen entstehen und soll bestimmte Komponenten, selektive Inhalte besitzen.

Der gerade aktuelle Gesprächspartner entwickelt dann auch nicht aus Zufall recht schnell die Auffassung, dass der Teenager, der gerade vor ihm steht, zu allerhand Handgreiflichkeiten *fähig* ist.

Im Gegensatz zum Test aber wird im Rahmen dieses Phänomens „nur" die eigene Gewaltbereitschaft *kommuniziert*; es geht nicht darum, den Gesprächspartner zu einer bestimmten *Handlung* zu motivieren.

Vielmehr soll aufseiten des Pädagogen die *Auffassung* entstehen, dass er es mit einem „potenziell schlagkräftigen" Zeitgenossen zu tun hat, „mit dem nicht gut Kirschenessen ist". Mitunter verfolgen die Betreffenden auch das unmittelbare Ziel, den Interaktionspartner einzuschüchtern (was das eine ums andere Mal sicherlich gelingt).

Images sind in der Regel „einseitig", das heißt, sie beinhalten Faktoren, die vom Jugendlichen gezielt ausgewählt werden. Wer etwa den „Harten" spielt, wird Wert darauf legen, in Gegenwart des Sozialarbeiters nicht den „Hauch" eines Eindrucks von Schwäche zu konstruieren. Im Gegenteil: Er wird sich um ein entsprechendes Macho-Gehabe bemühen, laut reden, breitbeinig dasitzen, keinen Humor zeigen, den Gesprächspartner anstarren usw.

Fazit

Images dienen dazu, verbal wie nonverbal eine bestimmte Charaktereigenschaft zu kommunizieren. Diese Motivation ist mehr im Unbewussten als im Bewusstsein verortet, und vor allem ist sie eines: vollautomatisiert!

Es ist wichtig zu erwähnen: Während der Jugendliche auf seinem „Image-Trip" ist, ist er affektiv und kognitiv „voll bei der Sache". Das bedeutet, der Teenager ist auf seinen Gesprächspartner konzentriert. Ihm fehlt währenddessen völlig die Selbsteinsicht, es findet keinerlei konstruktive Zusammenarbeit statt (SACHSE 2004). Dieses Geschehen erfordert im Falle einer Aktivierung ein spezielles Vorgehen, denn leicht wird die Beziehung zum Betreffenden durch Images in eine Richtung gelenkt, die man eigentlich vermeiden will.

Man muss sich bewusst machen: Sicherlich stecken viele Lernprozesse und biografische Erlebnisse hinter bestimmten Images. Sie entstehen insbesondere durch positive Verstärkung.

Zusammenfassend gesagt: Wer ein Image kommuniziert, der verfolgt die Absicht, im Gesprächspartner genau *diesen einen* Eindruck zu konstruieren. Das genaue Abbild des Image soll im Kopf des Anderen entstehen.

Umgang mit Images

Wieder gilt: Auch diese Auffälligkeit ist nicht persönlich gemeint, sondern sie läuft automatisiert ab. Das heißt, der Sozialarbeiter sollte Images als das sehen, was sie sind. Es gilt, professionell mit ihnen umzugehen. Ganz wichtig: Sie sollten in der Regel nicht unkommentiert im Raum stehen gelassen werden.

In Hinsicht auf den Umgang mit Images gilt es, zu unterscheiden. Der berufliche Rahmen, das Setting ist relevant. Im Praxisfeld Schule etwa kann ich als Fachkraft flexibler mit dem Thema umgehen, toleranter, als etwa im Strafvollzug; in letzterem Fall sind sicherlich zeitnahe konfrontative Interventionen sinnvoll.

Insgesamt ist Flexibilität gefragt. Man sollte aber auch bedenken, dass sich Sympathie effizient aufbauen lässt, wenn man einigen Images positive Aufmerksamkeit schenkt. Der Andere fühlt sich dann gewissermaßen in seiner Rolle akzeptiert. Doch man muss immer abwägen, „wo das Ganze dann vielleicht hinführt".

Im Folgenden sind wieder einige Beispiele zusammengefasst.

Beispiele

Image	Unterschwellige Absicht	Professionelle Reaktion
(Praxisfeld Schule, während der Vorstellung der Heranwachsenden zu Schuljahresbeginn) **„Ich bin Zuhälter – bin aber gerade umschulungsmäßig aktiv!"**	Der Lehrer soll zu dem Eindruck gelangen, der Kommunikator sei ein „cooler Typ" – und soll beeindruckt sein	Entweder (unbeeindruckt): **„Ja? In welchem Viertel warst du denn"** (danach unbeeindruckt auf der Sachebene weiterreden), oder: **„Weißt du, die Verarschernummer kannst überall abziehen, aber nicht hier!"** (später dann wieder ein Beziehungsangebot machen)
(Gruppenarbeit anlässlich eines Anti-Aggressivitäts-Trainings) **„Sie haben mir überhaupt nichts zu sagen!"**	Streben nach Dominanz	(sachlich) **„Wenn du einen Machtkampf suchst, dann sollten wir deinen Richter dazu holen!"**
(Praxisfeld Schule, in der vierten Woche, Ausspruch eines Punkers) **„Ich hab einfach keinen Bock auf Schule!"**	Der Pädagoge soll den Eindruck bekommen, da säße ein „gesellschaftsabweisender Typ" vor ihm, der in Ruhe gelassen werden will	Entweder (authentisch): **„Du hast andere Interessen als Schule, oder?"**, oder: **„Du scheinst den Anschluss an den Unterricht verloren zu haben. Wobei kann ich dir helfen?"**

3.5 Wiederholungszwang

Ein sehr großes Problem in Hinsicht auf den Umgang mit jugendlichen Gewalttätern ist bekanntlich die Rückfallquote. Das heißt, die Wahrscheinlichkeit, dass aus einem Einfach- ein Mehrfachtäter wird, ist recht hoch.

In der Regel besteht ja ein maßgebliches Ziel der pädagogischen Interventionen gerade darin, schädliche Verhaltensmuster in förderliche zu verwandeln. Es gibt wirklich Momente, das steht man als Sozialarbeiter fassungslos da. Soeben hat uns etwa ein Heranwachsender in die Hand versprochen, dass er sich „bessern werde", einen Tag später steht er vor uns mit einem blauen Auge, den Blick zu Boden gerichtet. Warum ist das so? Wieso geraten viele gewalttätige Jugendliche immer wieder in Situationen, in denen sie genauso (gewalttätig) handeln wie zuvor, obwohl sie das „eigentlich gar nicht wollen"?

Hierzu gibt es unterschiedliche Theorien. Herausgreifen möchten wir die *Tiefenpsychologie* und die *Schematheorie*.

Nach tiefenpsychologischen Autoren, etwa KÖNIG (2003), sind frühkindliche Prägungen beziehungsweise spezielle Erlebnisse für die hohe Rückfallquote verantwortlich. Vor allem traumatische Erfahrungen, die im Unbewussten abgespeichert sind, motivieren die Betreffenden immer wieder dazu, „altbekannte Situationen" zu erleben. Der Betreffende *macht* so gesehen selbstmotiviert seine (negativen) Erfahrungen zum festen Bestandteil im Hier und Jetzt. Vielleicht reinszeniert er eine bestimmte Ursprungssituation, nur mit vertauschten Rollen. Nunmehr ist er der Täter und nicht (mehr) das Opfer. (Nachweislich erlebten viele Täter früher selbst Gewalt am eigenen Leib.) In der Regel will der Betreffende auch das Dilemma „endlich" lösen, jedoch fehlen ihm hierfür die Ressourcen. Das Hauptproblem dabei ist, dass den betreffenden Jugendlichen ihr eigener Antrieb zu negativen Erlebnissen in der Regel nicht bewusst ist.

Aus Sicht der Schematheorie (ROEDIGER 2009a) ist ebenfalls die Kindheit mitsamt ihren neurobiologischen Eigenarten am oben skizzierten Wiederholungszwang beteiligt. Demnach reifen diejenigen Hirnareale, die für das Selbstbewusstsein, die Emotionskontrolle und das Gewissen verantwortlich sind, erst nachgeburtlich heran. In den ersten Lebensjahren „saugt" die sich entwickelnde Großhirnrinde quasi die soziale Umwelt auf, die den Heranwachsenden umgibt.

Werden nun stets ähnliche (nachteilige) Erfahrungen gemacht, „spuren" sich entsprechende Wahrnehmungs- und Erwartungsmuster (Schemata) neuronal ein. Man spricht auch von „neuronalem Einbrennen". Diese Schemata haben in der Regel lebenslange Auswirkungen.

Gerät nämlich der betreffende Jugendliche in eine Situation im „Hier und Jetzt", die ihn an eine Gefahrensituation „von damals" erinnert, kommt es unweigerlich und unbewusst zur Aktivierung des entsprechenden Schemas – und eventuell zu Gewalthandlungen.

Ein Beispiel (aus Sicht eines Gewalttäters): Ein verlorener Konflikt mit integrierter Abwertung des Selbst, kann, wenn der Betreffende ähnliche Situationen bestens kennt, von jetzt auf gleich extreme Emotionen auslösen. Der Betreffende fühlt sich unsicher und hilflos. Er *muss* sich „schützen" – deshalb wird er automatisch aggressiv und schlägt den Anderen „präventiv" zusammen, und zwar ohne Vorwarnung.

Der Knackpunkt an diesem Geschehen liegt in Folgendem: Er versteht den Zusammenhang zwischen seiner frühen Prägung und dem Stress-Erleben im Hier und Jetzt *nicht*.

Das heißt, er nimmt in etwa Folgendes wahr: „Mein derzeitiges Unwohlsein wird *von außen verursacht*, und zwar von dem Typ da vorne!" (Hierin liegt auch eine Erklärung der oben beschriebenen externalen Kausalattribuierung.)

Man sieht schnell, liebe Leserin, lieber Leser, wie „logisch" es eigentlich ist, dass Betreffende immer wieder rückfällig werden. Zusammenfassend gesagt: Bestimmte Situationen und Mitmenschen können leicht „altbekannte" Muster auslösen – und somit auch Gewalthandlungen.

Fazit

Die pädagogischen Bemühungen müssen unbedingt bewirken, dass sich gewalttätige Jugendliche über die Entstehungszusammenhänge ihrer Gewalttätigkeit im Hier und Jetzt bewusst werden. Sie müssen irgendwann *erkennen*, dass bestimmte Situationen und Mitmenschen altbekannte(!) Situationen und Mitmenschen gewissermaßen „zum Leben erwecken".

Ihr „Schutzmechanismus", der daraufhin ausgelöst wird, ist aber gar nicht (mehr) notwendig – das muss der Betreffende irgendwann „schnallen". Ebenfalls sollte die Einsicht gefördert werden, dass die unliebsamen Emotionen im Hier und Jetzt durch die Situation beziehungsweise durch den Anderen nur *ausgelöst* werden.

Dieses Unternehmen ist naturgemäß sehr schwierig und hat geradezu Sisyphusarbeit-Charakter. Denn die hier thematisierte Klientel hat in der Regel gelernt, dass Gewalt vor allem eins ist: vorteilhaft. Die Betreffenden müssen daher – und das ist das Problem – genau dass infrage stellen, was aus ihrer Sicht „gut" ist. (Dies kann mithilfe der komplementären Beziehungsgestaltung vorbereitet werden, siehe unten.)

Umgang mit dem Wiederholungszwang

Als Sozialarbeiter muss man sich bewusst machen, dass der Antrieb seitens vieler Jugendlicher, immer wieder dieselben negativen Situationen zu erleben, ein *unbewusster* Antrieb ist.

Auf der anderen Seite sollte man den Betreffenden auch „verzeihen", dass sie nach Rückfällen auch noch – wie sollte es auch anders sein? – der externalen Kausalattribuierung verfallen („Ich musste mich doch wehren, was hätte ich denn sonst tun sollen?"). Die Teenager müssen sich das Dilemma ja irgendwie *selbstwertdienlich* erklären.

Es bieten sich diverse Methoden an, wie man den Wiederholungszwang reduziert. Infolge einer Intervention etwa, die der Konfrontativen Pädagogik zugeordnet wird, werden Aggressionen zunächst unter „kontrollierten Bedingungen" ausgelöst, etwa im Rollenspiel.

Im „Eifer des Gefechts" soll der Jugendliche mit Unterstützung dann Verhaltens*alternativen* ausführen, damit diese später im Alltag in brisanten Situationen auch praktiziert werden (können).

Sozialarbeiter, die schemapädagogisch arbeiten, praktizieren in diesem Fall auch eine *gestaltpsychologische* Intervention. Das heißt, sie klären den Teenager darüber auf, dass in manchen Situationen eine bestimmte Teil-Persönlichkeit (etwa „Aggro-Thomas" oder „persönlicher Aggro-Teil") aktiviert wird, die dann für die resultierenden Gewalthandlungen verantwortlich ist.

Auf diese Weise umgeht man übrigens alle bisher behandelten Wahrnehmungsfehler beziehungsweise Manipulationsversuche von jugendlichen Gewalttätern. Auf diese Methode kommen wir später ausführlich zu sprechen.

Beispiele

Situation	Reaktionen
Der Klient sagt: „**Sie machen mich aggressiv!**“	„**Nee, daran habe ich kein Interesse! Du verwechselst mich grad mit jemand anderem!**“
Der Jugendliche sagt: „**Gestern wollte ich einen Typen schlagen!**“	Entweder: „**Echt? An wen hat er dich erinnert?**“, oder: „**Und warum kam da der Aggro-[Vornamen des Betreffenden einfügen] aus dir raus?**“

3.6 Interaktionsspiele

Sogenannte manipulative Interaktionsspiele stören die Beziehung zwischen gewalttätigen Jugendlichen und dem Sozialarbeiter immens. Leider ist das Thema in der sozialpädagogischen Aus- und Fortbildung so gut wie unbekannt. Daher fehlt es auch an entsprechenden Präventionskonzepten.

Interaktionsspiele werden auch „Psychospiele", „Strategien" oder „Maschen" genannt. Der bekannte Begründer der *Transaktionsanalyse* ERIC BERNE (1964/2005) hat sich ausführlich mit Psychospielen beschäftigt.

Ein Psychospiel ist immer ein „fake", das heißt, unehrlich. Sie werden zumeist „gespielt", um bestimmte verborgene Motive, Grundbedürfnisse zu befriedigen. Der Spieler ist auf seine Weise höchst professionell, hat entsprechend effiziente Kompetenzen entwickelt. So gesehen führen Spiele immer zu einem erwünschten Ergebnis, einem Ziel, das der Spieler intuitiv verfolgt.

Interessanterweise ist es dem Spieler gar nicht bewusst, *dass* er überhaupt ein Spiel spielt. Das macht die Sache im pädagogischen Alltag sehr kompliziert. Denn vor diesem Hintergrund kommt es etwa zu Konflikten zwischen dem Sozialarbeiter und dem Jugendlichen, in denen man mit dem Betreffenden *nicht* über die gerade erfahrene Spannung sprechen kann – der Teenager ist nämlich währenddessen quasi *Teil des Problems*, sprich: des Spiels.

Beispiel: Beim sogenannten Psychospiel „Versetz mir eins" (RAUTENBERG & ROGOLL 2008) zeigt ein Schüler zumeist folgende Verhaltensauffälligkeiten: Zu Beginn einer jeden Stunde stört er „tröpfchenweise" den Unterricht, und zwar in vielerlei Variationen (wobei das Endergebnis immer dasselbe ist, siehe unten).

Erwartungsgemäß ermahnt ihn der Lehrer ein paar Mal, *schließlich muss er ja reagieren*. Der Heranwachsende versichert infolge der Belehrungen irgendwann – mehr oder weniger authentisch –, er werde sich nunmehr „wirklich zusammenreißen". Wenig später jedoch scheint das alles vergessen, und er nimmt sichtlich unbeeindruckt wieder das Projekt „Unterrichtsstörung" auf. Das Spiel wird intensiver...

Wieder ermahnt ihn der Lehrer, er ist irritiert. *Will der mich verarschen?*, denkt er sich. Richtigerweise hat er das Gefühl, dass gerade etwas nicht stimmt, obwohl man sich doch auf der Sachebene „einig ist".

Das „Spiel“ geht eine Zeit lang so weiter, wobei der emotionale Anteil seitens des Lehrers sozusagen schrittweise ansteigt; *und nur dieser Effekt ist eigentlich während des gesamten Spiels beabsichtigt.* Am Ende des Dilemmas schickt der Lehrer - wie immer - den Betreffenden aus dem Saal. Und der Schüler hat das Spiel „gewonnen“, er hat nämlich sein eigentlich relevantes Bedürfnis nach dauerhafter (negativer) Aufmerksamkeit befriedigen können.

In der Regel verhält es sich so, dass ein solches Schüler-Spiel mehrmals innerhalb einer Woche gespielt wird, und zwar stets nach denselben „Regeln“. Interessant ist aber, dass beide Parteien, das heißt, der Lehrer wie der Teenager, gewöhnlich das Ganze nicht recht verbal erfassen und auf den Punkt bringen können. Grund: es steckt zu viel unbewusste Psychodynamik dahinter (siehe unten).

Natürlich wird anlässlich einer solchen Unterrichtsstörungskaskade der Disziplinarmaßnahmenkatalog chronologisch durchexerziert. Der Schüler bekommt irgendwann einen Tadel, vielleicht wird er auch temporär vom Unterrichtsbetrieb ausgeschlossen.

Doch leider gelingt dadurch gerade eines nicht: die Förderung der Selbsteinsicht seitens des Schülers - vielmehr werden dadurch typische selbstwertdienliche Wahrnehmungsverzerrungen aktiviert (siehe oben). So kommt es, dass so mancher Teenager in jeder Schulform, die er durchläuft, immer wieder dieselben Spiele spielt, das heißt, fortwährend dieselben Konflikte erlebt - ohne jemals den Eigenanteil an den Unstimmigkeiten wahrzunehmen.

Besonders die gewalttätigen Jugendlichen spielen in der Regel ihre typischen „Spielchen“. Deren Opfer wissen hiervon ein sprichwörtliches Lied zu singen. Bekannt sind etwa die Schilderungen von grausamen, sadistischen Interaktionsmustern, die gewalttätige Jugendliche praktizieren - bevor sie zuschlagen oder ihre Opfer sonstwie quälen.

Viele Täter „spielen“ bekanntlich erst mit ihren Opfern, lassen sie etwa bis zur unvermeidlichen Eskalation im Unklaren darüber, ob sie nun denn Gewalt anwenden oder nicht („Ach, mein Guter, ich glaub, ich lass dich heute noch mal laufen - nee doch nicht!“). So ein Spiel kann man minuten- oder gar stundenlang spielen.

Fazit

Die meisten Verhaltensweisen mit einem hochgradig manipulativen Charakter (Psychospiele) werden schon in der Kindheit ausgeprägt, insbesondere durch das Prinzip „Lernen am Modell". Eine andere Möglichkeit: Die eigene Spielkultur entstand gewissermaßen infolge einer kompensatorischen Reaktion, quasi aus der Not heraus. Vielleicht kam man mit authentischem Auftreten über Jahre hinweg nicht zum Ziel (= Bedürfnisbefriedigung) und erntete nur Negatives vonseiten des sozialen Umfelds. Das heißt, der Betreffende machte eventuell oft die Erfahrung, dass er als Person „wertlos" ist, ein „Looser". Auf der anderen Seite kam er vielleicht durch Zufall zur (überlebensnotwendigen) Erkenntnis, dass er für *bestimmte* Verhaltensweisen *doch* Aufmerksamkeit, Anerkennung usw. entgegengebracht bekommt, wenn auch in Form eines negativen Feedbacks. *Hauptsache, das Umfeld reagiert überhaupt.* Aus Sicht des Betreffenden macht dies Sinn. Denn immerhin kam es durch störendes, anders gesagt, kostenintensives Verhalten überhaupt zu zwischenmenschlichen Reaktionen.

Psychospiele können auf diese Weise entstehen und sich charakterologisch niederschlagen. Gerade in Hinsicht auf die hier beschriebene Klientel lässt sich annehmen, dass die häufig vorhandenen, schwierigen sozialen Verhältnisse für die Ausprägung zahlreicher schädlicher Psychospiele verantwortlich sind.

Umgang mit Interaktionsspielen

Mit Psychospielen muss man während der Arbeit mit gewaltbereiten Teenagern besonders rechnen. Das Wichtigste dabei ist: Man muss diese (unbewussten) manipulativen Interaktionsmuster *bemerken*, deuten und sie in den entscheidenden Momenten gemeinsam mit dem Betreffenden *thematisieren*.

Denn, und darauf sei noch einmal hingewiesen, Psychospiele werden in der Regel unbewusst praktiziert.

Bewusst machen sollte man sich auch: Wenn der Betreffende *gerade* seine „typischen fünf Minuten hat" und seine „Strategie fährt", ist es sehr schwer, ihn aus seiner Rolle herauszubekommen. Denn er ist kognitiv *und* affektiv in seinem Spiel „drin". Pädagogische Interventionen (siehe unten) fruchten dann nur, wenn ausreichend Sympathie und Vertrauen zuvor geschaffen wurden. Doch man darf nicht zu viel erwarten, schließlich haben Psychospiele eine sehr lange Tradition und haben aus Sicht des Betreffenden viele Vorteile.

Man erkennt Psychospiele anhand verschiedener Kriterien:

- Der Betreffende schafft es durch stets *dieselben* fragwürdigen Verhaltensweisen immer wieder, sich in den Mittelpunkt zu „spielen", etwa durch Herumkaspern, Macho-Allüren usw.
- Der Sozialarbeiter hat vom einen auf den anderen Moment das Gefühl, dass gerade etwas nicht stimmt.
- Der Teenager spielt „schon wieder" die alte Leier.
- Während eines Psychospiels fällt der Jugendliche in eine ganz bestimmte Rolle, das heißt, er offenbart eine spezielle Teil-Persönlichkeit, auch Schemamodus genannt (siehe unten).
- Der Sozialarbeiter fühlt sich plötzlich unwohl, das heißt, zu einer bestimmten Reaktion motiviert.

Man kann auf verschiedene Methoden zurückgreifen, um Psychospiele zu stoppen (BERNE 1964/2005). Sobald ein Jugendlicher Verhaltensweisen mit Manipulationscharakter ausführt, kann man folgende Strategien testen (siehe auch DAMM 2010b, 92; DEHNER & DEHNER 2007):

- **Strategie a**: Das Spiel direkt ansprechen.
- **Strategie b**: Den weiteren Spielverlauf vorwegnehmen.
- **Strategie c**: Den Spieler mit den Kosten seines Verhaltens konfrontieren.
- **Strategie d**: Den Spieler als Person wertschätzen und Verhaltensalternativen aufzeigen.

Der Sozialarbeiter kann die erwähnten Strategien entweder in *empathisch*-konfrontativer oder *autoritär*-konfrontativer Art und Weise praktizieren. Wir empfehlen zunächst die erste Variante, da jegliche Form von Konfrontation die Beziehung zum Betreffenden belastet, mal mehr, mal weniger. Es ist außerdem sinnvoll, den Heranwachsenden für seine „Rolle", die er während des Spiels praktiziert, zu sensibilisieren. Dies ist aus schemapädagogischer Sicht die Grundlage für die spätere Selbststeuerung im Alltag.

In der folgenden Tabelle finden Sie einige Interventionen, die angelehnt sind an das oben erwähnte Psychospiel „Versetz mir eins":

Psychospiel	Interventionen ...
„Versetz mir eins"	... unter vier Augen (empathisch-konfrontativ): **Strategie a**: „Mal ehrlich! Du hast deine fünf Minuten doch nur, damit ich dich irgendwann rauswerfe, oder?" **Strategie b**: „Wenn der innere Clown-[Vornamen des Schülers einfügen] in dir hochkommt, dann hat der dich mehrere Minuten in der Hand, dann machst du [Verhaltensauffälligkeiten einfügen]." **Strategie c**: „Du kennst den inneren Clown-[Vornamen des Schülers einfügen] schon lange, der hat dir schon öfter eingebrockt. Wenn du den nicht stoppst, versaust du dir die ganze Zukunft." **Strategie d**: „Hör mal, du hast es eigentlich drauf. Was können wir da machen?" ... während der Rollen-Aktivierung (autoritär-konfrontativ): **Strategie a**: „Achtung! Achtung, jetzt geht die Show wieder los. Und gleich fliegt hier einer raus!" **Strategie b**: „Ich ermahne dich jetzt sinnloserweise fünfmal, du machst deinen Scheiß weiter – und dann schmeiß ich dich raus!"

	Strategie c: „Dein innerer Clown- [Vornamen des Schülers einfügen] geht uns hier allen auf die Nerven wie nur was!“ **Strategie d**: „Letzte Stunde ging es doch auch. Du kannst dich zusammenreißen! Geh fünf Minuten raus, dann machen wir hier normal weiter!“

Abschlussbemerkung

Wir wollen ein Zwischenfazit an dieser Stelle einfügen. Folgende Aspekte erscheinen uns wichtig:

- „Schwierige“ Jugendliche offenbaren „schwierige“ Interaktionsmuster, die einen vielfältigen psychodynamischen Hintergrund haben.
- Am wenigsten durchschauen die Betreffenden selbst die Ursachen und Formen ihrer manipulativen Denk- und Verhaltensweisen.
- Gewaltbereite Jugendliche greifen in brisanten Situationen immer wieder auf die vorhandenen, früh angelegten innerpsychischen Ressourcen zurück; dies führt fortwährend zu einer Re-Inszenierung des Gewaltthemas.
- Bisher gibt es keine pädagogischen Konzepte, die die bisher beschriebenen (unbewussten) manipulativen Mechanismen aufgreifen. Diesen Missstand gilt es zu beheben.

Uns ist bewusst, dass es seine Zeit braucht, bis man die Phänomene/Modelle:

- Externale Kausalattribuierung,
- Tests,
- Appelle,
- Images,
- Wiederholungszwang und
- Interaktionsspiele

in den didaktisch-methodischen Arbeitsalltag „einbauen" kann. Doch diese Art der Professionalisierung lohnt sich! Berücksichtigt der Sozialarbeiter auch diese „Daten", dann weiß er irgendwann mehr über den Charakter des Jugendlichen als der Betreffende selbst.

Das Verhalten des Anderen wird dadurch nach und nach „logisch", voraussagbar und vor allem: kontrollierbar. Der Pädagoge weiß irgendwann, durch welche Situationen welche Verhaltensauffälligkeiten und welche Emotionen aufseiten des Teenagers ausgelöst werden.

Diesen Vorteil weiß man irgendwann zu nutzen. Es wird in einer bestimmten Situation möglich sein, den Betreffenden sowohl effizient mit seiner Gewaltbereitschaft zu konfrontieren als auch seine Selbststeuerung zu fördern.

Um diese Themen geht es im Kapitel 3ff. Zunächst werden traditionelle wie neue, innovative Wege der Konfrontativen Pädagogik in Hinsicht auf den Umgang mit jugendlichen Gewalttätern beschrieben.

4. Gewaltbereitschaft verringern

4.1 Gewalt verringern – Veränderungsprozesse effizient gestalten

Zunächst möchten wir Sie anfangs mit den Dilts-Ebenen (DILTS 2010) vertraut machen. Sie zeigen die Ebenen der Veränderung an und weisen auf den Schweregrad von Veränderungsprozessen hin.

Wenn wir in diesem Buch beschreiben, mit welchen Ansätzen und Methoden Gewalt entgegengewirkt werden kann, so möchten wir gleichzeitig auch klarstellen: Wir legen viel Wert auf Professionalität; denn effiziente Gewaltprävention verlangt mehr als nur ein „Sich-bemühen".

Wir bemerken im Alltag sehr oft, dass die Ausbildung von pädagogischen Fachkräften in Hinsicht auf den Schwerpunkt „Gewalt – Umgang und Veränderungsprozesse gestalten" oft mangelhaft ist.

Dementsprechend wollen wir zunächst anhand der Dilts-Ebenen zeigen, welche Möglichkeiten es gibt, Gewalt verringern zu können.

Die **Dilts-Ebenen**: Anhand der folgenden Einstufung wird beschrieben, welche menschlichen Ebenen leichter beziehungsweise schwerer zu beeinflussen sind:

↑

Zugehörigkeit im menschlichen Zusammenleben: Sinn und Sehnsüchte

Identität: Summe der Überzeugungen und Glaubenssätze (Wesen)

Einstellungen, Werte, Überzeugungen, Motivation: Was traue ich mir mit meinen Kompetenzen zu?

Fähigkeiten/Fertigkeiten: Was kann ich?

Verhalten: sichtbare Handlungen, Auswirkungen des Verhaltens

Umgebung: äußeren Bedingungen, die wahrnehmbare Umgebung, Raum und Zeit

Am leichtesten zu beeinflussen sind die unteren Ebenen. So können wir die Umgebung der Menschen recht einfach verändern. Wir konzipieren etwa kleinere Klassen, und schon kommen wir eventuell in die Lage, einen intensiveren Kontakt zu Betreffenden herzustellen. Wir schaffen das häufig schon damit, indem wir mehr Bewegungsangebote anbieten – in der Regel wirkt sich das auf den sozialen, motorischen und kognitiven Bereiche positiv aus.

Auf der nächsten Ebene können wir das sichtbare Verhalten modifizieren, zum Beispiel durch unsere täglichen Interventionen (ressourcenaktivierende, konfrontative etc.). Dadurch kann sich Gewaltverhalten reduzieren.

Die Fähigkeiten und Fertigkeiten entwickeln wir über ständiges Verhaltens- und Kompetenztraining. Diese Möglichkeiten sollten in sozialen Trainingskursen und in den später beschriebenen Präventionsmaßnahmen erfolgen.

Hier geht es darum, den Jugendlichen Kompetenzen beizubringen, wie sie beispielsweise mit ihren Gefühlen (Wut) umgehen oder wie sie Konflikte aushandelnd gestalten können. Dafür braucht es Geduld, Kontinuität und Fachkompetenz.

Werte und Normen bei Jugendlichen zu verändern, ist der nächste und weitaus zeitintensivere Ansatzpunkt. Um Werte und Normen unserer Schüler und Klienten verändern zu können, bedarf es vonseiten unserer Person ein hohes Maß an Vorgaben.

Dies erfordert einerseits klare Kommunikation von Regeln innerhalb der jeweiligen Institution (Schule, Heim, Kindertagesstätte etc.) und andererseits klare Vorgaben des Staates. Letzterer gibt, nebenbei erwähnt, durch die oftmals milde Auslegung des Jugendstrafrechts vielen Jugendlichen den „Freifahrtsschein“, dass „nichts Großes“ letztlich passiert, wenn sie jemanden zusammentreten oder überfallen. Klar ist: Erst wenn es „eng“ wird, dann müssen sie sich zusammenreißen, um freiheitsberaubenden Maßnahmen vorzubeugen. Deswegen sollten Jugendliche, die auffällig werden und deren Biographie enorme Brüche auf- oder Verhaltensauffälligkeiten vorweist, umgehend einem sozialen Trainingskurs zugewiesen werden; ihre Werthaltungen und Einstellungen müssen zeitnah modifiziert werden.

Werte innerhalb einer Jugend- oder Klassenkultur zu verändern – das ist schon etwas schwieriger. Sie sollten durch teamgeistfördernde Maßnahmen und durch unser Vorleben eingeführt und vorgeben werden. Dies ist auch innerhalb von gewaltpräventiven Maßnahmen möglich, die den Schwerpunkt auf den sozialen Umgang miteinander legen.

In Ingelheim am Rhein werden so beispielsweise seit über 10 Jahren anderthalbtägige Präventionsmaßnahmen mit allen achten Klassen und allen BVJ/BF1-Klassen durchgeführt, die gerade diese Schwerpunkte thematisieren (vergleiche Kapitel 4.2.2).

Noch schwieriger gestalten sich die Veränderungsinterventionen auf der nächsten Ebene – es geht dabei nämlich um die Identität der Betreffenden. Nur ein kritischer Gedanke sei hier erwähnt: Versuchen sie einmal einen rechtsorientierten Jugendlichen oder einen Hooligan zu überreden, aus seiner jeweiligen Szene auszusteigen (obwohl gerade dieser Schritt sehr sinnvoll wäre).

Um Einstellungen zur Gewalt zeitnah verändern zu können, bedarf es oft sehr konfrontativer Methoden. Diese angestrebten Einstellungsveränderungen können über den „Heißen Stuhl“ (siehe Kapitel 4.4.1), über konfrontativ angebotene „Opfersitzungen“ beziehungsweise langfristig über ressourcenaktivierende Methoden eingeleitet werden. Dazu bedarf es aber spezieller pädagogischer Kompetenzen, welche sich in Zusatzausbildungen angeeignet werden können.

Die weiteren Dilts-Ebenen bleiben im vorliegenden Rahmen außen vor, da unsere Klienten und Schüler mit den bisher ausgeführten Interventionsmöglichkeiten und unserem pädagogischen „Know-How" in der Regel gut beeinflusst werden können.

Die für uns bestmöglichen Ergebnisse unserer Interventionen liegen in der Veränderung von

- Einstellungen,
- Werten,
- Überzeugungen und
- Motiven der jungen Menschen.

Hoffen können wir, dass sich dadurch langfristig die Identität der Klienten verändert, was sie zu einem tendenziell prosozialen Lebensstil führen würde.

Natürlich sind wir auch schon „zufrieden", wenn sich auf der zweiten Ebene das beobachtbare Verhalten ändert, auch wenn es eventuell nur aus Angst vor gewissen strafrechtlichen Konsequenzen modifiziert wird. In diesem Fall könnten ebenso Unterrichte beziehungsweise andere Maßnahmen problemlos durchgeführt sowie weitere Viktimisierungen vermieden werden.

Es bieten sich nun vor dem Hintergrund der Dilts-Ebenen zwei Möglichkeiten an, wie man die Einstellungen der Klienten langfristig verändern kann:

Der Weg von unten: Auf diesem Weg wird versucht, die Umgebung der Jugendlichen zu verändern, um Einfluss auf das latent antisoziale Verhalten zu nehmen (zum Beispiel: Aufstellen von Videokameras in gefährdeten Bereichen, Einrichten eines Time-out-Raumes). Zeigen dadurch die Klienten überwiegend angemessenes Verhalten, so können sie dadurch ihre Fähigkeiten und Fertigkeiten (Konfliktverhalten und Kommunikation) im Alltag ausbauen beziehungsweise besser erlernen.

Durch Verstärkung und Übung können dadurch Verhaltenssicherheit im Umgang mit Konflikten entstehen, was wiederum Einfluss nehmen kann auf die vorherrschenden Normen und Werte, da diese sich durch angemessene Konfliktregelungen modifizieren lassen. Anhand dieser Einstellungsveränderung kann dies natürlich auch Einfluss auf die Identität des Klienten haben.

Der Weg von oben: Durch Interventionen auf der Einstellungsebene (zum Beispiel durch den „Heißen Stuhl") kann folgendes Bewusstsein beim Klienten entstehen: „Ich möchte mich von der Gewalt abwenden!" Diesbezüglich fängt er dann mit unserer Hilfe an, seine Werte zu überprüfen, um weiteren Problemen aus dem Weg gehen zu können. Dafür möchte er gewisse Handlungskompetenzen aufbauen, die ihm helfen, Konflikte (auch) angemessen zu lösen.

Dadurch wird sich sein sichtbares Verhalten verändern. Dementsprechend wird er Einfluss auf seine Umgebung nehmen, um sein neu gelernten Methoden entsprechend durchsetzen zu können.

Dieses Modell erleichtert uns die Orientierung, an welchen Ebenen wir mit unseren Klienten mit welchen Methoden ansetzen können oder sollten.

Wenn wir Gewalt professionell verringern wollen, ist es wichtig, eine gewisse Grundhaltung zum Menschen, zum Thema Gewalt einzunehmen sowie einen wirkungsvollen Handlungsplan zu besitzen.

Dementsprechend möchten wir Ihnen hier diverse Grundlagen der Veränderungsprozesse vorstellen und anschließend Konzepte zur Gewaltverringerung beschreiben, die auf diesen Grundlagen aufbauen und sich bisher als sehr wirkungsvoll in der Praxis ausgezeichnet haben.

Die Effizienz der Konzepte wird durch eine klare Haltung gegenüber Gewaltausübung (Punkt 1), durch GRAWES (1999) Wirkfaktoren in Veränderungsprozessen (Punkte 2–5) und durch die Qualität der anleitenden Person aufrechterhalten (Punkt 6).

4.1.1 Schädigendem und verletzendem Verhalten Grenzen setzen

Folgendes Beispiel: Schüler A hatte nach einer Provokation von Schüler B diesem einen Faustschlag ins Gesicht versetzt. Die Schüler wurden voneinander getrennt, die extremen Emotionen haben sich inzwischen verringert. Sie, liebe Leserin, lieber Leser, haben pädagogische Fachkraft nun Schüler A in einer Gesprächssituation vor sich sitzen. Wie gehen Sie vor? Das Wichtigste ist, dass wir bei solchen Vorfällen klare Grenzen setzen, unsere Haltung zur Gewalt verdeutlichen und uns mit diesem Vorfall *parteiisch* auseinandersetzen!

Im Normalfall wird A im Laufe des Gesprächs immer wieder darauf hinweisen, dass B „mich provoziert hat". Er sieht keine Verantwortung bei sich. Das ist genau das Problem, das wir bereits im Kapitel 3.1 (Externale Kausalattribuierung) beschrieben haben. Solange der Gewaltausübende mit Ausreden oder Rechtfertigungen die Verantwortung von sich weist, wird er diese nicht übernehmen können.

Dementsprechend ist eine Konfrontation des Gewaltverhaltens von Schüler A – ohne Diskussion über die Provokation – wichtig, allerdings mit dem Hinweis, dass „mit Schüler B später auch noch geredet wird".

Fangen Sie bitte nicht während des Gesprächs an, den Schüler aufzufordern, seine Version der Geschichte zu erzählen (er wird sie sich so zurechtlegen, dass „es passt").

Hören Sie auf, „aufzudröseln", wer angefangen oder die Schuld hat; verfallen Sie nicht ins Diskutieren, sondern schildern Sie klipp und klar, wie Sie zu Gewalt stehen – verurteilen Sie Gewalt aufs Schärfste!

Leider scheuen wir häufig aus unterschiedlichen Gründen solche Auseinandersetzungen. Dies verlangt gewissermaßen „inoffiziell" die Klienten-Professionellen-Beziehung.

Vielleicht verbirgt sich aber hinter dieser Haltung...

- Unsicherheit
- oder die Angst, dass der Klient daraufhin nicht mehr mitarbeitet oder unmotiviert ist,
- oder aber, dass wir Unsicherheit erfahren oder Angst haben, verbal oder körperlich angegriffen zu werden.

Was erfahren beide Schüler, wenn wir nicht die Gesprächsführung übernehmen? – Mangelhafte Professionalität! Was vermitteln wir dem Täter mit zu viel Verständnis oder mit zu langen (ergebnislosen) Diskussionen? – Aufmerksamkeit!

Wie stehen wir zu dem Opfer, wenn wir den Taten und Motiven des Ausführenden gegenüber zu viel Empathie zeigen? – Wir stehen zweifelhaft da! Wird sich Schüler A motiviert fühlen, sich dadurch zu verändern? – Wohl kaum!

Fühlt sich Schüler B durch unser Verhalten zukünftig vertreten oder geschützt? – Nein! Signalisieren wir durch Duldung oder Verständnis für diesen

Faustschlag nicht auch unsere eigene und die institutionelle Unsicherheit oder Hilflosigkeit? – Ja!

Wir schätzen den vorliegenden Fall folgendermaßen ein: Wegen der beschriebenen fehlenden klaren Haltung des Professionellen zur Gewalt können keine deutlichen Konzepte zur Gewaltverringerung durchgeführt werden. Dementsprechend muss die Gewalthandlung klar verurteilt werden. Die Provokation des Anderen klären wir später, *jetzt* wird zuerst der Faustschlag geklärt!

Daher vermitteln wir im Erstgespräch nach dem Übergriff nur unsere *Einstellung* zum Thema Gewalt. Dabei werden die (üblichen) Ausreden nicht geduldet; außerdem wird die eigene Verantwortungsbereitschaft zum Vorfall eingefordert, und die Opferperspektive wird dem Täter eindrücklich und sinnlich nahe gebracht (auch das, was hätte schlimmstenfalls passieren können).

Zeigt er zum Gesprächsabschluss die Bereitschaft zur Veränderung, werden noch Wiedergutmachungs-Zeremonielle geplant und Trainingsauflagen besprochen beziehungsweise aufgetragen.

Wir arbeiten in der Auseinandersetzung mit dem Gewaltthema verstärkt an den Haltungen (Einstellungen) der Klienten, aber auch im Rahmen von Fortbildungen an den Erwartungen der Professionellen, des Umfelds und mit der ganzen Institution als solche.

Die Beteiligten sollen in die Lage versetzt werden, bei Gewalt klare Grenzen zu ziehen. Dies sollte nach unseren Erfahrungen am besten in konfrontativer Weise durchgeführt werden.

Dadurch bekommt der Klient präzise kommuniziert: „Ich und unsere Einrichtung sind zu 100 Prozent nicht damit einverstanden, was du im Moment an Verhaltensweisen zeigst."

Tritt die gesamte Institution mit der gleichen Haltung auf, erfahren die Klienten, wie die Verantwortlichen der Gewalt gegenüberstehen. Durch diese Rahmensetzung verändert sich das Verhalten des Klienten, da dieser genau bemerkt und seine Aufmerksamkeit auch dahin lenkt, in welchem Rahmen Verhalten akzeptiert ist.

Trotz aller Grenzziehung muss aber dem Klienten signalisiert werden, dass wir nur das hier thematisierte *Verhalten* nicht dulden; ihm (als Person) wollen wir aber zukünftig angemessene Chancen geben.

4.1.2 Klärung des Verhaltens

Allzu oft versuchen wir, die Ursachen der Probleme der Jugendlichen in ihrer Vergangenheit zu suchen. Wir „kramen in Kindheiten" herum und versuchen, geschehene Dinge zu analysieren. Jedoch behindert das allzu oft die Fähigkeit der Konflikt- und Problemlösung.

Was nützt es für die heutige Problemsituation, wenn wir eruieren, wie oft unsere Klienten von ihren Vätern geschlagen worden sind? Welche pädagogischen Handlungsansätze können wir dadurch ableiten? Für die Gewalttäter können es eher willkommene Rechtfertigungsstrategien sein, um die Verantwortung für eigenes Gewaltverhalten in die gesellschaftliche oder familiäre Ebene zu verschieben.

Nach GRAWE et al. (1999) sollte bei der Behandlung von unangemessenem Verhalten der Schwerpunkt auf aktuelle Motive, Gefühle und Lernstrukturen gelegt werden. Hierunter ist zu verstehen, dass dem Klienten die Bedeutungen seines Erlebens und Verhaltens im Hinblick auf seine bewussten und unbewussten Ziele und Werte klarer werden.

Folgende Fragen erheben sich vor diesem Hintergrund: Was bringt es dem Provokateur, wenn er schwächere Menschen beleidigt und demütigt? Selbstwertsteigerung? Beliebtheit? Was bringt es ihm, wenn er andere Leute massiv provoziert? Frustabbau? Kompetenzerlebnisse? Eine starke Identität?

Was nützt es dem Täter, wenn er immer wieder sein Opfer tritt, obwohl es schon wehrlos am Boden liegt? Überlegenheitsgefühle? Gute Gefühle durch Vergeltung beziehungsweise Rache? Ist es ein Zugehörigkeitsbeweis (in Hinsicht auf die Peer-group)?

Diese Dinge und vor allem die dahinter stehenden Bedürfnisse müssen dem Betreffenden klar werden. Wir als Professionelle müssen klären, was der Gewaltausübende mit seinem Verhalten erreichen (und auch kompensieren) möchte. Danach kann mit dem Gewalttäter an dem Ziel der *wahren* Bedürfnisbefriedigung gearbeitet werden (anstelle von Gewalt).

Nach der Konsistenztheorie gibt es vier Grundbedürfnisse des Menschen (GRAWE 2004). Dabei handelt es sich um die Bedürfnisse:

- nach Orientierung und Kontrolle,

- nach Lustgewinn und Unlustvermeidung,
- nach Bindung und
- nach Selbstwerterhöhung beziehungsweise Selbstwertschutz.

Jeder Mensch strebt nach der Befriedigung dieser Anliegen. Er entwickelt der Bedürfnisbefriedigung *dienende Annäherungsziele* und dem *Schutz dienende Vermeidungsziele* (motivationale Attraktoren) und setzt Mittel ein, um diese Ziele zu erreichen. Erreicht er sie nicht (Inkonsistenz), werden alternative Mittel (zum Beispiel Gewalt) eingesetzt, um diese zu erreichen.

Der Nutzen von Gewalt besteht somit in Folgendem (vergleiche auch Kapitel 1):

- Erhöhung des Selbstwerts (Identitätsbildung, Kompetenzerlebnisse, Aufmerksamkeit, Statuserhöhung, egoistische Bedürfnisse durchsetzen),
- Lustgewinn und Unlustvermeidung (unangenehme Gefühle wie Frust, Angst vor Blamage/Verlust/Niederlage abbauen, vorbeugende oder reagierende Schutzfunktion, Spaß und Lust),
- Erfahrung von Kontrolle und Orientierung (Machterlebnisse, Sicherheit erleben),
- Bindungsbedürfnis (Ausgleich von Einsamkeit, Beweis zur Gruppenzugehörigkeit, Beachtung, Schaffung von Distanz und Auflösung von Nähe beziehungsweise Intimität).

Die dahinter stehenden Gefühlswünsche zielen interessanterweise ab auf Zuneigung, Wertschätzung, Liebe und Gemeinsamkeit beziehungsweise auf Ausgeglichenheit, inneren Frieden und Unversehrtheit. Es ist erkennbar, dass die Bedürfnisse, die hinter Gewalt stehen, oft entgegengesetzte Konsequenzen heraufbeschwören.

Wer die Zugehörigkeit zu einer Gruppe kommunizieren oder Respekt provozieren will, muss immer wieder Gewalt als Mittel zum Zweck einsetzen. Dies entspricht geradewegs dem im Kapitel 3 thematisierten Wiederholungszwang. Irrationalerweise erkennen die Betreffenden den Zusammenhang zwischen der Vergangenheit und der Gegenwart nicht. Dies macht einen Ausstieg aus dem

Gewalt-Teufelskreis so gut wie unmöglich.

Wenn jetzt am Gewaltverhalten gearbeitet werden soll, dann müssen parallel hierzu Angebote zur „wahren" Bedürfnisbefriedigung gemacht werden. Nur wenn der Betreffende seine Bedürfnisse auf einer anderen, prosozialen Ebene erreichen kann, wird er sich nicht mehr genötigt fühlen, Gewalt einzusetzen. Dies sollte aber parallel zur Einstellungsveränderung erfolgen.

Dafür müssen wir ihm erst die Zusammenhänge transparent machen und sie somit für ihn klären! Hierzu eignet sich etwa auch die Vermittlung des Rollen-Modells (vergleiche Kapitel 4.4.2).

– Wenn der Klient irgendwann nachvollziehen kann, dass der „Aggro-Teil" in ihm durch diese oder jene Situation aktiviert wird und sein Fühlen, Denken und Verhalten dominiert, so wird es ihm auch möglich sein, seine Emotionen zu kontrollieren.

4.1.3 Ressourcenaktivierung

Alle unsere Ansätze in der Kriminalitätsbehandlung sind inzwischen ressourcenorientiert ausgestaltet. Das bedeutet, dass wir präventiv, in oder im Anschluss an Konfrontationen mit dem Gewaltverhalten und der Klärung des Verhaltens (bezüglich des eigentlichen Nutzens) nach den Kompetenzen für alternative Verhaltensweisen schauen.

Erleben Sie nicht auch oft, dass Ihr Klient, bevor er zugeschlagen hat, sich eine ganze Weile unter Kontrolle hatte oder vorher sogar schon acht Wutanfälle oder mehr ausgehalten hatte, bevor er letzten Endes zuschlug? Es müssen also im Klienten auch Kompetenzen vorhanden sein, wir müssen sie nur stärker verdeutlichen und häufiger in den Fokus des Klienten rücken.

Wir arbeiteten einmal mit einem jungen Mann, der, bevor er zuschlug, sich sehr lange beherrschen konnte oder seine Wut letztlich anders kanalisierte.

Hier heißt es also, auch in folgende Richtung zu schauen: „Wie machst du das – wenn du dich kontrollierst? Erkläre, was du da *anders* machst und versuche, das zu ergründen. Erkläre es dann bitte den Anderen und versuche, in Zukunft noch mehr von dem gelingenden Verhalten anzuwenden!"

Unterstützend kann dabei eine „Aktivierende Ressourcenkonfrontation" stattfinden. Aktivierende Ressourcenkonfrontation meint, den Klienten damit zu konfrontieren, warum er seine Stärken nicht öfter und verstärkt in den für ihn bedrohlichen Situationen abrufen kann. Er zeigt sie ja auch in anderen Lebensbereichen. Dadurch wird der Klient gezwungen, sich mit seinen Stärken auseinanderzusetzen und zu ergründen, wieso er sie nicht im Ernstfall einsetzt.

Weiterhin wird er mit der Aktivierenden Ressourcenkonfrontation nicht negativ etikettiert und bekommt dadurch verstärkt Hoffnung auf Verbesserung vermittelt.

Die Aktivierende Ressourcenkonfrontation ist ebenso eine Haltungssache! Die Motivation unserer wertvollen Arbeit liegt darin, Kinder und Jugendliche wachsen zu sehen, was verstärkt durch Ressourcenaktivierung stattfinden kann.

Dementsprechend sollte sich unsere Gesprächsführung dem Wachstumsbestreben anpassen. Kein Klient ist unserer Erfahrung nach *gerne* gewalttätig. Wir können ihn durch die Aktivierung und Stärkung seiner Kompetenzen daher zur prosozialen und bedürfnisnahen Entwicklung motivieren.

Die Haupttechniken der Kompetenzdeckung sind dabei die lösungsorientierte (BAMBERGER 2010) und ressourcenaktivierende Gesprächsführung (FLÜCKIGER & WÜSTEN 2008).

4.1.4 Problemaktualisierung

Ein weiterer Wirkfaktor im Veränderungsprozess ist die Problemaktualisierung. Hierbei sollen dem Klienten aus dem IST-Zustand des Problems heraus neue, gesellschaftskonforme Verhaltensweisen vermittelt, das heißt, „schmackhaft" gemacht werden. Hierzu bieten sich Problemformulierungen mit anschließenden Rollenspielen an, aber auch psychodramatische und mentale Übungen.

In vielen Einrichtungen wird das Fehlverhalten angesprochen und vor allem gesprächsbezogen die Frage geklärt, wie der Klient sich in Zukunft zu verhalten hat.

Dazu bekommt der Jugendliche noch „gut gemeinte" Lösungsvorschläge von den Pädagogen. Es zeigt sich jedoch in der Praxis, dass diese Art der Lösungsumsetzung für den Betreffenden nicht ausreichend ist. Sie kann meistens nicht in die eigene Alltagsbewältigung transferiert werden.

Es hat sich inzwischen bewährt, neue, prosoziale Lösungserfahrungen durch Rollenspiele, Übungen oder auch durch mentales Training zu kreieren; sie werden daraufhin eingeübt, um sie für neue Anforderungen fruchtbar zu machen. In diesem Zusammenhang sollte allerdings auch eine Problemaktualisierung stattfinden.

Problemaktualisierung heißt vor allem: das Problem für den Betreffenden unmittelbar(!) erfahrbar zu machen; auf dieser Grundlage lassen sich effizienter Lösungen finden. Kommt ein Jugendlicher mit einem Problem/einer Gewalttat zu uns, so muss er dieses/diese konkret und authentisch inszenieren.

Wenn etwa der Freundin des Betreffenden das Handy „abgezogen" (geraubt) wurde und er will nun auf „seine Art" den mutmaßlichen Räuber zur Raison bringen, so wird genau diese Szene „unter kontrollierten" Bedingungen nachgestellt: Er muss dann versuchen, die Situation, die ihn erwartet, nachzustellen und durchzuspielen. Dabei wird geachtet, welche Lösung er durchführen möchte. Danach wird die Situation dann ein zweites Mal gespielt, allerdings mit vertauschten Rollen. Der Betroffene muss nun aus der Perspektive des „Abziehers" überprüfen, wie seine eigene Problemlösung wirkt und ob sie prosozial damit „alltagstauglich" ausfällt.

Mithilfe von weiteren Perspektivenwechseln, die stets differenzierter ausfallen, muss der Lernende neue Handlungsalternativen entwerfen („Was bräuchtest du, um dich auf den Typen überhaupt einzulassen?") und überprüfen, wie seine neuen Ideen zur Problemlösung aus der „Abzieherperspektive" wirken. Daraus ergeben sich nach unserer Erfahrung adäquate Lösungen zur Problembewältigung.

Dabei kommen ferner auch oft solche alltagstaugliche Lösungen – etwa: Bereitschaft zum Verhandeln, Gesprächsführungstechniken oder auch anfangs irritierende Techniken – heraus, die die Betreffenden, wenn sie sie vorher gekannt hätten, sicher auch angewendet hätten.

Bis zum Zeitpunkt der Intervention sind sie aber in der Regel davon überzeugt, dass Gewalt der einzige Problemlösungsweg ist. Diese neu konzipierte jugendgemäße Lösung wird dann so lange eingeübt, bis eine gewisse Verhaltenssicherheit mit dieser Methode einhergeht.

Diese Übungen sollten so nah wie möglich an die Realität des Klienten heranführen, sodass dieser seine dadurch gewonnenen Erfahrungen möglichst praxisnah erlebt und seine Handlungskompetenz dadurch wächst. Gerade der immer wieder einzufordernde Perspektivenwechsel ist dabei sehr hilfreich, da dadurch der Klient selbst erkennt, ob seine Lösungsansätze hilfreich sind oder nicht.

So üben wir auch präventiv das zukünftige (nützliche) Konfliktverhalten bei Provokationen ein, anfangs im Seminarraum. Ist die Situation mittels Gewöhnung unter Kontrolle, versuchen wir, die Kompetenzen so nah wie möglich an die reale Lebenswelt des Klienten heranzutragen.

Deswegen üben wir weitere Rollenspiele dann zum Beispiel im Berufsverkehr in der Stadt ein, bis die Situationen so real werden, dass für den Ernstfall nicht mehr viel Transferleistung erzeugt werden muss, um das gewünschte Verhalten zu zeigen.

Ebenso können auch problemaktualisierende Szenen aus der Ressourcenperspektive psychodramatisch erstellt werden. Eine schöne Übung von uns gestaltet sich in der Art, dass man den Jugendlichen seine Tat folgendermaßen nachstellen lässt; die anderen Teilnehmer „personifizieren" seine Kompetenzen wie Mut, Durchsetzungsstärke, Höflichkeit etc. Sie stellen sich zeitnah hinter dem Betreffenden auf. Dann spielt er die Tat nach, und die anderen Teilnehmer sollen sich „als seine personifizierten Stärken" nur um ihn platzieren beziehungsweise ihn beim Nachspielen ständig auffordern: „Nutze mich!"

Oft konstruieren wir auch als problemaktualisierende Maßnahme die Situation, dass der Betreffende seine Kompetenzen aufzählen muss – und die anderen Kursteilnehmer müssen diese in einer Art „Aufstellung" *darstellen.* Die Anderen müssen den Betreffenden dann beim Gang zum Bäcker, beim Ausgestalten einer Übung oder nur beim „Rumsitzen" begleiten, und dabei versuchen sie ihm zu verdeutlichen, welche Potentiale er ständig mit sich führt.

Dabei müssen „die personifizierten Kompetenzen" ihm immer wieder Rückmeldung geben, wer sie „sind" und wie sie ihn unterstützen wollen.

Durch diese problemaktualisierende Inszenierung soll dem Jugendlichen das Vorhandensein seiner Stärken bewusst gemacht werden. Dies verunsichert ihn anfangs erst einmal, aber am Ende der Übung bekommen wir immer wieder ein sehr positives Feedback, wie gewinnbringend es ist, zu wissen, welche Kompetenzen man tatsächlich besitzt.

4.1.5 Hilfestellung

Hilfestellung meint, dass wir den Klienten nach seinen Ideen zu angemessenen Lösungen befragen („Was bräuchtest du, um diesen Konflikt das nächste Mal konstruktiv zu lösen?") und dass wir unsere Ideen zurückhalten oder wenigstens als Frage formulieren („Was würdest du meinen: Ob klare Grenzen zu setzen eine gute Lösung für dich wäre?").

Das bedeutet, dass wir Klientenlösungen bevorzugen, da sie für seine Lebenswelt nützlicher als unsere graduierten und promovierten Ideen sind.

Hilfestellung meint aber auch, dass wir Kurse beginnen mit der Frage: „Wenn ihr Verhalten verändern und eure Kompetenzen erfahren wollt, was bietet ihr uns an, dass wir das auch schaffen?" – oder: „Welchen Arbeitsrahmen oder welche Regeln braucht ihr, damit ihr gut daran arbeiten könnt?" Dies bringt Klienten dazu, auch aus der Konsumentenhaltung herauszukommen und mehr Verantwortung für sich zu übernehmen.

Ich (Stefan Werner) habe oft erlebt, dass Klienten Gewalt nur nutzen, weil vorhandene Kompetenzen gerade nicht abrufbar sind oder von ihnen nicht als wirkungsvoll erkannt werden.

So warf ein Klient den Nebenbuhler seiner Frau vom Balkon, da er nicht wusste, wie er mit dieser von ihm erlebten Bedrohung umgehen sollte. Wir initiierten eine Problemaktualisierung und wollten mit ihm neues Verhalten einüben, aber ihm fiel keine Lösung ein.

Erst durch den Perspektivenwechsel und die Hilfestellungen erfahren Klienten mit unserer Unterstützung (gekonnte Fragestellung) ihre eigene Lösungskompetenz und konstruieren passende Lösungen für ihre neuen Herausforderungen.

Häufig nutzen wir auch die milieuorientierten Tipps der Gleichaltrigen, die oftmals alltagspraktischer sind als unsere „mittelschichtsorientierten" Ideen. Wir mussten lernen, uns öfter mal zurückzunehmen, um die Kompetenzen der Jugendlichen erfahrbar zu machen. Wir bemerkten mittels einer Problemaktualisierung, dass ihre Ideen oftmals tatsächlich alltagspraktischer waren als unsere. Damit wuchs aber auch unsere Professionalität – durch die präsentierte Vielfalt an Lösungsmustern.

4.1.6 Anleitende Person

Die innovativsten Konzepte nützen nichts, wenn sie nicht von akzeptierten Professionellen durchgeführt werden. Man muss selbst „brennen", um andere mit Begeisterung zur Persönlichkeitsentwicklung zu motivieren.

Natürlich muss man aber auch seinen eigenen „Belastungslevel" einschätzen können, da dem „Brennen" auch potenziell ein „Ausbrennen" (Burn-out) folgen kann. Weiterhin spielt die fachliche Kompetenz des Professionellen eine große Rolle. Dabei ist es wichtig, die Beziehung zum Klienten positiv und mit Qualität zu gestalten.

Oft erfahren wir in unserer Praxis, dass trotz Studium oder Promotion Fachkenntnisse zum Verändern von aggressiven Verhaltensweisen und Gewalt fehlen. Gut ist, wenn man sich diesen „Missstand" eingestehen kann; eine entsprechende Fachkompetenz wird durch spezielle Fort- oder Weiterbildungen ermöglicht.

Ebenso ist eine gewisse Methodenkompetenz erforderlich, die allerdings nur etwas nützt, wenn wir begeistern können.

4.2 Präventivprogramme zur Kompetenzentwicklung im Umgang mit Aggressionen und Gewaltverhalten

4.2.1 Der Entscheidungsprozess in Konflikten

Die nachfolgenden Ausführungen (orientiert an KAUFMANN 1965) sollen Aufschluss über die inneren Vorgänge unserer Entscheidungsprozesse und deren prozessuale Abläufe geben. Gehen wir einmal kurzerhand mental in die Vorstellung, wir würden bedroht werden. Was passiert in uns und wie gelangen wir letztlich zur reaktiven Handlung?

Wahrnehmung
Zuerst wird die Situation wahrgenommen. Wahrnehmung umfasst den Prozess der Sinneserfassung und erstreckt sich vom Empfinden bis zum Bewerten. Wir sehen, hören, riechen, schmecken und fühlen „außerhalb und innerhalb" von uns. Unsere spezielle Wahrnehmung, gerade unter Stress, lässt ein subjektives Bild von der erlebten Situation in uns entstehen.

Gefühle
Anhand dieses von uns wahrgenommenen Bildes entstehen, wenn die Situation es „mit sich bringt", Affekte und dann Emotionen. Diese helfen uns, die Situation schneller vorzubewerten. Wir können in gefährlichen Situationen nicht „in Ruhe" alles abklären, sondern müssen uns auf unsere Gefühle verlassen, die die Situation für uns vorbewerten. Parallel dazu wird unser Hormonsystem in Gang gesetzt, um unseren Körper auf die potenzielle Bedrohung vorzubereiten.

Bewertung
Nun bewerten wir die Situation. Ist sie für uns bedrohlich oder nicht? Diese oft unbewusste Einschätzung läuft auf zwei Ebenen ab:

1. Welcher Schaden kann mir entstehen (Selbstwert)?
2. Welche Kompetenzen schreibe ich mir in dieser Situation zu, um sie erfolgreich zu lösen (Selbstbewusstsein und Selbstvertrauen)?

Dazu versucht unser Gehirn, im Gedächtnisspeicher zu eruieren, ob ähnliche Erfahrungswerte schon gesammelt wurden oder nicht. Je nachdem, wie wir die Situation nun einschätzen und wie wir alles verarbeiten, entstehen in uns Absichten oder Wünsche, sich auf diese Situation in irgendeiner Form einzulassen oder nicht.

Das Großhirn (unter Mitwirkung des emotionalen Systems) muss nun einschätzen, ob der intern für vertretbar empfundene Wunsch jetzt und mit den derzeit zur Verfügung stehenden Mitteln realisiert werden kann (Kompetenzzutrauen).

Ein selbstbewusster Mensch mit Handlungskompetenz würde sein Ansehen als weniger gefährdet ansehen. Im Falle einer sehr stressigen Situation wird diese Bewertung wie beschrieben umgangen, und es kommt zu einer kürzeren und eher oberflächlichen Bewertung.

Handlungsauswahl

Je nach gerade erfolgter Einschätzung würden wir jetzt eine Handlung auswählen. Je weniger die Situation Stress in uns hervorruft, desto größer ist die Auswahl an abzurufenden Handlungsmöglichkeiten und desto eher wird die Reaktion der Situation angemessen ausfallen (erlernte Konfliktlösungsmuster). – Und je emotionaler die Situation erlebt wird, desto mehr wird auf eingeschliffene Verhaltensweisen mit neuronaler Grundlage („Kindheitsgehirn") oder auf instinktive Lösungen („Urmenschengehirn") zurückgegriffen.

Im letzteren Fall handelt es sich meist um angeborene Konfliktlösungsmuster (Angriff oder Verteidigung, Flucht beziehungsweise Unterordnung).

Es wird also, zusammengefasst gesagt, eine Handlung *intuitiv* ausgewählt, und zwar in der Regel immer wieder eine bestimmte – eine, mit der wir gut vertraut sind und die unser Überlebensorgan (Gehirn) als bestmögliche Chance „sieht", möglichst positiv aus der ganzen Sache herauszukommen.

Hemmpotentiale

Bedingt dadurch, ob Hemmungen gegenüber der ausgewählten Handlung vorhanden sind oder nicht, wird der Handlungsablauf weiter fortgesetzt, oder aber es wird eine alternative Handlungsmöglichkeit ausgewählt. Die Hemmpotentiale sind von unserer Haltung (Einstellungen, Werte, Normenakzeptanz) und von unserer moralischen Entwicklung abhängig.

Hemmpotentiale gegenüber Gewalt werden beispielsweise durch Alkohol oder durch fundamentale Gefühle abgeschwächt. Dementsprechend kann bei starken Emotionen oder bei viel Alkohol zur Gewalt tendiert werden, da diese Einflussfaktoren unsere Hemmschwellen stark reduzieren.

Im Normalfall würden wir vielleicht anders entscheiden, aber unter Stress sinken oft unsere Hemmungen. Gerade bei Klienten mit einer geringen Frustrationstoleranz sinken die Hemmpotentiale gegen Gewalt unter Stress besonders schnell.

Konsequenzen der Handlung

In Zusammenarbeit versuchen nun das limbische System und das Großhirn vorwegzunehmen, was passieren könnte, wenn die ausgesuchte Handlung durchgeführt werden würde. Erfahrungen, Gefühle und situative Abschätzungen werden nun entscheiden, ob die ausgewählte Handlung erfolgversprechend ist oder nicht.

Beeinflusst davon, wie wir die ausgewählte Handlung einschätzen (Belohnung, Nutzen), werden wir uns eine neue Handlung aussuchen oder jetzt endlich handeln. Motivationspsychologisch wird unser Verhalten durch diese zu erwartende Konsequenz gesteuert.

Das bedeutet wiederum, dass das Verhalten einen gewissen Nutzen für uns haben soll, ansonsten würden wir es nicht ausführen. Der Nutzen kann manchmal die Vermeidung von Gesichtsverlust bedeuten, obwohl die Kosten – in Form einer „starken Abreibung" vom Anderen – eher schmerzhafter ausfallen würden. Der Selbstwert würde aber dadurch klärungsperspektivisch bewahrt.

Dieser beschriebene Handlungsprozess dauert in der Realität nur Sekundenbruchteile oder Sekunden. Durch Reflektion können wir unser inneres Motivationssystem kennenlernen und verändern und können somit auf unseren innerlich geleiteten „Willen" einen positiven Einfluss nehmen.

Somit können Menschen aus eigenen Kräften schrittweise dafür sorgen, dass ihre (ansonsten) schwer veränderbare Persönlichkeit und ihre Verhaltensweisen sich irgendwann möglichst gut mit den sozialen Gegebenheiten vertragen.

4.2.2 Spezialthemen zur Gewaltprävention

Wir arbeiten bei der Verringerung von Gewaltverhalten genau an den beschriebenen Themen des Entscheidungsprozesses, um dem Klienten die Möglichkeit zu geben, seinen eigenen Entscheidungsprozess bei zukünftigen Konflikten zu reflektieren und neue Entscheidungsmuster aufzubauen. Dies kann präventiv mit Schulklassen (beispielsweise in Form des Ingelheimer Modells mit den 8. Klassen aller örtlichen Schulen), aber auch im Kompetenztraining im Anti-Aggressivitäts-Training® durchgeführt werden.

Spezielle Themen der Gewaltveränderung

Zu den hier vorgegebenen Punkten werden spezielle Übungen, Rollenspiele und Spiele angeboten, die folgende Bereiche fokussieren (siehe unten). Danach werden die Erfahrungen reflektiert, bewertet und darüber hinaus werden angemessene Gedanken-, Gefühls- und Verhaltensmöglichkeiten verstärkt beziehungsweise neue Möglichkeiten zum Erlernen angeboten:

Wahrnehmung:

- Wahrnehmungsschärfung in Bezug auf die eigenen Kompetenzen,
- Wahrnehmungslenkung auf positive und friedliche Aspekte im Umfeld,
- Selbst- und Fremdwahrnehmung zur eigenen Person,
- Lenkung der Innen- und Außenwahrnehmung unter Stress.

Umgang mit Gefühlen:

- Wahrnehmen und Erkennen der eigenen und fremden Gefühle (einzelne und Gefühlszyklen),
- Klären von Gefühlen und dahinterstehenden Bedürfnissen,
- Verringerung von unangenehmen Gefühlen (Selbstmanagement) in Konflikten,
- allgemeiner Abbau von unangenehmen Gefühlen (Ausdrücken),
- Umgang mit Gefühlen erlernen.

Die Beeinflussung von Bewertung:

- Selbstwert erkennen und Sorgfalt für sich entwickeln,
- Selbstbewusstsein erkennen und reflektieren,
- Selbstvertrauen für die „typische“ Situation stärken.

Handlungskompetenzen und Handlungsauswahl vergrößern:

- Handlungskompetenzen im Selbstmanagement weiterentwickeln,
- Handlungskompetenzen fördern im Kommunikationsverhalten,
- Handlungskompetenzen fördern in der Konfliktgestaltung.

Hemmpotenziale gegenüber Gewalt erhöhen:

- Prosoziale und menschliche Haltungen entwickeln (Einstellungen zum Thema Gewalt und in Hinsicht auf eine prosoziale Zukunft aufbauen; Werte, Normenakzeptanz erzeugen),
- moralische Entwicklung fördern, damit Konflikte zukünftig auf der jeweils nächsthöheren Entwicklungsstufe gelöst werden können,
- Frustrationstoleranz erhöhen (Thema Gefühle),
- Opfereinfühlung erzeugen (Scham und Erschrecken),
- prosoziales Verhalten und Verantwortungsbereitschaft fördern (als Gegensätze zur Gewalt).

Konsequenzen von Handlungen durch Empathie voraussehen:

- Egoismus verringern (fördert den Bezug zum Anderen),
- die eigenen Gefühle erkennen und auch die Gefühle des Gegenübers,
- sich selbst und andere besser kennenlernen.

Gewaltverhalten ist, wenn man so will, die stabilste Form von destruktiv auffälligem Sozialverhalten. Es hat gerade für Jugendliche eine hohe Bedeutung. Allzu leicht vergessen wir, dass wir uns erst in einen pädagogischen Prozess hineinbegeben müssen, um diese tief verankerten Verhaltensweisen verändern zu können.

Bedenken wir immer, dass wir Kinder beziehungsweise Jugendliche vor uns haben, die zwischen 100.000 bis 150.000 Stunden Sozialisation hinter sich haben. Ihre Verhaltensweisen und Konfliktlösungsmuster sind eingeschliffen und fest verankert.

Manchmal glauben wir jedoch – in unserer „pädagogischen Omnipotenzvorstellung" –, diese Verhaltensweisen durch ein einziges(!) Gespräch verändern zu können – und sind dann leicht bis stark frustriert, dass der Klient nicht auf unsere gut gemeinten Veränderungsbemühungen eingeht.

Helfen können in diesen Fällen didaktisch gut ausgearbeitete Gewaltpräventionsprogramme (primäre, sekundäre oder tertiäre), die genau an den „Knackpunkten" von Gewaltverhaltensweisen verortet sind. Das bedeutet, dass an den Aspekten des oben beschriebenen Handlungsprozesses langfristig und prozessorientiert angesetzt wird.

Dementsprechend sollten für die gerade aufgeführten Hauptpunkte (*Grobziele* zum Aufbau von Konfliktlösekompetenzen) und deren Unterpunkte (*Feinziele* zum Aufbau von Konfliktlösekompetenzen) auch Übungen und Spiele angeboten werden, die zur Problemaktualisierung (vergleiche Kapitel 4.1.4) und als eigene Themenschwerpunkte genutzt werden können.

Diese Methoden sollten didaktisch so konzipiert sein, dass nach einem bestimmten Zeitpunkt (beispielsweise nach einem Monat mit 5 x 2 Trainingsstunden) ein oder zwei der genannten Themen abgehandelt sind.

4.3 Konfrontative Pädagogik

Konfrontative Ansätze werden in der Pädagogik seit vielen Jahren als wirksame Interventionen bei deviantem und delinquentem Verhalten angesehen. Positive Forschungsergebnisse bezüglich der Konfrontativen Pädagogik zeigen ihre Wirksamkeit (aktuelle Zusammenfassung unter www.prof-jens-weidner.de/Forschung).

Grundsätzlich werden Konfrontationen als Gegenüberstellung von Grundhaltungen angesehen. Sie finden statt, um Grenzüberschreitungen parteilich und klar anzusprechen und um Integritätsverletzungen vorzubeugen, zu verhindern und zu unterbrechen.

Auch wenn eine Konfrontation als unangenehm von allen Beteiligten empfunden wird, weil sie in der Regel emotional, intervenierend, reflektierend, parteiisch und beurteilend ist, besitzt sie einen *entwicklungsfördernden* Charakter.

Dabei werden Verantwortungsbereitschaft *für* und Einsicht *in* das jeweils unangemessene Verhalten gefordert. Flankierend hierzu kann die Wiedergutmachung der Grenzüberschreitung/Integritätsverletzung erarbeitet werden.

Konfrontationen müssen dem Klienten und der Situation angemessen praktiziert werden. Das heißt, es müssen in jeder neuen Situation strenge ethische Maßstäbe stets neu konzipiert und überprüft werden; genauer gesagt, es muss beleuchtet werden, ob sie für diesen Menschen (und dieser Situation) als angemessene Interventionen „durchgehen" können.

Dieses ständige Abwägen des Professionellen (in Hinsicht auf konfrontative „Interventionsberechtigung") erfordert vom Betreffenden ein hohes Maß an Verantwortung und Reflexion. Denn diese Methode darf nicht als Zweck an sich beziehungsweise zum Zweck der Bemächtigung missbraucht werden.

Dafür ist folgende Fragestellung zu diskutieren: Was oder wer gibt uns den Auftrag, einzugreifen und zu konfrontieren? Ausschlaggebend ist dabei die Interventions*berechtigung*, die sowohl vom Klienten und dem Professionellen gemeinsam bestimmt werden muss (Regeln), als auch von den gesellschaftlichen Werten und Normen im Makro- (Menschenwürde) beziehungsweise von den institutionellen Werten und Normen im Mikrobereich bestimmt wird.

Andererseits definieren sich Interventionsberechtigungen aus dem gesellschaftlichen Verantwortungsbereich, Bürgerinnen und Bürger zu schützen, sobald deren Integrität verletzt wird oder Gefahr läuft, verletzt zu werden.

KILB (2009, 46) sieht ebenfalls die Sinnhaftigkeit und das Gelingen der konfrontativen Methodik in einem Zusammenhang zum vorherrschenden normativen Bezug: „Der entsprechende normative Maßstab oder Korridor orientiert sich einerseits an den Grund- und Menschenrechten; darüber hinaus definieren institutionelle oder über einen demokratischen Prozess gemeinsam generierte Interaktionsregeln die normative Mitte als auch die Grenzen. Diese (...) Interaktionskultur ist als gemeinsame Geschäftsbasis den situativ-individuellen Verhaltensbedürfnissen übergeordnet."

So gesehen legitimiert sich die Interventionsberechtigung zur Konfrontation in Form eines gemeinsamen „normativen Arrangements" (ebenda, 48), zum Beispiel in der Zustimmung zur Einhaltung gemeinsam aufgestellter Regeln beziehungsweise durch einen von beiden Seiten unterschriebenen Teilnahmevertrag, der im Falle einer Regelverletzung die *Erlaubnis* zur Konfrontation gewährleistet.

KILB (ebenda) resümiert, dass „insbesondere der reintegrative Aspekt unter erziehungsphilosophischen Gesichtspunkten die Schärfe und Intensität dieser Methodik legitimiert, selbst in einem demokratisch-partizipativen Gesamtrahmen.

Die Alternative hierzu stellt sich in vermutlich sehr viel repressiver ausfallenden späteren Reaktionen und entsprechend fortgeschrittenen Desintegrations- und Exklusionsfolgen dar".

Erst die Einsicht in und das Zeigen von dauerhaften prosozialen Verhaltensweisen machen den Einsatz von Methoden Konfrontativer Pädagogik entbehrlich. Diese Methode erfordert demnach vom professionellen Helfer Verantwortungsbereitschaft und die Fokussierung auf Entwicklung und Hilfestellung – und nicht auf Strafe.

Da nur von konfrontativen Erziehungs*elementen* gesprochen werden kann, müssen Beziehungsaspekte und Ressourcenentwicklung als Unterbau dieser konfrontativen Elemente wirken. Konfrontative Pädagogik kann ohne diesen Unterbau nicht durchgeführt werden, da sie ansonsten militärisch, autoritär-patriarchalisch oder, wie KUNSTREICH (2003) überspitzt formuliert, „psychoterroristisch" erscheinen würde. Dementsprechend kann die Konfrontative Pädagogik nur als „Arbeitstitel dieser pädagogischen Entwicklung" (WEIDNER

2004, 11) angesehen werden.

Konfrontative Pädagogik unterstützt die Erziehung zur prosozialen Verantwortungsübernahme, indem die Normenperspektive eindringlich als Gebot der Verhaltensanpassung dargestellt wird und indem sie die Einsicht in Unrecht und Fehlverhalten sowie die Erzeugung von Schuldgefühlen und die Entwicklung von moralischem Bewusstsein unterstützt.

Konfrontative Pädagogik arbeitet somit mit explizit formulierten Erziehungszielen, die die Einstellungs- und Verhaltensänderung von gewaltbereiten Heranwachsenden anvisieren. Sie lautet konkret (WEIDNER & GALL 2003):

- Erhöhung von Hemmschwellen (Scham, Angst, Ekel) gegenüber destruktivem Verhalten,
- Verbesserung der moralischen Urteilsfähigkeit,
- Handlungskompetenz entwickeln und fördern (Empathie, Frustrationstoleranz, Ambiguitätstoleranz sowie Rollendistanz),
- positive Sicht der eigenen Person und des eigenen Körpers,
- Erreichung von schulischer Qualifikation und Aufbau von Arbeitstugenden,
- Förderung von Life Skills, Grundnormen, und Alltagsregelung,
- Demokratielernen,
- Verhinderung von Integritätsverletzungen und Grenzüberschreitungen.

Es geht letztlich darum, subjektives Verantwortungsbewusstsein für das eigene Handeln durch die Konfrontative Pädagogik zu erzeugen. Inwieweit jedoch Konfrontative Pädagogik dafür sorgen kann, dass der junge Mensch – bei den bisher gezeigten destruktiven Leistungen – eine positive Sicht in Bezug auf die eigene Person entwickelt, ist fraglich.

Ebenso stammen diese jungen Menschen oft aus einem „destruktiven Elternhaus", in dem sie jahrelang ein destruktives Selbstkonzept ausgeprägt haben. Es bestehen starke Zweifel daran, ob sich durch grenzsetzende Konfrontation dieses Selbstbild positiv „einfärben" lässt.

Wir wollen uns daher fragen: Sind nicht auch andere Handlungskompetenzen nötig, um einen prosozialen Lebensweg einschlagen zu können?

Im vorliegenden Rahmen haben wir dabei im Kapitel 4.2.2 aufgezeigt, welche Handlungskompetenzen ebenso zu fördern sind. Wir wollen aber auch vorgreifend darauf hinweisen, dass ganz individuelle Kompetenzen erkannt und gefördert werden müssen. Dies wird im Kapitel 4.5 (Empowerment-Konzepte) thematisiert.

Dass die Zielesetzungen - (a) Erreichung von schulischer Qualifikation, (b) Aufbau von Arbeitstugenden, (c) Förderung von Life Skills und (d) „Alltagsmanagement" - auf konfrontativen „Druck" und vorauseilende hoffnungsgebende Impulse angewiesen sind, kann im Kapitel 4.6 aufgezeigt werden. Dort wird ausgeführt, inwieweit die Aktivierende Ressourcenkonfrontation die „Ressource" Hoffnung gerade am Anfang von curricularen Konfrontationsarrangements (etwa im AAT®) fördern kann.

Deswegen fordert KILB (2009, 67), „vom konfrontativen Handlungskontext überzuleiten in ein Empowerment-Verfahren, in dem sich die pädagogische Rolle nahezu völlig wandeln muss", um die genannten Ziele erreichen zu können.

Konfrontation als Hilfestellung kann jedoch nur stattfinden, wenn bereits vor der Konfrontation der notwendige Beziehungsaufbau stattgefunden hat und auch die Grundhaltung des Pädagogen ressourcenaktivierend gestaltet wurde.

Deswegen gilt insgesamt, dass vor und nach den Konfrontationen die Aufmerksamkeit der Klienten verstärkt auf eine andere, zur Veränderung motivierende Haltung anzuregen ist. Das muss „Standard" in der Konfrontativen Pädagogik sein!

In diesem ressourcenaktivierenden Bereich, der dafür steht, die Entwicklungspotentiale zur „Mündigkeit" zu fördern, sollen selbstverantwortliche Tendenzen entwickelt werden, um Hoffnung und Zuversicht für den weiteren Verlauf der persönlichen Entwicklung ebnen zu können. Diese Arbeitsansätze zeigen sich auf ihrer Ebene ebenso erfolgreich (HERRIGER 2010, SCHMIDT 2008, 9f).

Ressourcenaktivierende Ansätze gehen von einer „Potentialhypothese" (SCHMIDT 2008, 35ff.) aus, die alle (zieldienlichen) Kompetenzen im Menschen veranlagt und dementsprechend als förderbar ansieht.

Um den heutigen Erziehungsaufgaben in Hinsicht auf abweichendes Verhalten gerecht zu werden, erscheint es notwendig, als Helfender eine klare, transparente Haltung gegenüber diesem Verhalten zu formulieren. Um die Klienten in Bezug auf das Thema „Akzeptanz von Grenzen" zu sensibilisieren, praktiziert der Helfer konfrontative Elemente und gleichzeitig auch eine ressourcenaktivierende Unterstützung, um Hoffnung auf und Veränderung selbst anzustoßen. Die Verknüpfungspotentiale beider Arbeitsansätze werden im Kapitel 4.6.3 in einem eigenen Programm vorgestellt.

4.4 Das Täterprogramm Anti-Aggressivitäts-Training® (AAT®)

Circa 10 Prozent der Straftäter sind für die Hälfte aller Straftaten verantwortlich. Die Wiederholungstäter (Gewalt) bewegen sich in einem Gewaltrausch, der für sie mit Kompetenzen und genauso mit Ängsten besetzt ist.

In Hinsicht auf Verhaltensveränderung helfen hier weder empathische Gespräche noch Abschreckung oder Bestrafung. Andere Konzepte müssen ran!

Eines davon ist das AAT®. Ausgehend von einem optimistischen Menschenbild wird im AAT® die *Persönlichkeit* gewaltbereiter junger Menschen geachtet und wertgeschätzt, bei gleichzeitiger Verurteilung ihrer gewalttätigen *Handlungen*.

In diesem deliktspezifischen sozialen Trainingskurs wird versucht, im Auftrag der Opfer tertiärpräventiv am Täter zu arbeiten, das heißt, bereits internalisierte gewalttätige Verhaltensweisen zu ändern. Ziel ist es, weitere Gewalttaten der Klienten zu vermeiden und (re-)sozialisierenden Einfluss auf sie zu nehmen.

Im Mainzer AAT® nehmen beispielsweise sieben Teilnehmer an einem Kurs über einen Zeitraum von drei bis vier Monaten teil (90 Stunden Erziehung und Bildung). Im Mittelpunkt steht dabei die pädagogisch gezielte, provokative und konfrontative Auseinandersetzung der gewalttätig Agierenden mit ihren Taten und mit dem Leid ihrer Opfer.

Denn wenn es erreicht wird, die Gewaltverherrlichung der Täter zu erschüttern, Schuldgefühle zu erwecken und Mitleid für ihre Opfer zu erzeugen, dann verlieren sie in der Regel den „Spaß" an der Gewalt und entwickeln Hemmungen bezüglich der Gewaltausübung.

Diese dynamische Streitkultur wird interessanterweise von den Gewaltbereiten größtenteils als Herausforderung angesehen, und die Täter sind bereit, sich in Frage stellen zu lassen, denn „so intensiv hat bisher kaum jemand mit mir geredet", sagen Betreffende oft.

Die Inhalte des Mainzer Anti-Aggressivitäts-Trainings® sind:

- Gewaltrechtfertigungen/Neutralisierungstechniken aufdecken,
- Tatkonfrontation auf dem „Heißen Stuhl",
- Gefühle zulassen, erlebte Kränkungen und erfahrene Demütigungen

sowie Trauer zulassen,

- Selbst- und Fremdwahrnehmung (biographische und tatbezogene 1:1-Interviews, der „Heiße Stuhl"),
- Opferperspektive/Empathie entwickeln (eigenes Opfererlebnis im Vollkontaktanzug, Opferfilm, Tataufarbeitung aus Opfersicht auf dem heißen Stuhl, Rollstuhlfahren, Besuch der Rechtsmedizin),
- Konfliktlösungsstrategien entwickeln (Erkennen der eigenen Aggressivitätsauslöser und Provokationstests, Kommunikationstechniken, „Reden" lernen, Gefühle ausdrücken, Körpersprache, Rollenreflexion, Rollenspiele mit Realitätsbezug (Problemaktualisierung)),
- Kompetenztraining (Rhetoriktraining, Flirttraining, Gesangstraining (Volkslieder), Anti-Blamier-Training, Klettern, Abschlussabend vor Publikum mit Singen, Rede usw.).

Für das AAT® sind fachliche Standards erarbeitet worden. Diese Qualitätsstandards haben sich in langjähriger Arbeit bewährt und durchgesetzt. Diese Qualitätsstandards werden beim Mainzer AAT® berücksichtigt.

Bisherige Forschungsergebnisse belegen, dass nach der Behandlung von Gewalttätern in Mainz zwei Drittel der Klienten nicht mehr durch Gewaltdelikte auffallen (FEUERHELM & EGGERT 2007).

Mithilfe von schemapädagogischen Interventionen kann mit Gewalttätern erfahrungsgemäß noch tief greifender gearbeitet werden (vergleiche auch Kapitel 5). Es ist im AAT® – neben der praktizierten Grenzsetzung – ferner möglich, auch Inkongruenzen (GRAWE 2004), vorhandene nachteilige Schemata (DAMM 2010a) beziehungsweise persönliche Legitimations- und „Bewältigungsmuster" (BÖHNISCH 2001) gemeinsam mit dem Klienten zu reflektieren. Dies wird in den Mainzer Kursen seit Längerem so gehandhabt.

4.4.1 Erweiterung des „Heißen Stuhls" um das Qualitätsmerkmal „Rollen-Arbeit"

Der „Heiße Stuhl" ist eines der wirksamsten Methoden des AATs® und findet mit „Würde und Achtung" vor der mit Gewaltverhalten auffälligen Person statt. Zur Durchführung des „Heißen Stuhls" berechtigt eine erworbene pädagogische Zusatzausbildung.

Während des „Heißen Stuhls" sollen die Einstellungen des Klienten zur inneren und äußeren Konfliktlösung mittels Gewalt hinterfragt werden. Ebenso werden das Opferleid der verschiedenen Gewalttaten und die Motive des Klienten zur Gewaltanwendung (vergleiche Kapitel 4.1.2 Klärungsperspektive) thematisiert.

Dabei können konfrontative und provokative Techniken angewendet werden. Diese Techniken wurden aus dem therapeutischen Setting transformiert und haben sich in der Praxis des AATs® sehr wirkungsvoll bewährt.

Wichtig ist die gründliche Vorbereitung vor dem eigentlichen Beginn des „Heißen Stuhls". Einerseits bereitet der Gruppenleiter den „Heißen Stuhl" vor und andererseits werden seine Ausarbeitungen in der Vorbesprechung mit den anderen Teilnehmern ergänzt. Hier geht es um die genaue Planung von Methoden (provokative, konfrontative, psychodramatische etc.), didaktischen Abläufen, Sitzordnungen und Rollenübernahmen, um den Zielen des „Heißen Stuhls" gerecht werden zu können.

Es sollen vor der Durchführung des „Heißen Stuhls" bestimmte Schritte flexibel strukturiert eingehalten werden:

1. Aufklärung über das persönliche Interventionsrecht des auf dem „Heißen Stuhl" Sitzenden (Stopp- oder „Breakrecht") und die Abklärung von Unterstützungsmöglichkeiten bei eventuellen Krisen.
2. Einführende Vertrauensübung mit anschließendem Kurzinterview.
3. Hinausschicken des Teilnehmers und Besprechung über die Strategie des HST; Inszenierungsmethode zur Problemaktualisierung festlegen; Themen zur Bearbeitung finden; Sitzstruktur des Settings klären; Einstieg festlegen; Methodik zur Durchführung klären; didaktischen Durchführungsplan besprechen.

4. Eröffnung des „Heißen Stuhls“ durch das Abklären der Veränderungsbereitschaft des Betroffenen.
5. Durcharbeiten der festgelegten Themen des „Heißen Stuhls“; Tatrekonstruktion (Aktivierende Ressourcenkonfrontation nutzen, vergleiche Kapitel 4.6); Einfluss der Peer-group abklären (Klärungsperspektive beachten); Opferempathie vermitteln (Empathie und Scham entwickeln); Motive der Gewaltausübung klären (Klärungsperspektive), Konsistenz der Bedürfnisse gegenüberstellen und die Schemata des Betroffenen abklären (vergleiche Kapitel 5); Einstellungsänderung überprüfen; Abschluss beziehungsweise Reflexion durch Feedback beziehungsweise Sharing.
6. Hilfebedarf und Unterstützungsmöglichkeiten unter Ressourcenbezug festlegen; Ziele der Veränderung gemeinsam festlegen; Ressourcen abklären (interne und externe Unterstützersysteme eruieren); didaktische Feinziele klären; Hausaufgabe aufgeben; Abschlussfeedback der Gruppe.

Beim „Heißen Stuhl“ gelten die Achtung des Klienten und die Respektierung seiner Würde bei gleichzeitiger Ablehnung seines gewalttätigen Handelns. So dürfen beim „Heißen Stuhl“ keine entwürdigende Handlungen, Abwertungen, Beleidigungen oder Berührungen (nur in Rollenspielen) durchgeführt werden.

Hier soll nun die Möglichkeit der professionellen Erweiterung des AATs erfolgen. Wir erweitern die Didaktik und Methodik um eine ganz bestimmte schemapädagogische Intervention, die ursprünglich aus der Schematherapie (YOUNG et al. 2008) stammt: es handelt sich dabei um die sogenannte Rollen-Arbeit (siehe auch Kapitel 4.7).

Das Thema dieser speziellen Sitzung betiteln wir etwa mit „Meine Schattenseiten und ihre Auswirkungen“. Die Teilnehmer werden in der Einstimmungsphase in das Rollen-Modell (didaktisch-reduziert) eingeführt. Hierzu kann der Pädagoge ein vorbereites Poster an die Wand pinnen; auf diesem Poster ist eine Person eingezeichnet (siehe Abbildung 2).

Abbildung 2: Plakat zur Einführung in die Rollen-Arbeit

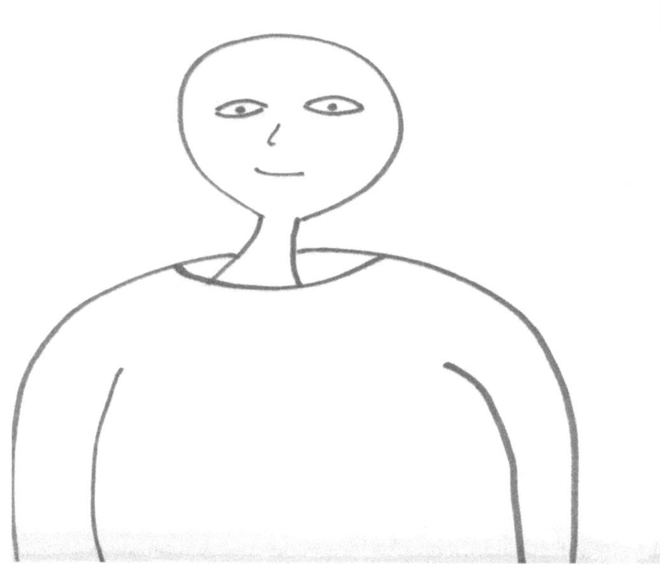

Nun zeichnet der Pädagoge drei verschiedene Rollen in den Brustbereich, etwa (als Beispiel) „Kumpel-Marcus", „Aggro-Marcus" und „Normal-Marcus" (= Modus des *Gesunden Erwachsenen*). Eine Kombination aus nachteiligen und positiven Rollen ist erfahrungsgemäß sinnvoll (der Modus des *Gesunden Erwachsenen muss* platziert werden).

Danach erklärt der Pädagoge in etwa Folgendes: „Seht ihr, in mir gibt es noch mehr Persönlichkeitsanteile. Im Moment spricht der „Normal-Marcus" aus mir, dann fühle, denke und verhalte ich mich normal. Wenn ich mich mit meinem Kumpel beim Feierabendbier unterhalte, dann kommt der „Kumpel-Marcus" aus mir raus; dann bin ich so drauf wie ihr, wenn ihr mit euren Kumpel unterwegs seid."

Wenn mich aber jemand nervt, zum Beispiel abends in der Stadt, dann wird der „Aggro-Marcus" in mir aktiviert – und der „Normal-Marcus" bringt den schnell wieder unter Kontrolle. Falls ihm das nicht gelingen würde ... na, ihr wisst schon, was dann passieren könnte."

Der letzte Aspekt muss nicht in der Art platziert werden, aber er erschafft erfahrungsgemäß so etwas wie Sympathie; schließlich erkennen sich die Betreffenden schnell wieder (und das sorgt meistens für Sympathie).

Im nächsten Schritt werden die Jugendlichen aufgefordert, selbst ein Plakat anzufertigen, selbstredend über die eigenen Rollen. Das heißt, sie müssen sich zunächst mit ihren inneren Persönlichkeitsfacetten auseinandersetzen und die Ergebnisse dann präsentieren.

Nach unseren Erfahrungen sehen die Plakate der Jugendlichen meistens letztlich ähnlich aus wie die Zeichnung des Pädagogen. (Zur Rollendiagnose bietet sich auch die Bearbeitung der Schema-Fragebögen an; jeder Jugendliche muss entsprechend einen Fragebogen ausfüllen und „seinen" Schemata und Rollen auf den Grund gehen; die Fragebögen können dann noch vorab besprochen werden: „Wenn ihr bei einem Lebensthema [oder besser: bei einer Rolle] einen Wert von 20 oder höher erzielt, so ist das ein Hinweis auf einen ganz wichtigen Persönlichkeitsteil, der zwar JETZT inaktiv ist, den ihr aber auch habt! DIESER TEIL ist es, der für alle Probleme, die ihr verbockt habt, gerade stehen muss. Und daran seid nur ihr schuld. Denn: Andere Menschen haben auch ähnliche Rollen in ihrem Innern beziehungsweise: sie können ihre aggressiven Rollen kontrollieren! So wie ich übrigens auch!")

Die Klienten müssen nun entsprechende Erlebnisse aus der Biografie schildern, in denen ihre innerpsychischen Muster eine wesentliche Rolle gespielt haben (natürlich soll es hierbei vorwiegend um deren Straftaten gehen).

Bereits bei den Schilderungen („Da in der Disco kam dann der Aggro-Kevin aus mir raus und hat den Anderen zusammengeschlagen...!") sind konfrontative Interventionen sinnvoll, etwa:

- „WARUM HAT DEIN NORMALER TEIL IN DIR DAS NICHT VERHINDERT?"
- „IN WELCHEN KONKRETEN SITUATIONEN KOMMT DER AGGRO-KEVIN IN DIR HOCH? WIE SOLL DAS WEITERGEHEN? WAS HÄLT DICH IN SOLCHEN SITUATIONEN ZUKÜNFTIG VON GEWALT AB?"
- „WO KOMMT DER AGGRO-KEVIN EIGENTLICH HER?"
- „WIESO ZEIGST DU DEINEN KUMPEL-TEIL NICHT HÄUFIGER?"

Dadurch werden in der Regel viele Reflexionsprozesse angeregt und gleichzeitig die üblichen Manipulationstechniken (siehe Kapitel 3) reduziert. Der Jugendliche ist nämlich von dem ganzen Prozedere in Hinsicht auf seine kognitiven Abwehrressourcen schnell „erschlagen".

Er kennt ein solches Vorgehen nicht (sich mit den „inneren Persönlichkeiten" befassen). Diese Momente sollte der Sozialarbeiter außerdem dazu nutzen, über den Wiederholungszwang (siehe Kapitel 3) aufzuklären, der mit einer bestimmten Rolle/einem bestimmten Schema einhergeht – und zwar in konfrontativer Art: „AN DEINEN STRAFTATEN WAR IMMER DER AGGRO-KEVIN BETEILIGT – JEDES MAL DIESELBE LEIER! DU WARST IMMER DIE MARIONETTE DEINES AGGRO-KEVINS! DER HAT DICH IMMER WIEDER IN DIE PROBLEME REINGERITTEN! WAS BRAUCHST DU, UM DEN ZU STOPPEN!?"

Diese Art der Konfrontation sollte einige Minuten aufrechterhalten werden. Immer wieder baut der Pädagoge bei Bedarf den Betreffenden auf („Mensch, wenn der Kumpel-Kevin aus dir spricht, dann finden wir dich alle hier total nett und cool! Du zeigst ihn doch auch ganz oft! Was brauchst du, damit der öfter aus dir spricht!?").

Letztere Intervention entspricht geradewegs dem Prinzip der Aktivierenden Ressourcenkonfrontation (vergleiche Kapitel 4.6) und sollte ebenfalls in die übliche Arbeit einfließen.

Am Ende der Aktivierenden Ressourcenkonfrontation sollte der Betreffende die alleinige Verantwortung für seine zukünftigen Taten übertragen bekommen („Du hast jetzt die Verantwortung: Du kontrollierst ab jetzt den Aggro-Kevin in dir – und wenn das klappt, können wir alle hier so miteinander umgehen, wie es sich gehört!").

Um die Rolle des *Gesunden Erwachsenen* zu stärken, sollten auch Rollen-Memos gemeinsam mit den Jugendlichen ausgefüllt werden (siehe auch Kapitel 4.7).

Eines sollte klar sein: Es muss darum gehen, die Jugendlichen so weit zu stärken, dass sie zukünftig Schemata- und Rollen-Aktivierungen im Alltag bemerken und den ersten Impuls bei auftretenden Konflikten unterbinden können („Oh, jetzt kommt der Aggro-Teil wieder in mir hoch – schnell weg!").

Dieses Unternehmen wird durch die Ausführungen im Kapitel 4.5 (Empowerment) unterstützt.

Eine maladaptive Rolle, das muss klar sein, kann jedoch nicht völlig gelöscht werden; es geht mehr um den konstruktiven Umgang mit ihr. Wenn den Jugendlichen klar ist, dass die Vergangenheit (eine bestimmte Rolle mit biografischem Hintergrund) sich immer wieder „in die Gegenwart schiebt" und immer wieder „dieselben Probleme" provoziert, wird den Betreffenden mehr und mehr bewusst, dass sie *als Person* letztlich doch an den Problemen in der Vergangenheit und im Hier und Jetzt beteiligt sind.

Auf dieser Erkenntnis-Grundlage können Betreffende in Hinsicht auf Verhaltensänderungen einiges erreichen, sprich: bestenfalls aus dem Gewalt-Teufelskreis selbstmotiviert(!) ausbrechen.

4.4.2 Allgemeiner Ablauf einer schemapädagogischen Intervention innerhalb des AATs®

AAT®-Trainer halten sich im Falle einer schemapädagogischen Intervention an folgenden Ablauf:

- Beobachtung,
- komplementärer Beziehungsaufbau,
- Ausbau von vorhandenen Kompetenzen,
- Problemaktualisierung,
- Problemklärung,
- Unterstützung beim Transfer der erarbeiteten Lösungen in den Alltag.

Im Folgenden werden die einzelnen Phasen konkret beschrieben.

1. Beobachtung

Beobachtung spielt in allen sozialen und auch therapeutischen Arbeitsfeldern eine sehr große Rolle (BIERHOFF 2006), im vorliegenden Rahmen ebenso. Mithilfe verschiedener Beobachtungskriterien (siehe Anhang „Arbeitsmaterial") wird in Hinsicht auf das Konzept Schemapädagogik schließlich eine „Diagnose" aufgestellt, aus der sich didaktisch-methodische Interventionen ableiten lassen, die an der Persönlichkeitsstruktur des Betreffenden ansetzen (siehe Kapitel 5).

Aus diesen Gründen muss der AAT®-Trainer beachtliche Beobachtungskompetenzen vorweisen können. Jeder, der mit „schwierigen" Menschen arbeitet, muss wissen, dass eben auch die subjektive Beobachtung/Wahrnehmung von eigenen innerpsychischen Strukturen beeinflusst sein kann – und dies hat Folgen in Hinsicht auf die Kommunikation auf der Beziehungsebene, die zwischen dem Helfer und dem Zu-Erziehenden abläuft.

Gerade etwa im Praxisfeld Schule zum Beispiel führen (unbewusste) Beurteilungsfehler, etwa der Rosenthal- („Sich selbst erfüllende Prophezeiung") oder der Halo-Effekt („Wer schön ist, der ist auch gut), aber auch sogenannte Abwehrmechanismen (etwa Projektion oder Übertragung) seitens des Pädagogen zu speziellen selbstverantwortlichen Beziehungsstörungen (DAMM & EBERT 2011).

AAT®-Trainer achten nun vor allem auf die **schemaspezifischen** Informationen, die gewaltbereite Jugendliche kommunizieren, bewusst und vor allem unbewusst. Entsprechende „rollengetriebene" Manipulationstechniken, genauer gesagt, Tests, Appelle, Interaktionsspiele und Images (SACHSE 2003), sollten im Alltag als solche erkannt, kategorisiert und irgendwann mit dem Klienten bearbeitet werden (komplementäre Beziehungsgestaltung).

Im Unterschied zu anderen Anti-Gewalt-Konzepten thematisiert der AAT®-Trainer parallel zu seiner „üblichen Arbeit" nach seinem Ermessen die erwähnten Auffälligkeiten, die auf der Beziehungsebene verortet sind. – Mittels humorvoll-empathischer („Jetzt testet du mich aber!") beziehungsweise konfrontativ-autoritärer Interventionen („Diese Nummer kannst du mit mir nicht abziehen!"), versucht die Fachkraft schon in dieser Phase, aufseiten des Klienten ein reflexives Bewusstsein anzuregen („Ich bin manchmal ein richtig böser Kerl!"). Auf der anderen Seite vermittelt der Pädagoge dadurch eine höchst professionelle Einstellung. Schwerpunktmäßig geht es aber zu Beginn der Zusammenarbeit auch darum, sich nicht in „die Welt" des Klienten ziehen zu lassen.

Außerdem sammelt die Fachkraft in dieser Phase Hinweise auf Schemata und Schemamodi/Rollen, die beim Klienten mit an Sicherheit grenzender Wahrscheinlichkeit vorliegen. (Die Schema-Diagnose ist erwiesenermaßen schwieriger als die Rollen-Diagnose. In Hinsicht auf die Schema-Thematik hilft dabei die Kenntnis der Inhalte der einzelnen Schemata, siehe Kapitel 5).

Ein sehr großer Vorteil ergibt sich zweifellos dann, wenn die Voraussetzungen vorliegen, mit dem einen oder anderen Jugendlichen einen Schemafragebogen auszufüllen (siehe Anhang). Dies ist aber nur zu empfehlen, wenn zuvor erfolgreich eine stabile Arbeitsbeziehung aufgebaut wurde und Zeit für entsprechende Interventionen vorliegt.

Am Ende der Beobachtungsphase steht die Reflexion/Beurteilung der Daten. Auf welches Schema/welche Schemata verweisen die gezeigten Appelle, Tests, Images usw.? Und die wichtigste Frage muss geklärt werden: Welche Grundbedürfnisse werden unbewusst mittels der typischen Manipulationstechniken kommuniziert (meistens möchten die Betreffenden Respekt und Anerkennung).

Diese Fragen müssen aufmerksam beantwortet werden. Denn: Die komplementäre Beziehungsgestaltung (nächster Punkt) setzt direkt an den diagnostizierten Bedürfnissen an.

(*Im Anhang finden Sie Beobachtungs- und Reflexionsbögen, die in der Beobachtungsphase eingesetzt werden können.*)

2. Komplementäre Beziehungsgestaltung

Die Bedeutung des Beziehungsaufbaus ist im Rahmen sozialpädagogischer Arbeit unermesslich groß. Man kann sogar ernsthaft sagen: Fehlt die Beziehungsbasis, ist es kaum möglich, pädagogisch erfolgreich zu sein. Ohne Beziehungskredit sind die Klienten emotional nicht zu erreichen, und es existiert kaum Motivation zur Zusammenarbeit, geschweige denn zur bewussten Verhaltensänderung.

Der „Klassiker" der Beziehungsgestaltung, auf den sich viele Praktiker beziehen, heißt CARL ROGERS (1972/1999). Er ist einer der Mitbegründer der sogenannten Humanistischen Psychologie. Die von ihm konzipierten „idealen" Eigenschaften eines Gesprächspsychotherapeuten heißen: Empathie (Einfühlungsvermögen), Kongruenz (Ehrlichkeit) und Akzeptanz.

Mithilfe dieser drei Variablen sollen auch traditionellerweise die Beziehungsgrundlagen in den Praxisfeldern der Sozialen Arbeit und Sozialpädagogik gelegt werden.

Leider sind die bisher thematisierten Manipulationstechniken (siehe Kapitel 3) seitens des Klienten in allen sozialpädagogischen Helferberufen in der Regel gänzlich unbekannt. Dies ist sehr unbefriedigend, da diese vielschichtigen

Verhaltensauffälligkeiten bekanntermaßen massive Beziehungsstörungen auf den Plan rufen.

Im Klartext: Es reicht manchmal gar nicht aus, lediglich eine humanistische Einstellung zu offenbaren. Denn gerade „schwierige" Klienten nehmen uns Fachkräfte manchmal vorauseilend als „latent feindlich gesinnt" wahr, besonders zu Beginn der Zusammenarbeit. Entsprechend geht man mit uns um.

Außerdem kann es schnell zur Aktivierung von problematischen Rollen kommen, und spätestens dann steht die Beziehungsgestaltung gänzlich auf tönernen Füßen. – Wir sollen(!) etwa mittels eines Manipulationsversuchs negativ reagieren, damit sich die nachteilige Erwartung des Jugendlichen erfüllt („Ich wusste es, Herr X ist ein unangenehmer Pädagoge!"); und der Betreffende ist dahingehend sehr professionell. Daher braucht es tiefenpsychologische Fähigkeiten und entsprechende diagnostische Kompetenzen.

Wenn wir in Fortbildungen entsprechende Manipulationen (Appelle, Tests, Psychospiele und Images) infolge von Rollen-Aktivierungen thematisieren, so kommen den meisten Pädagogen sofort entsprechende Situationen in den Sinn, in denen sie dem Zu-Erziehenden „in die Falle gegangen" sind und nichts dagegen tun konnten.

Diesbezüglich besteht also tiefenpsychologischer Aufklärungsbedarf. Schemapädagogik thematisiert daher entsprechende Einzelbeobachtungen, „dröselt sie psychologisch auf" und ermöglicht so die Konstruktion eines komplexen Klientenmodells, das die Persönlichkeit des Betreffenden pädagogisch-psychologisch erfasst.

Das heißt, AAT®-Trainer konzentrieren sich bei einer schemapädagogischen Intervention also in erster Linie auf die Beziehungsgestaltung und bleiben im Alltag „offen" und achtsam, um mittels der Vermittlung von Anerkennung, Toleranz und Respekt entsprechend Vertrauen und Sympathie aufzubauen. Gleichzeitig werden etwaige Manipulationstechniken im Falle einer Rollen-Aktivierung („Wut-Kevin") stets erkannt und auf der Sachebene mit dem Klienten bearbeitet, sowohl humorvoll-empathisch als auch konfrontativ-autoritär.

Eine weitere Intervention in der Beziehungsaufbau-Phase: Durch das Ansprechen von bestimmten Themen aus der Erfahrungswelt des Jugendlichen versucht man den Heranwachsenden immer wieder in den Modus *Glückliches Kind* zu bringen, wodurch der AAT®-Trainer eher als gleichberechtigte Person wahrgenommen wird. Gelingt das Unternehmen „Gleiche Wellenlänge", so merkt man schnell, dass der Zu-Erziehende bei entsprechenden Gesprächen und auch später hinaus öfter „normal" ist, einen „gesunden Menschenverstand" offenbart. Grund: Der Jugendliche befindet sich in entsprechenden Situationen in der Rolle des *Gesunden Erwachsenen.*

AAT®-Trainer müssen sich darüber im Klaren sein: *Man erreicht jugendliche Gewalttäter nur in dieser Rolle.* Nutzen Sie öfter mal die „Gunst der Stunde". Denn schon Minuten später kann es passieren, dass eine andere, unvorteilhafte Rolle aktiviert wird, etwa durch eine flapsige Bemerkung eines anderen Jugendlichen. Und dann schließt sich das „kognitive Fenster" des Modus des *Gesunden Erwachsenen* ganz schnell wieder.

3. Ausbau von vorhandenen Kompetenzen

Unsere Aufgabe ist es, die zum Teil nachteiligen Selbst-, Beziehungs- und Wirklichkeitskonstruktionen von gewaltbereiten Jugendlichen zu erweitern oder zu modifizieren. Aus dem Modus des *Gesunden Erwachsenen* heraus beginnen wir, durch eine symmetrische Gesprächsführung die Potenziale des Heranwachsenden zu fördern. Gleichzeitig bemüht sich der AAT®-Trainer um eine entsprechende „soziale Vernetzung" (vergleiche Kapitel 4.5).

4. Problemaktualisierung

Gelingt die komplementäre Beziehungsgestaltung, wird der AAT®-Trainer nicht (mehr) oder nur selten zur Zielscheibe von Manipulationen beziehungsweise Schemamodi-Aktivierungen.

Das heißt, der Jugendliche richtet irgendwann „nur noch" sein auffälliges Verhalten in Richtung seiner Altersgenossen. Dies zieht aus Sicht der Fachkraft viele Vorteile nach sich. Kommt es nämlich zu einer bestimmten Rollen-Aktivierung, die sich gegen einen Anderen aus der Gruppe richtet, kann der AAT®-Trainer *von außen* intervenieren, neue Daten sammeln und sich dadurch ein genaueres Bild von seinem „schwierigen" Fall machen. – Er ist nicht mehr Teil des Problems.

Natürlich muss er im Falle einer Rollen-Aktivierung reagieren. Schwierig zu bewerkstelligen sind solche Situationen sowieso, da – kognitiv gesehen – der Wahrnehmungsfokus während der Aktivierung beim Klienten „verschoben" ist.

Man erreicht den Jugendlichen nur noch sehr schwer auf der Sachebene, weil er emotional und kognitiv in seinem „alten Film" ist, das heißt, seine „fünf Minuten hat".

Glücklicherweise gilt die Faustformel: *Je mehr Beziehungskredit zwischen dem AAT®-Trainer und dem Betreffenden vorherrscht, desto mehr Konfrontationsbereitschaft kann offenbart werden.* (Daher gilt ja auch die komplementäre Beziehungsgestaltung als „Königsweg zur effektiven Konfrontation".)

Es ist nur sinnvoll, den Jugendlichen, der gerade „seine fünf Minuten" *hatte*, Zeit zu geben, bis er sich beruhigt hat. Bei Verletzung der Integrität anderer müssen wir natürlich nach alter Manier eingreifen. *Während* der Schemamodus-Aktivierung machen konfrontative Methoden in der Regel wenig Sinn – es sei denn, es herrscht ausreichend Beziehungskredit vor.

Nachdem eine Rollen-Aktivierung „abgeklungen" ist, wird der Jugendliche gezielt in den Modus des *Gesunden Erwachsenen* gebracht. Der AAT®-Trainer beweist hierbei Einfallsreichtum. Einfühlsam und „väterlich" muss er auf jeden Fall erscheinen, gerade dann, wenn er vom Anderen quasi als Vertrauensperson (Vaterfigur) wahrgenommen wird.

5. Problemklärung

Ergibt sich später mit dem Jugendlichen ein vertrauensvolles Gespräch, bei dem der AAT®-Trainer authentisch und akzeptierend versucht, den Grund für das „Ausflippen" herauszufinden, so wird diese Unterhaltung konkret ausgenutzt, um den Klienten (didaktisch-reduziert) in das Rollenmodell einzuführen.

Dies ist die Grundlage für die spätere Selbstkontrolle des Betreffenden. Es geht also gar nicht um die genaue Benennung des frustrierten Grundbedürfnisses, sondern um die Einführung in das *rollengetriebene Fehlverhalten*.

Das Schemamodus-Gespräch

Sobald der Klient einsieht, dass er sich unangemessen verhalten hat, reagiert der AAT®-Trainer sofort und nutzt den Moment zur Praxis eines Schemamodus-Gesprächs. Dabei wird dem unliebsamen, kostenintensiven Geschehen eine konkrete „Gestalt" verliehen, das heißt, eine **Rolle**. Die Fachkraft sensibilisiert den Jugendlichen für ein, zwei schwierige Rollen (Schemamodi), die bei ihm manchmal relevant sind, etwa so:

- „Ja, Kevin, manchmal kommt der Aggro-Kevin aus dir raus, ist so!"
- „Kevin, so wie du jetzt gerade redest – klasse! Von Mann zu Mann. Und wenn der Mobber-Kevin aus dir spricht, dann finde ich das nicht mehr so gut!"

Solche Sätze sollten empathisch formuliert werden, schließlich sind sie im wahrsten Sinne des Wortes für den Klienten „neu" und besitzen außerdem einen latent konfrontativen Charakter. Übrigens: Es ist wichtig, dass der AAT®-Trainer beharrlich bleibt, sollte sich der Jugendliche herausreden wollen.

Die Vorteile des Rollen-Gesprächs liegen hauptsächlich darin, (a) dass der Jugendliche nun schrittweise mehr Selbstkenntnis entwickelt, (b) seinen „fünf Minuten" eine gewisse Struktur, sprich: Gestalt verleihen kann, (c) und die „Schuld" für den Ausraster gewissermaßen teilweise *abtreten* kann.

Der letztere Aspekt klingt zunächst paradox. Aber wir haben die Erfahrung gemacht, dass gewaltbereite Jugendliche lieber einem „Dritten" die Schuld in die Schuhe schieben (der ein Teil von ihnen ist), als die Möglichkeit in Betracht zu ziehen, sie als *Person* wären für ihre Ausraster verantwortlich.

AAT®-Trainer mit schemapädagogischer Arbeitsweise fördern diese Einsicht in problematische Rollen. Sie reden so gesehen während dieses Rollen-Gesprächs über einen „Dritten", über eine „Gestalt" – die faktisch auch zur Persönlichkeit des gewaltbereiten Jugendlichen gehört. Dies entlastet das Gewissen des Betreffenden und umgeht die übliche Abwehr („Ich hab doch gar nichts gemacht!"). Mithilfe des Schemamodus-(Rollen-)Gesprächs wird eine neue Vertrauensbasis erschaffen, Intimität, Beziehungskredit – und auch eine neuartige Perspektive konstruiert.

Eine denkbare qualitative Steigerung sieht etwa so aus: Bereits bei der ersten Rollen-Unterhaltung können darüber hinaus auch die bisherigen Erfahrungen mit und die Tragweite, Auswirkungen von entsprechenden Schemamodi-Aktivierungen thematisiert werden, zum Beispiel so:

- „Der Aggro-Kevin kam ja schon öfter in deinem Leben raus; kannst du mir mal ein paar Beispiele nennen?"
- „Hat der Mobber-Kevin auch im vorherigen Schuljahr mal auf den Putz gehauen?"

- Oder ressourcenorientiert: „Der friedliebende Kevin schafft es jetzt ja schon oft, sich zusammenreißen zu können."

Erfahrungsgemäß berichten die Jugendlichen dann von entsprechenden Aha-Erlebnissen. Das erste Rollen-Gespräch sollte einen einführenden Charakter haben. Vielleicht ergibt es sich, dass man gemeinsam ein Abkommen trifft: „Hör mal, Kevin, wenn in den nächsten Trainingstagen der Aggro- oder Mobber-Kevin aktiv wird, gebe ich dir ein Zeichen – und du reißt dich am Riemen, okay?"

Wie so ein „Zeichen" letztlich aussieht, bleibt dem Einfallsreichtum des AAT®-Trainers überlassen. Wir sagen zum Beispiel infolge einer zukünftigen Rollen-Aktivierung laut den Namen des Betreffenden und beginnen mitzuzählen: „Kevin – eins!" Wenn er trotz „guter Vorsätze" innerhalb von kurzer Zeit bei fünf Rollenaktivierungen angelangt ist, muss Kevin etwa den Raum verlassen o.Ä. Die Konsequenz wird natürlich vorher mit dem Jugendlichen gemeinsam beschlossen – und weil er während des Rollen-Gesprächs zwangsweise im Modus des *Gesunden Erwachsenen* ist, wird er „mitziehen", weil er den AAT®-Trainer „mag", „cool findet" usw.

Natürlich werden Erfolge, sprich: erfolgreiche Selbstkontrollversuche, vom AAT®-Trainer bemerkt und zeitnah positiv verstärkt: „Kevin – super, heute hast du den friedliebenden-Kevin lange ausgelebt, weiter so!"

Stühlearbeit

Man sollte wissen: Das Schemamodus-Gespräch ist vor dem Hintergrund der Schemapädagogik lediglich eine niedrig schwellige *Anfangsintervention*, quasi die „Pflicht". Die „Kür" (in Hinsicht auf die „Entwicklung" von Problembewusstsein) stellt die sogenannte *Stühlearbeit* dar; sie ist eine etablierte Methode in der *Gestalttherapie.*

Diese Übung wird auch im Rahmen der Schematherapie (ROEDIGER 2009a) und Klärungsorientierten Psychotherapie (SACHSE et al. 2008) praktiziert. Sie kann auch in der sozialpädagogischen und schulischen Arbeit zum Einsatz kommen. Wir haben bisher sehr positive Erfahrungen damit gemacht.

Während dieser Übung, die in der Regel unter vier Augen in einer reizarmen Atmosphäre durchgeführt wird, schlüpft der AAT®-Trainer quasi in die problematische Rolle des Zu-Erziehenden und demonstriert diesem die irrationalen Auswirkungen der jeweiligen Rollen-Aktivierung (emotionale, kognitive, verbale). Unbedingt müssen auch die Auslösesituationen geklärt werden.

Für diese Übung braucht man einen dritten (leeren) Stuhl. Man erklärt dem Jugendlichen, dass man ihm etwas zeigen, genauer gesagt, ihm den „Aggro-Kevin", „Mobber-Kevin" usw. etwas „nahebringen" möchte. Der Heranwachsende soll das, was „jetzt gleich kommt", nur auf sich wirken lassen, nicht reagieren.

Jetzt wechselt der AAT®-Trainer den Platz. Sobald der AAT®-Trainer auf dem dritten Stuhl Platz nimmt, *wird er zum „Aggro-Kevin" beziehungsweise „Mobber-Kevin"* (nur eine Rolle wird ausführlich thematisiert).

Bestmöglich spielt der Erziehende nun für kurze Zeit die Rolle, die seitens des Jugendlichen schon häufig aktiviert wurde. Es ist wichtig, dabei die entsprechende Mimik und Gestik einfließen zu lassen. Die typischen Sprüche, die der Jugendliche im Falle der Rollen-Aktivierung loslässt, müssen unbedingt miteinbezogen werden. Der AAT®-Trainer präsentiert etwa die TOP-10-Entgleisungen.

Nach einigen Momenten erhebt sich der Erziehende, switcht um in den Modus des *Gesunden Erwachsenen* und konfrontiert den Betreffenden mit seiner Rolle, etwa so:

- „Kevin, genau *so* geht der Aggro-Kevin ab – was würdest du über den denken? Wie denken dabei eventuell die anderen Jugendlichen über dich?"
- „Wie würdest du denn in solchen Situationen reagieren, wenn du an meiner Stelle wärst?"

Diese Interventionen sollten in der Regel einen konfrontativen Charakter haben, sollte genug Beziehungskredit vorliegen. Das heißt, (a) der Sozialarbeiter wirft eine ordentliche Portion Affekt in sein Auftreten, (b) zeigt sich offensichtlich betroffen und verärgert, (c) setzt den Heranwachsenden auch unter Druck, indem er körperlich viel Raum in Anspruch nimmt.

Aus der Rolle des *Gesunden Erwachsenen* heraus wird nun „auf Augenhöhe" diskutiert, Vor- und Nachteile der Rolle werden ferner thematisiert. Ganz wichtig, wie oben schon erwähnt: Es sollten vor allem diejenigen Situationen klar werden, die meistens zur Auslösung des „Aggro-Kevins" führen. Im Optimalfall versteht der Klient dann auch, dass die Anderen seine Rolle nur *auslösen*.

Mittels der Stühlearbeit soll seitens des Jugendlichen zweierlei angeregt werden: Selbsterkenntnis und ein reflexives Schuldbewusstsein. Am Ende der Stühlearbeit sollte wieder Beziehungskredit aufgebaut werden, schließlich ist die Übung für den Heranwachsenden unter Umständen sehr belastend. Vor allem dann, wenn eine vertrauensvolle, freundschaftliche Beziehung zum Pädagogen vorliegt.

Das heißt, der Sozialpädagoge spricht vor der Verabschiedung Themen an, die seitens des Jugendlichen leicht den Modus des *Glücklichen Kindes* auslösen („So, Kevin, jetzt lassen wir den Aggro-Kevin mal beiseite, was wirst du am Wochenende unternehmen? Hast du ein Fußballspiel?")

(*Im Anhang finden Sie die konkrete Anleitung der Stühlearbeit.*)

6. Unterstützung beim Transfer der Lösungen in den Alltag

Das Schemamodus-Gespräch und die Stühlearbeit sollen dazu beitragen, dass gewaltbereite Jugendliche schrittweise den Selbstanteil kennenlernen, den sie an den sich stets wiederholenden Problemen mit sich selbst und anderen zweifellos haben. Ohne diese „Erkenntnis" ist der Ausbruch aus dem Teufelskreis der Gewalt aus schemapädagogischer Perspektive nicht möglich.

Aus Sicht des Heranwachsenden ist das „Sich-zusammen-Reißen" naturgemäß eine sehr schwere Aufgabe, da er immer wieder in Situationen gerät, die seine speziellen, ganz persönlichen Rollen auslösen. Hieraus folgt: *Der Schemapädagoge motiviert den Betreffenden parallel zu den Interventionen zu mehr Selbstkontrolle.* In erster Linie ist er dahingehend Vorbild; er verkörpert den Modus des *Gesunden Erwachsenen.*

Es geht nicht darum, seitens des Klienten die Rollen zu „löschen", das ist unmöglich: schließlich sind sie ja neuronal verortet. Der Jugendliche muss es „nur" schaffen, dem ersten Impuls zu Beginn einer zukünftigen Schemamodus-Aktivierung zu widerstehen und eine neuartige, prosoziale Verhaltensweise auszuführen.

Der AAT®-Trainer greift auf drei weitere Interventionen zurück, die dem Jugendlichen helfen sollen, aus seinem Verhaltensteufelskreis auszubrechen:

- Der AAT®-Trainer schließt einen **mündlichen Vertrag** mit dem Heranwachsenden.
- Gemeinsam wird ein **Rollen-Memo** ausgefüllt (nach YOUNG et al. 2008).

- Der AAT®-Trainer erteilt „**Hausaufgaben**".

Im Folgenden werden diese drei Methoden kurz beschrieben.

Der mündliche Vertrag

Einen „mündlichen Vertrag" kann man nach einem Rollen-Gespräch oder nach der Stühlearbeit „aushandeln". Der AAT®-Trainer nimmt den Jugendlichen in die Pflicht (etwa: „Kevin, morgen im Unterricht lebst du den friedlichen-Kevin aus – egal was passiert. Du bist ein cooler Typ, du kriegst das hin!").

In Hinsicht auf den Inhalt des „mündlichen Vertrags" ist Flexibilität gefragt. Währenddessen sollte immer wieder auf die positiven Aspekte der Persönlichkeit des Betreffenden hingewiesen werden („Kevin, ich weiß, wir verstehen uns, ich verlass mich auf dich!").

Ein symbolischer Handschlag rundet die „Vertragsverhandlung" ab und unterstreicht noch einmal die grundsätzlich positive Arbeitsbeziehung.

Das Rollen-Memo

Das Rollen-Memo unterstützt ebenfalls das kognitive Training. Einleiten kann man in das Thema zum Beispiel so: „Kevin, wir füllen jetzt mal eine Erinnerungskarte aus." Gemeinsam wird das Memo dann ausgefüllt, und zwar vorwiegend in der Sprache des Jugendlichen. Der Betreffende bekommt es danach ausgehändigt. Die Karte hat gegebenenfalls ein passendes Format. Das heißt, der Jugendliche sollte sie bei sich führen können, etwa in der Geldbörse.

Das Memo besteht aus vier Teilen. Es beinhaltet (1.) eine relevante Schemamodus-auslösende Situation, (2.) den „Aha-Effekt", (3.) das bewusste Erleben der gerade aktivierten Teilpersönlichkeit und (4.) die „Lösung" (Verhaltensänderung).

Beispiel: Folgendes Memo wurde von „Thomas" (17 Jahre), Schüler im Berufsvorbereitungsjahr formuliert, der gerade in einem AAT® teilnahm. (Es geht um das Problem Mobbing in seinem Schulalltag.)

Die Erinnerungskarte von Thomas

1. Benennen einer Situation, in der ich andere „mobbe"
„Wenn ich Schüler X nur sehe, nervt mich das. Das ist ein Streber!"

2. Erkennen der aktivierten Teil-Persönlichkeit
„Ich weiß, dann sprich der Mobber-Thomas aus mir, er hat das schon öfter gemacht."

3. Anerkennen des unangepassten Denkens und Realitätsprüfung
„Schüler X kann nix dafür, dass er ein Strebertyp ist, es ist mein Problem, dass ich ihn nicht leiden kann. Es gibt viele Strebertypen."

4. Trennen vom alten und Festigung des neuen Verhaltens
„Meistens habe ich solche Mitschüler immer gleich gemobbt. Jetzt versuche ich, den Mobber-Thomas durch den liebevollen Thomas zu kontrollieren. Ich lenke mich irgendwie ab, konzentriere mich zum Beispiel auf den Unterricht."

(*Im Anhang finden Sie einen entsprechenden Vordruck.*)

Hausaufgaben
Unter Umständen kann es sich auch anbieten, dass der AAT®-Trainer eine „Hausaufgabe" erteilt. Der Jugendliche soll seine „Aggro-Rolle" bei diesem oder jenem zukünftigen Ereignis kontrollieren.

Ein Beispiel: Steht etwa am nächsten Wochenende eine Unternehmung an, die viele Auslöser für Rollen-Aktivierungen mit sich bringt, etwa ein Konzert oder ein Volksfest, so füllt der AAT®-Trainer mit dem Jugendlichen ein „Hausaufgaben-Blatt" aus.

(*Im Anhang finden Sie einen entsprechenden Vordruck.*)

Erfahrungsgemäß lassen sich gewaltbereite Jugendliche auf die hier beschriebenen Interventionen ein – falls genug Beziehungskredit besteht.

Die bisherigen Befunde lassen darauf schließen, dass sich bei circa 60 Prozent der „schwierigen Klienten“ das Verhalten daraufhin verändert. Empirische Studien stehen zwar noch aus, werden aber in naher Zukunft verwirklicht und veröffentlicht.

4.5 Empowerment-Konzepte

Viele Klienten der Sozialen Arbeit benötigen Konzepte, die ihre Erfahrungen von Hilflosigkeit, Perspektivlosigkeit und Ohnmacht nicht weiter verstärken.

Das Empowerment-Konzept ermöglicht, unterstützend die wertvollen Stärken und Kompetenzen der Klienten zu fördern und die Emanzipation der Betreffenden voranzutreiben.

Empowerment lässt sich nach HERRIGER (2010, 19) als eine Sammelkategorie für all jene Arbeitsansätze in der psychosozialen Arbeit beschreiben, die „Menschen [dazu dienen], das Rüstzeug für ein eigenverantwortliches Lebensmanagement zur Verfügung zu stellen und ihnen Möglichkeitsräume aufzustellen, in denen sie sich Erfahrungen der eigenen Stärke aneignen und Muster einer solidarischen Vernetzung erproben können."

Und weiter: „Empowerment beschreibt mutmachende Prozesse der Selbstbemächtigung, in denen Menschen in Situationen des Mangels, der Benachteiligung oder gesellschaftlichen Ausgrenzung beginnen, ihre Angelegenheiten selbst in die Hand zu nehmen, in denen sie sich ihrer Fähigkeiten bewusst werden, eigene Kräfte entwickeln und ihre individuellen und kollektiven Ressourcen zu einer selbstbestimmten Lebensführung nutzen lernen" (ebenda, 20).

Die „Prozesse der Selbstbemächtigung" müssen in der Gewaltbehandlung berücksichtigt werden. Durch das Aufzeigen von Lebensperspektiven und durch die Entwicklung von Motivation zur selbstständigen Lebensgestaltung verschwindet die Gewaltbereitschaft nach und nach aus der Motivationsstruktur der Betroffenen.

Es geht um die (Wieder-)Herstellung von Selbstbestimmung der Umstände des eigenen Alltags über den Zugriff auf (interne und/oder externe) Ressourcen. Diese erhöht aufseiten der Klienten die Selbstbestimmung und Unabhängigkeit, erweitert die Partizipation, fördert die Hilfe zur Selbsthilfe und das Engagement für sozialpolitische Belange und soziale Veränderung.

Die Hauptfragen des Empowerment-Konzepts sind nach STARK (1996):

- Unter welchen Bedingungen gelingt es Menschen, sich aus einer machtlosen und demoralisierenden Situation heraus zu entwickeln, die eigene Stärke zusammen mit anderen zu erkennen und ihre Lebensbedingungen nach eigenen Vorstellungen zu gestalten?

- Wie könnten sich die Formen der Selbstorganisation fördern lassen?
- Welche Auswirkungen hat das auf die beteiligten Menschen und Organisationen?

Dieser Ansatz erfordert von den Professionellen eine erweiterte Wahrnehmung, nämlich eine Wahrnehmung, die die Ressourcen beziehungsweise Stärken des Klienten in den Mittelpunkt rückt – was gleichzeitig die Abkehr von der (traditionellen) defizitären Sichtweise bedeutet.

Die Fokussierung auf die Kompetenzen/Ressourcen der Klienten braucht ein grundsätzliches Vertrauen in die Stärken der Betreffenden und fördert damit auch eine klare „Rechte- und Bedürfnis-Perspektive" für sie. Das heißt für die Professionellen auch, dass sie ihr Rollenverständnis infrage stellen und ihr Verhältnis zum Klienten neu definieren müssen.

Es geht auch vermehrt darum, funktionierende soziale Netze in der realen Lebenswelt des Klienten zu untersuchen und zu „verstehen", diese zu fördern beziehungsweise gemeinsam neue Lebenswelten für den Klienten zu entwickeln („social change").

Die Aufgaben seitens des Professionellen liegen somit verstärkt darin, hilfreiche Bedingungen zur Nutzung der vorhandenen Ressourcen bereitzustellen. Wichtig dabei ist selbstverständlich, dass auch die Schwächen und Bedürfnisse des Klienten berücksichtigt werden, ohne diesen in Hinsicht auf seinen Entwicklungsprozess zu „entmündigen".

Mit „Ressourcen" sind die personalen und sozialen Potentiale gemeint, „die von der Person zur Befriedigung ihrer Grundbedürfnisse, zur Bewältigung altersspezifischer Entwicklungsaufgaben, zur gelingenden Bearbeitung von belastenden Alltagsanforderungen sowie zur Realisierung von langfristigen Identitätszielen genutzt werden können und damit zur Sicherung ihrer psychischen Integrität, zur Kontrolle von Selbst und Umwelt sowie zu einem umfassenden biopsychosozialen Wohlbefinden beitragen" (HERRIGER 2010, 95).

Empowerment findet auf vier Ebenen statt:

- Individuelle Ebene (psychologisches Setting, in Form von Einzelfallhilfe und Beratung),

- Gruppenebene (gruppendynamische und organisatorische Struktur),
- institutionelle Ebene (Teilhabe an Institutionen, Verwaltungen und kommunalen Entscheidungsgremien),
- Gemeindeebene (Mobilisierung der Einwohnerressourcen).

Um die Veränderungsprozesse im Umgang mit Gewalt effizienter gestalten zu können, soll in diesem Rahmen besonders die Perspektive auf die individuelle und psychologische Ebene des Empowerment gerichtet werden.

Dies soll im weiteren Verlauf unter dem Begriff der Ressourcenaktivierung erfolgen. Innerhalb der Darstellung des KraVt® (im Kapitel 4.6.3) wird dazu ein soziales Training vorgestellt, welches sich komplett der Ressourcenperspektive verschrieben hat.

4.5.1 Empowerment als Einzelhilfe

Empowerment bedeutet auf der psychologischen Ebene, dass die Klienten beginnen, ihr Leben wieder „in die eigene Hand zu nehmen“ und es schaffen, aus der Situation der erlebten Hilflosigkeit, Machtlosigkeit, Resignation etc. die eigenen Ressourcen und Stärken wieder zu entdecken und zu nutzen und dabei die Erfahrung einer erlernten *Hoffnung* machen (siehe auch das Prinzip der „erlernten Hilflosigkeit“ von SELIGMAN (1979)).

Das bedeutet, dass psychologische Konstrukte – wie das Kontrollbewusstsein, die Selbstwirksamkeit/Selbstwirksamkeitserwartung, die selbstwahrgenommene Kompetenz und die Wahrnehmung von Schwierigkeiten – vom Klienten auch modifiziert wahrgenommen, bewertet und gefühlt werden; dadurch sollen Hoffnungspotentiale entstehen.

Das Empowerment-Konzept (auf der individuellen Ebene) entstammt überwiegend dem Handlungsfeld der Beratung und der sozialen Einzelfallhilfe. Innerhalb der Einzelhilfe sollen der betroffenen Person Auswege aus der erlernten Hilflosigkeit erschlossen werden.

Dabei soll er Vertrauen in das eigene Vermögen zur Lebens- und Umweltgestaltung gewinnen, verschüttete Kraftquellen von Kompetenzen und Vermögen entdecken und diese zur Gestaltung seines Lebens einsetzen.

Dazu werden nach HERRIGER (2010, 87ff) vier methodische Werkzeuge angewendet:

1. Motivierende Gesprächsführung:

Auf „Demoralisierung und mangelnde Selbstwirksamkeitserwartung", „Beziehungsultimaten im privaten Netzwerk" und auf eine „Beratung im Zwangskontext" reagieren Klienten erfahrungsgemäß mit Widerstand und Abwehr.

KÄHLER (2005, 63f.) spricht dabei von „Reaktanz" und meint die wohlwollende Alltagsunterstützung und Helfer-Einstellung der professionellen Helfer, die jedoch vom Klienten unter Umständen auch als Missachtung der Autonomie und der Selbstgestaltung bewertet werden.

So sehen Klienten dadurch eventuell ihre Freiheit, insbesondere ihre individuellen Entscheidungsspielräume gefährdet. Die Abwehr der Betreffenden zeigt sich in Form des Leugnens, Verzerrens oder in der Bagatellisierung des Hilfsbedarfs beziehungsweise in der Rationalisierung, Verneinung oder der (unbewussten) Sabotage von Hilfen.

Deswegen ist die Reaktanz möglichst „gering" zu halten; die Motivation in Hinsicht auf Kooperation und Veränderung sollte gezielt erweckt werden. Hierzu bietet sich unter anderem das „Motivational Interviewing" (HERRIGER 2010, 89f.) zur Erhöhung der Veränderungsmotivation an. Dabei soll der Klient die Vor- und Nachteile seines eigenen Problemverhaltens erkunden und eine Veränderung „wagen".

Diese motivierende Gesprächsführung gliedert sich in zwei Phasen:

- Phase 1: Erkundung von Ambivalenzen (Vor- und Nachteile des herkömmlichen und alternativen Verhaltens diskutieren) und Förderung von Veränderungsmotivation.
- Phase 2: Vereinbarung eines Veränderungsplans (Festlegung von Zielen und Wegen sowie deren Umsetzungsplanung). (Ein Kommentar hierzu: Gerade in dieser zweiten Phase haben die sich unter 4.1.5 präsentieren Hilfestellungen bewährt.)

2. Ressourcendiagnostik:
Test-, Fragebogen- und Diagnostik-Verfahren dienen der Anamnese der Lebenskompetenzen von Klienten und dazu, ihre Stärken, Ressourcen und Bewältigungskompetenzen zu eruieren.

Sie unterstützen einerseits die Erstdiagnostik, die Hilfeplanung und ebenfalls direkt die Möglichkeit, die Aktivierende Ressourcenkonfrontation anzuwenden, um die verfügbaren sowie die verschütteten Bewältigungsressourcen systematisch in den Hilfeprozess einzubeziehen. Andererseits ermöglichen sie die prozessbegleitende Reflexion (Verfahrensevaluation).

Dies wird praktiziert, um die Entwicklung von Kompetenzen des Klienten mit den praktizierten Methoden der Ressourcenförderung zu erfassen, und zwar durch den Prozess der Evaluation und Qualitätsdokumentation zur Abschätzung von Ressourcenentwicklungen (quantitative und qualitative Veränderungen).

Das Ressourcen-Interview als offenes Verfahren und das Kompetenzinventar als geschlossenes Verfahren ermöglichen eine unterschiedliche Ressourcendiagnostik. So kann das Ressourceninterview als „offene Einladung zur Selbstreflexion" der vom Einzelnen wahrgenommenen, erlebten und von ihm bewerteten Ressourcen beschrieben werden. Das geschlossen konstruierte Kompetenzinventar dagegen ist ein speziell auf verschiedene Kompetenzbereiche ausgerichtetes Ressourcendiagnostikverfahren.

Wir nutzen zur Verdeutlichung der irgendwann diagnostizierten Ressourcen gerne Mindmaps und versuchen die visualisierten Kompetenzen mittels psychodramatischer Elemente darzustellen, indem alle übrigen Anwesenden im Training nun die Kompetenzen des Betroffenen verkörpern und ihn beispielsweise eine halbe Stunde im Alltag begleiten müssen (vergleiche auch Kapitel 4.1.4 Problemaktualisierung).

3. Unterstützungsmanagement:
Beim sogenannten „Case Management" oder „Fall-Management" handelt es sich um ein Werkzeug des Unterstützungsmanagements zum Zweck des ganzheitlichen, unterstützenden Arrangierens von Lebensressourcen, welches sich um die Herstellung und Sicherung einer Grundausstattung von Lebensressourcen und somit um das soziale Wohlbefinden des Klienten kümmern möchte (vergleiche WENDT 1999).

Dabei werden gemeinsam Zielsetzungen didaktisch und methodisch ausgestaltet, um verfügbare Hilferessourcen in der privaten Lebenswelt und in den öffentlichen Dienstleistungsagenturen zur Unterstützung eines übergreifenden Ressourcen-Netzwerkes zusammenzuführen.

Dies soll für spürbare Entlastung und Hilfestellung in Krisen sorgen. Dabei handelt es sich um die Stärkung der persönlichen Ressourcen und um die Aktivierung oder Herstellung eines Ressourcen-Netzwerkes.

WENDT (1999, 96–133) unterscheidet dabei sechs Schritte des Unterstützungsmanagements:

1. Abklärung der institutionellen Zuständigkeit und des Problemanlasses: Ordnen der Problemlagenkomplexität des Klienten sowie Prüfung der Anspruchsberechtigung;
2. Einschätzung und Bedarfsklärung: Einschätzung und Beurteilung der Lebenslage des Klienten nach Lebensproblemen, Überlebensstrategien, Ressourcensetting und nach vorhandenen „Stolpersteinen" in der Problembewältigung;
3. Zielvereinbarung und Hilfeplanung: In dieser Phase werden Zielsetzungen und Wege in einen zeitlichen Rahmen eingeordnet. Dies umfasst die Zielformulierung, deren Prioritätensetzung, die angemessene Methodenauswahl, die Aufgabenverteilung sowie die Zeitstrukturierung;
4. Kontrollierte Durchführung des Unterstützungsmanagements mit den in der Ressourcendiagnostik erfassten Kompetenzen: Mobilisierung der in der Ressourcendiagnostik ermittelten Kompetenzen, um die gesteckten Zielvereinbarungen erreichen zu können (Anwendung koordinierender, beziehungsschaffender und beziehungsstärkender Elemente) – und: spätere Überleitung in eine begleitende Tätigkeit (Monitoring);
5. Evaluation: Sicherung stabiler Verknüpfungen zwischen dem Klienten und seinem Ressourcennetzwerk. Es gilt, die Selbstverpflichtung und die Motivation aller Beteiligten zu festigen. Ebenso wird in dieser Phase evaluiert, ob die vorgenommenen Ziele letztlich erreicht wurden und ob die angewendeten Methoden und Verfahren fachlich angemessen waren;
6. Entpflichtung und Rechenschaftslegung: Beendigung des Unterstützungsmanagements und ausführliche Falldokumentation durch die Verpflich-

tung zur Rechenschaftslegung. Der Hilfeprozess ist ein auf Dialog, gemeinschaftlicher Verständigung und Übereinkunft zwischen professionellem Helfer und dem Klienten basierender Prozess.

Zwei weitere methodische Ansätze sind die ressourcenorientierte Beratung (NESTMANN 2007) und die Netzwerkberatung (NESTMANN 1991). In der ressourcenorientierten Beratung geht es um die Verhinderung der „Ressourcen-Verlust-Spiralen" (NESTMANN 2007, 730).

Auch hier geht es um die Förderung der personalen und sozialen Ressourcen des Klienten. Sie gliedert sich in drei Teile:

1. Ressourcendiagnostik;
2. Basale Ressourcensicherung (ökonomische und soziale Grundsicherung);
3. Mobilisierung von brachliegenden Umweltressourcen (Vermittlung von Nutzungskompetenzen und Erschließung neuer sozialer Ressourcen).

In der Netzwerkberatung wird angestrebt, das betroffene soziale Netzwerk als Träger von Konfliktpotenzialen und Stärken zu einem Hilfsprogramm im Entwicklungsprozess zu bündeln.

So sollen private soziale Netzwerke gefördert und gestärkt, Belastungen verringert und gelungene Unterstützungsbeiträge zur Ausschöpfung der vorhandenen Ressourcen geleistet werden.

In dieser Form der Beratung wird ebenso analytisch und vernetzend gearbeitet. Als methodisches Instrument kann die Netzwerk-Konferenz angesehen werden (als Begegnungsplattform).

4. Biographisches Lernen und Kompetenzdialog:

Die Klienten sollen die sichernde Erfahrung der Sinnhaftigkeit der eigenen Lebensgeschichte in Selbsterzählungen ressourcenbezogen rekonstruieren (Vergangenheitsperspektive).

Das verbale (Wieder-)Aufgreifen von „biographischen Fäden" im pädagogischen Dialog hat das Ziel, Würde, Wert und Stolz in Bezug auf das eigene Lebens zu kreieren, Kontinuität und Lebenskohärenz allen Lebensbrüchen zum Trotz herzustellen und die „Schatten" negativ eingefärbter Selbst-Typisierungen zu bannen.

Das biographische Erzählen soll die Kompetenzen der Bewältigung bisheriger Lebensereignisse reflektieren und diese Erfahrungen als Werkzeuge für die Bearbeitung für das noch unbekannte Zukünftige bewusst machen. Andererseits hat der Kompetenzdialog lösungsorientierte Perspektiven der Zukunftsgestaltung im Blick.

Er beruft sich auf Arbeitsansätze der lösungsorientierten Beratung (DE SHAZER 2005). Diese thematisiert (1.) stark die Phasen der Zielfokussierung (2.) und die des Reframing, (3.) vergegenständlicht eine gemeinsame Kreation von Lösungsversuchen und vermeidet strikt die Problemperspektive.

Die Interventionen werden nun im Folgenden kurz beschrieben:

1. Die Thematisierung von wünschenswerten Lebenszielen (Zielfokussierung): Man richtet gemeinsam den Fokus auf eine präzise Zukunft und führt die Klienten dadurch weg von ihren Problemen; sie unterstützen die eigenen Veränderungserwartungen und entwickeln dadurch Hoffnung für den Veränderungsprozess. Dabei sollten die Ziele „realistisch", einfach und im Lebenskontext der Betroffenen erreichbar sein sowie positiv und konkret formuliert werden („Wenn unsere Zusammenarbeit gut verlaufen würde, was hätte sich dann dadurch für dich verändert? Wie würdest du dann gerne in Konfliktsituationen reagieren können?);
2. Reframing: Unter Reframing versteht man den Wechsel des Bezugsrahmens innerhalb des eigenen biografischen Rückblicks. Dieser Prozess versucht, nicht das Fehlverhalten oder die Defizite, sondern die Erfahrungen von Kompetenz, Gelingen und Erfolg in der Vergangenheit (auch „im Kleinen") zu fokussieren. DE SHAZER spricht dabei vom Blick auf die „Ausnahmen", welche auf den aktuellen Lebensbezug transferiert und zur Lösung der momentanen Klientensituation nutzbar gemacht werden sollen („Gab es denn schon mal Ausnahmen, wo du selbstbestimmt in einem Konflikt reagiert hast?). Diese Vorgehensweise vermittelt Orientierung, lässt Kompetenzen sichtbar werden und hilft somit auch in Hinsicht auf Entstigmatisierungsprozesse. Ebenso wird mittels einer veränderten Selbstwahrnehmung neue Hoffnung, aufsteigender Mut sowie Selbstvertrauen entwickelt;

3. Gemeinsames Entwerfen und Aushandeln von Lösungsentwürfen. In dieser Phase der Beratung werden die Lebensziele mit den Kompetenzen der Klienten verbunden, und es wird dafür eine Abfolge von kleinen Lösungsschritten entworfen. Dabei werden funktionierende Lösungen verstärkt, nicht funktionierende durch gewinnbringende Lösungen ersetzt oder neue zusätzlich kreiert („Was hat denn bisher geholfen, damit du in Konflikten bisher selbstbestimmt reagieren konntest? Was solltest du nicht mehr anwenden? Gibt es neue Ideen, um selbstbestimmt in Konflikten reagieren zu können?"). In einem solchen Kompetenzdialog versucht der professionell Helfende eher als Mentor begleitend und korrigierend zu wirken, um positives, ermutigendes und selbstwertstärkendes Feedback zu geben (siehe Hilfestellung im Kapitel 4.1.5).

In allen Empowerment-Verfahren besteht der Respekt vor der Lebensautonomie des Klienten in Form von grundsätzlichem Vertrauen in seine Selbstverfügungskräfte, Entscheidungsfähigkeit für selbst kreierte Ziele sowie Prozessorientierung hin zur Lebensveränderung (Lösungsorientierung) und „radikale" Zukunftsorientierung.

Dieser Hilfeprozess ist ein auf *Dialog*, gemeinschaftlicher Verständigung und Übereinkunft (zwischen dem professionellen Helfer und dem Klienten) basierender Prozess.

Dabei wird die Entwicklung einer realistischen Zukunft mit dem Klienten praktiziert, die ihm mehr Kontrolle über seine Umwelt, eine höhere Lebensautonomie sowie ein höheres Maß an Selbstverfügung versprechen kann.

Bei dieser Suche nach Lösungen für Veränderungen soll der professionelle Helfer durch wohlwollende Fragestellungen den Klienten unterstützen. Diese Fragestellungen sind auch im Bereich der Verhaltensveränderung in Bezug auf Gewalt sehr wichtig.

Abbildung 3: Kompetenzen, Stärken, Ressourcen

Ressourcenorientierte Fragetechniken im Umgang mit Gewaltverhalten

Es gibt unterschiedliche Fragetechniken, die dabei helfen, den Aufmerksamkeitsfokus des Klienten in die „richtige Richtung" zu „bugsieren". Unser pädagogisches Ziel in Hinsicht auf die Verringerung von Verhaltensauffälligkeiten ist es, die Wahrnehmung der Klienten

- auf die positiven Aspekte ihrer Fähigkeiten und Fertigkeiten (Kompetenzen, Stärken, Ressourcen) sowie
- auf die gewinnbringenden Lösungsansätze der Problembewältigung,
- auf eine bewusst zu gestaltende Zukunft (natürlich auch auf die positiv bewältigte Vergangenheit) und
- auf neue herausfordernde Ziele zu richten – anstatt ausschließlich Probleme, die (negativ bewertete) Vergangenheit, Fehler oder Defizite zu thematisieren.

Die wichtigsten Frage-Interventionen in der ressourcenorientierten Bearbeitung von Gewalt werden nun als „didaktisch-methodische Techniken" dargestellt. Sie sollten aber auch als Haltung transportiert werden. Weiterhin hat es sich bewährt, die wichtigsten Bestandteile der Antworten dem Klienten zurück zu spiegeln.

Fragetechniken

Bewältigungsfragen: Vor allem Lob und Anerkennung dienen der Kommunikationsqualität. Sogenannte Bewältigungsfragen sollen Lob verstärken und damit Entwicklungsprozesse verstärkt anstoßen und letztlich auch steuern.

Diese Fragetechnik setzt sich damit auseinander, welche Bewältigungskompetenzen aufseiten des Klienten irgendwann einmal abgerufen werden *mussten*, um diese oder jene Leistung zu erzielen.

Sie ist eine Würdigung der Leistung und entwickelt Fremd- und Selbstlob, da leicht ein Zusammenhang dieser gezeigten (bisherigen) Taten mit den eigenen Kompetenzen hergestellt werden kann. Dadurch entsteht eine Verknüpfung zwischen gezeigter Leistung und eigenen Kompetenzen und somit auch gleichzeitig ein *Bewusstsein* von den eigenen Fähigkeiten.

Ein Beispiel: „Wie hast du es geschafft, auf die Provokation deines Mitschülers nicht einzugehen und dich weiter deiner Aufgabe zu widmen?"

Sollten auf Bewältigungsfragen keine Antworten formuliert werden können, dann setzen wir mit der Hilfestellung (siehe Kapitel 4.1.5) an und kreieren Unterstützungsfragen, etwa: „Kann es sein, dass du dich bei dieser Provokation selbst bestimmen wolltest, also keine Lust hattest, auf sie einzusteigen?"

Der Klient kann dadurch überprüfen, ob der genannte Grund sein wahres Motiv war, und eventuell kann er nach anderen Beweggründen suchen. Wichtig ist, dass neue Suchprozesse nach Bewältigungsmechanismen einsetzen. Diese sollten daraufhin verstärkt und erklärbar gemacht werden.

Somit kann zur Erkenntnis beigetragen werden, dass die Klienten durch die Beachtung „kleinster" Leistungen positive Erfolge verbuchen konnten; eventuell entsteht dadurch auch die Motivation für neue Herausforderungen. Denn leicht entsteht ein gewinnbringender Lerneffekt inklusive einer förderlichen Selbstzuschreibung („Ich kann was!").

Dadurch merkt man außerdem, dass das Problem- oder das Kompetenzerleben des Klienten zum größten Teil auf völlig unbewusster Ebene verortet ist und entsprechend automatisiert abläuft. Dadurch wird klar, wie langsam verbale Interventionen hier „fruchten".

Dementsprechend resultiert daraus die Aufgabe für den Helfenden, systematisch Angebote zu machen, soviel Aufmerksamkeit wie möglich auf das gewünschte Erleben zu *richten,* um den Zielerlebniszustand des Klienten *aktivieren* zu können.

Zielfragen: Mit diesen Fragen soll der SOLL-Wert, das Ziel erfragt werden, was sich der Klient in Hinsicht auf die nahe Zukunft vorstellen kann. „Wenn dieser Kurs hier gut für dich gelaufen ist und du dich nachher bei mir bedankst und sagst: Alles prima, war echt gut. Was müsste dann alles passiert sein?"

Erweiternd kann dann noch intensiviert werden: „Woran würden dann die Anderen merken, dass du dein Ziel (beispielsweise souverän in Konflikten agieren) erreicht hast?"

Diese letzte Fragetechnik zielt auf das spezielle Verhalten ab, was dann gezeigt werden sollte. Ebenso kann gefragt werden: „Wenn du dein Ziel erreicht hast, woran würdest du es in Hinsicht auf dein Verhalten merken?"

Ziele sollten in der Regel speziell formuliert werden, nämlich...

- ... konkret: „Was meinst du genau damit?" – „Was würde das konkret heißen?" – „Was kann ich mir darunter vorstellen?"
- ... realistisch: „Wenn du das machen würdest, wie würden deine Freunde/Eltern/Mitschüler reagieren?" – „Wenn ich deinen Bruder fragen würde, für wie realistisch er es halten würde, dass du es schaffst, nach dem nächsten Spiel direkt nach Hause zu gehen, was würde er sagen?"
- ... positiv: Anstatt: „Ich will nicht mehr schlagen" besser „Ich möchte in Konflikten selbstbestimmt und ruhig agieren." Dies kann man mit der Bitte nach einer Umformulierung erreichen: „Was wolltest du stattdessen?"; oder: „Was möchtest du eigentlich?"
- ... attraktiv: „Was würde sich denn für dich als Ziel besonders lohnen, wann strengst du dich wirklich an?" „Was wäre für dich lohnenswert in diesem Kurs?"

Lösungsfragen: Diese Fragetechniken sind ähnlich wie Bewältigungsfragen gestaltet, nur in „Richtung" Zukunft orientiert. Meist kann man diese Form der Frageformulierung nutzen, um Ziele mit dem Weg zur Lösung (vom IST zum SOLL) auszugestalten. „Wie wirst du es hinbekommen, in Zukunft deine alte Clique zu meiden?": oder: „Wie kannst du es machen, beim Aufkommen von Wut dich wieder so *gut* zu verhalten?"

Fragen nach Ausnahmen: Diese Fragen werden genutzt, sobald dem Klienten keine Lösungsideen einfallen oder er in seiner Problemperspektive zu sehr verhaftet ist. „Gab es denn schon einmal die Situation, dass du beim Kartenspiel verloren, aber souverän oder lustig reagiert hast?"

Diese Form der Frageformulierung zwingt den Klienten geradezu, nach Ausnahmen zu suchen, die als Lösungen des Problems schon einmal funktionierten. Danach kann gefragt werden: „Was hast du denn dabei anders gemacht?" (Bewältigungsfrage) – und: „Welche Stärken hast du damals genutzt?" (Ressourcenfrage).

Ressourcenfragen: Ressourcenfragen eignen sich dazu, nachzuforschen, was dem Klienten helfen könnte, seine Ziele zu erreichen. Das können Fragen nach externen oder auch internen Ressourcen (Stärken oder Unterstützer) sein. „Was oder wer könnte dich bei der nächsten Party unterstützen, weniger Alkohol zu trinken"; oder: „Wer von deinen Freunden kann dir dabei helfen, deine Bewährungsauflagen einzuhalten?"; oder: „Welche Kompetenzen brauchst du denn/musst du noch entwickeln, um bei der nächsten Beleidigung deiner Familie ruhig zu bleiben?"

„Wie willst du diese Kompetenzen anwenden?" - diese „Lösungsfrage" kann noch angehängt werden.

4.6 Aktivierende Ressourcenkonfrontation

Anhand unserer Erfahrungen in der täglich variierenden Praxis in Schule und Sozialarbeit lässt sich erkennen, dass viele Jugendliche ihre Schulbildung, ihre Lehrausbildung oder ihren beruflichen Werdegang ab- beziehungsweise unterbrechen.

Steigende Übergriffe in Konfliktsituationen im sozialen, schulischen und beruflichen Alltag lassen darauf schließen, dass sowohl Konfliktlösungs- als auch Problemlösungskompetenzen bei vielen Jugendlichen förderbedürftig sind.

Ebenso scheint die Motivation zur Entwicklung und Ausgestaltung der persönlichen Kompetenzen (leider) überwiegend auf den mit Lustgewinn verbundenen Angelegenheiten bezogen zu sein.

Selbstwirksamkeitserfahrungen, so macht es den Eindruck, werden von vielen Klienten verstärkt im virtuellen (Computerspiele) und destruktiven (Störungen, Drogen, Gewalt) Bereich gesucht und auch praktiziert. Daraus folgt: Die vorhandenen Stärken und Kompetenzen vieler Jugendlichen werden zur angemessenen und selbstverantwortlichen Lebensgestaltung leider oft nicht ausreichend angewendet.

Die Empowerment- und die lösungsorientierten Ansätze bieten dabei gute Möglichkeiten, um Klienten zur Förderung ihrer Kompetenzen zu motivieren. Jedoch werden gerade in der Arbeit mit Heranwachsenden nicht alle „Einladungen" zur Übernahme der Kompetenzperspektive angenommen. Dementsprechend ist die alleinige Durchführung von reinen Empowerment-Ansätzen bei schwierigen Jugendlichen in der Regel nicht ausreichend.

Lob und Entwicklung werden durch die Ausprägung wachstumshemmender Schemata von einigen jungen Menschen unbewusst abgewehrt beziehungsweise boykottiert (siehe Kapitel 3). Die Betreffenden haben in diesen Bereichen wenig Förderung und Beachtung erfahren. Positive Rückmeldungen haben entsprechend wenig Lebensweltbezug (vergleiche THIERSCH 1992) und sind dadurch manchmal schwer annehmbar.

Im Kapitel 4.3 wurde bei der Darstellung der Konfrontativen Pädagogik aufgezeigt, dass der Ansatz zwar wichtige Grenzziehungen vornimmt, die Integrität anderer Menschen schützt sowie auch die Entwicklung gewisser Kompetenzen unterstützt, gleichwohl aber gewisse Kompetenzen nicht zu fördern vermag (etwa die Förderung von Selbstwert). Dementsprechend reichen konfrontative Ansätze – als einzige Interventionsmethode – nicht aus. Sie sollten immer in Verbindung mit Empowerment-Ansätzen durchgeführt werden.

Um die eigene Kompetenzentwicklung zu praktizieren, bedarf es nach GRAWE (2004, 125) „einer Steigerung der Reizintensität und Reizdauer sowie insbesondere einer gezielten Lenkung der Aufmerksamkeit auf diese Prozesse".

GRAWEs Erkenntnisse inspirierten den Autor (Stefan Werner), die Prinzipien des Empowerment mit den Maximen der Konfrontativen Pädagogik sinn- und gewinnbringend zu verknüpfen. In Form einer eigenständigen Interventionsmethode (Aktivierende Ressourcenkonfrontation) in der Arbeit mit Jugendlichen gestaltet sich diese integrative Methode folgendermaßen: Klienten werden nach dem Ansatz der sogenannten Aktivierenden Ressourcenkonfrontation beharrlich (Reizdauer) konfrontiert (Reizintensität), damit sie schrittweise dazu befähigt werden, ihre vorhandenen Kompetenzen und Stärken (als im Moment ungenutzte Ressourcen) anzuwenden. Die Betreffenden sollen durch die Konfrontation mit den – speziell in der jeweiligen Situation – nicht genutzten Kompetenzen und Stärken ihre Aufmerksamkeit auf ihren „Positivstatus" lenken können. Dadurch sollen sie kognitiv an ihre Kompetenzen anknüpfen und sie zu einer prosozialen Lebensgestaltung nutzen.

Oft erleben wir, dass die Klienten ihre Kompetenzen in den für sie wichtigen Bereichen abrufen. So sind sie etwa in ihrer Clique durchaus pünktlich, verlässlich, sozial oder auch achtsam. (In der Schule würden wir uns bei manchen Schülern wünschen, dass sie diese Grundtugenden ebenso zeigen würden.)

Um die Klienten mit ihren nicht genutzten Kompetenzen zu konfrontieren, muss zunächst der subjektive Kompetenzbereich für den Klienten in allen Facetten erfahrbar gemacht werden. Dies soll als „multiple Ressourcenanalyse" definiert werden. Kompetenzen sollen dazu intensiv gesammelt und strukturiert werden.

Dabei sollten neben der Beachtung der Fähigkeiten und Fertigkeiten, der Grundtugenden und Charaktereigenschaften sowie der Bildungserfahrungen auch den Fähigkeiten in den (a) von uns bewerteten Fehlern, (b) im Fehlverhalten oder (c) in Grenzüberschreitungen Aufmerksamkeit geschenkt werden.

So könnten etwa nach dem Raub eines Handys (Abrippen) die möglichen Kompetenzen des Verhaltens herausgestellt werden: in diesem Fall handelt es sich aller Wahrscheinlichkeit nach um Mut, Selbstvertrauen, Selbstwirksamkeitsvertrauen, Überzeugungsbereitschaft, Empathie in das Denken, Fühlen und Verhalten anderer sowie Ambiguitätstoleranz. Natürlich muss davor eine klare grenzsetzende Haltung unsererseits kommuniziert werden, sonst würde der Jugendliche sein kriminelles Verhalten ja als „positiv" auffassen.

Nun sollen die herausgestellten Kompetenzen angesprochen und dem Fehlverhalten gegenübergestellt werden. Dabei kann ein gewisses Unverständnis in Hinsicht auf diesen „Unterschied" geäußert werden: „Ich verstehe nicht, dass du einerseits ein so mutiger Kerl bist und dich traust, Menschen auszurauben, andererseits diesen Mut beim letzten Konflikt nicht anwendest, um aus der Situation gewaltfrei auszusteigen!?"

Bei der Unterschiedsbildung, wie SCHMIDT (2008, 70) feststellt, können durch die Beachtung der positiven Akzente intensive Umfokussierungsprozesse und die Aktivierung von anderen neuronalen Mustern wirksam werden. Nun soll diese Unterschiedsbildung durch die fragende Konfrontationstechnik noch stärker verdeutlicht werden. Diese Art der *wohlwollend-positiven* Konfrontation soll die Wahrscheinlichkeit erhöhen, dass nicht gezeigte/bewusste Stärken vom Jugendlichen durch das Auslösen kompetenzbehafteter Suchprozesse erkannt und bewusst werden.

Dieses neue Bewusstsein von den eigenen Kompetenzen soll für zukünftige Herausforderungen zur Verfügung stehen, das heißt, den Klienten bei der Aktivierung seiner ansonsten „primitiven" Handlungsauswahl in ein „kognitives Dilemma" führen. Der Klient ist sich seines „neuen Kompetenzbereichs" bewusst und soll ihn dazu drängen, seine Stärken auch anzuwenden, wenn es „heiß" wird (etwa: dem Konflikt aus dem Weg gehen).

Die Aktivierende Ressourcenkonfrontation sollte immer in Frageform erfolgen, da sie den Betroffenen zu dem oben erwähnten Suchprozess anregen soll. Es dreht sich vor allem um den Punkt, weshalb er seine vorhandenen Kompetenzen nicht *pro*sozial einsetzen kann/will. „Wieso schaffst du es in diesem Moment nicht, deinen Mut zu nutzen, um aus der Situation rauszugehen? Du hast doch den Mut!"

Sollte daraufhin eine Ausrede erfolgen, so bleiben wir beharrlich und wiederholen die Aktivierende Ressourcenkonfrontation, bis der Klient

- eine Lösung offeriert (etwa: „Ich werde in Zukunft meinen Mut dafür nutzen, um auszusteigen"),
- Hilfebedarf anmeldet („Ich weiß es nicht")
- oder ein Problem formuliert („Der hat meine Familie beleidigt!").

Die in diesen Fällen einzustreuenden Unterstützungsfragen helfen dem Klienten dabei, seinen Suchprozess mit geringerem Stress (da kein konfrontativer Appell mehr vorhanden ist) zu intensivieren und durchzuführen.

Durch die Frage: „Was bräuchtest du denn, um deinen Mut beim nächsten Mal anwenden zu können, um aus der Situation herausgehen?" wird die Beziehungsebene verstärkt angesprochen; und die Möglichkeiten der Lösungen werden dadurch erweitert. Die auf diese Weise praktizierte Aktivierende Ressourcenkonfrontation unterstützt den Einstieg in den gewünschten Suchprozess.

Werden daraufhin Lösungen kreiert, dann kann ein Hilfeplan erstellt werden, um die erforderlichen Kompetenzen als Ziele formulieren zu können. Diese Ziele können dann für ähnliche Situationen eingeübt werden, um sie somit für folgende Situationen handlungssicher abrufbar machen zu können.

Praxisbeispiel: Der Verfasser (Stefan Werner) wurde zur Qualitätsentwicklung an eine Schule gebeten, an der eine hohe Rate an störendem bis kriminellem Schülerverhalten vorherrschte. Das Kollegium hatte nach zahlreichen erfolglosen Interventionen resigniert. Wichtig erschien den Lehrerinnen und Lehrern die Fallbesprechung des in ihren Augen auffälligsten (15-jährigen) Schülers Ümit, der besonders durch Schlägereien, Erpressungen und Bedrohungen in der Schule in Erscheinung getreten war. Bei der Anamnese wurden bis dahin nur negativen Verhaltensweisen des jungen Mannes beschrieben. Da die bis dato auf seine Defizite konzentrierten Interventionen nicht die erwünschten prosozialen Verhaltensänderungen förderten, wurden die Lehrer nun aufgefordert, positive Eigenschaften des Schülers zu benennen.

Dies fiel ihnen erwartungsgemäß schwer. Es konnten keine benannt werden, da der Junge in ihren Augen nur durch störendes Verhalten auffiel.

Durch die ressourcenaktivierende Umbewertung hin zur Stärkenfokussierung sollte im Kollegium ein Perspektivenwechsel herbeigeführt werden: „Wenn jemand andere Menschen um Geld erpresst und sie bestiehlt, welche Stärken muss er dafür haben?“ Über diese Fragestellung entstand sowohl Empörung als auch Erstaunen im Kollegium.

Aus dieser Perspektive wurden schleppend Stärken wie Mut, Durchsetzungsstärke, Selbstüberzeugung, Rollenambiguität und auch strategisches Planungsvermögen genannt. Diese Leistungsfähigkeiten wurden vom Schüler genutzt, um seine Erpressungen zu realisieren beziehungsweise um seine Misserfolge zu kompensieren. Im Kontext Peer-group fiel er den Lehrkräften zusätzlich noch durch Stärken wie Leitungsorientierung, Charme, Reife und Hilfsbereitschaft auf. Er hatte also Potentiale, sich verantwortlich und prosozial zu zeigen.

Ümit lernte somit frühzeitig, im Kontext Schule seine Kompetenzen in Richtung destruktives Verhalten zu modifizieren, um Misserfolge zu reduzieren und Erfolgserlebnisse (Identität) zu entwickeln, und er wurde in der Auswirkung von Lehrern, Eltern und Mitschülern wegen seines Verhaltens stigmatisiert – was wiederum sein negatives Auftreten verstärkte.

Ziel der Intervention war es nun, gemeinsam mit dem Kollegium die Stärken in einen prosozialen Kontext in Hinsicht auf den Wirkungsbereich Schule einzubetten. Dazu wurden die Techniken der Aktivierenden Ressourcenkonfrontation eingeübt.

Dann folgte der praktische Teil – und Ümit wurde miteinbezogen. Der Jugendliche war über den lobenden Charakter der Methode verblüfft und positiv angetan. Es keimte bei ihm Hoffnung auf, seiner selbst inszenierten, negativen Rolle entkommen zu können, weil er mit seinen Stärken und positiven Eigenschaften konfrontiert wurde: „Ümit, wir haben in letzter Zeit zu viel Negatives bei dir gesehen. Das tut uns leid! Wir werden diese Störungen allerdings auch in Zukunft nicht bei dir dulden! Trotzdem haben wir noch einmal genauer geschaut, ob wir vergessen haben, dich etwas zu fragen oder dir mitzuteilen. – Ümit: Welche Stärken hast du? Was würdest du sagen?" Er war verblüfft, aber nach einiger Zeit kamen vier von ihm formulierte Stärken zum Vorschein. Das Lehrerteam hakte nach: „OK, du bist also nett, witzig, schlau und charmant. Ebenso fällt uns auf, dass du auch hier in der Schule öfter prosoziales Verhalten zeigst. Wir wollen aber noch mehr Stärken von dir! Überleg mal: Welche Kompetenzen muss jemand haben, der andere Menschen einschüchtert, überfällt oder abzieht?" Er verstand nicht, was wir wollten. Das Kollegium blieb beharrlich: „Welche Kompetenzen braucht ein Mensch dafür?" Er kam auf weitere Stärken: Organisationstalent, Durchsetzungsstärke und Einfühlungsvermögen.

Nun folgte die eigentliche Konfrontation mittels der Frage, warum er seine vorhandenen Stärken, Kompetenzen und Ressourcen nicht dazu nutzt, sich prosozial und gesellschaftlich engagierend in der Schule zu zeigen.

„Du sagst, du hast diese Stärken. Wieso fällt es dir im Moment dann so schwer, diese Kompetenzen in Hinsicht auf deine Entwicklung in der Schule einzusetzen? Wieso profitierst du nicht von diesen Stärken, um Verantwortung für dein Leben zu übernehmen, um einen guten Abschluss hier zu bekommen und um in Konflikten souverän zu reagieren? Du hast doch alle Stärken und zeigst sie auch, aber nur destruktiv! Wieso nutzt du sie im Moment nicht im positiven Sinn für dich?"

Ümit schien irritiert zu sein. Damit hatte er nicht gerechnet. Zur Verstärkung und zur Unterstützung dieser „neuen Denkweise" wurde er weiter konfrontiert: „Ümit, weshalb fällt es dir so schwer, diese Kompetenzen hier in der Schule zu zeigen? Du hast sie doch!" Ümit reagierte weiter irrational, da nicht locker gelassen wurde, ihm seine Stärken zu verdeutlichen und ihn zur Verantwortungsübernahme zu drängen.

Durch die Aktivierende Ressourcenkonfrontation setzte bei ihm ein Stärken-Suchprozess ein: Er könne keinen Sinn mehr für Schule entdecken – und alles ha-

be sowieso keinen Zweck mehr. In diesem kritisch-reflektierten Ich-Zustand [= Modus des Gesunden Erwachsenen] erschien eine würdigende und einladende Haltung, die Hoffnung nähren kann, sinnvoll: „Was brauchst du, um wieder Lust und Sinn für die Schule zu bekommen und deine vorhandenen Stärken hier leben zu können?" Diese Art der Auseinandersetzung förderte bei ihm Hoffnung und Motivation auf Veränderung sowie Vertrauen auf beziehungsverstärkende Unterstützung durch die Lehrer. Um diesen Prozess weiterhin positiv und aktiv zu begleiten, wurden immer wieder Bewältigungsfragen gestellt: „Du hast eine Menge Mut, Zielstrebigkeit, Hilfsbereitschaft und Verantwortungsbereitschaft, das haben wir gemeinsam festgestellt. Wie schaffst du es momentan eigentlich, jetzt für dich Verantwortung zu übernehmen und diese Stärken auch in der Schule und für die positive Gestaltung deiner Zukunft anzuwenden?" Ümit wurde der Zugang zu seinem Kompetenzbereich noch mehr geöffnet.

Letztlich wurden mit dem Jugendlichen konkrete Ziele entwickelt, und die entsprechenden Verhaltensweisen wurden trainiert, um sie für ihn erreichbar zu machen.

Diese Kombination aus Ressourcenaktivierung, Wertschätzung und Konfrontation war der „Startschuss" der Veränderung. Ümit integrierte sich wieder in seine Klasse, verlor sein kriminelles Label, arbeitete im Unterricht mit und unterstützte andere Schüler.

Später wurde er sogar zum Klassensprecher gewählt. Er koppelte die erfolgreichen Muster seines destruktiven Verhaltens an prosoziale Kontexte. Weiterhin fanden die Lehrer durch den oben ausgeführten Perspektivenwechsel wieder mehr Spaß an ihrer Arbeit, verloren ihre Angst vor Ümit und kamen ihrem Ziel wieder näher, junge Menschen zu fördern und wachsen zu lassen.

Fazit: Der Perspektivenwechsel hin zu den Stärken und Ressourcen sowie deren Irritation auslösende Konfrontation verstörten die bewährten Denk- und Handlungsmuster (Schemata) des jungen Mannes. Dies war die Grundlage dafür, um Hoffnung zu geben, verantwortungsbewusst neue Ziele zu kreieren, für sie einzustehen und sie auch umzusetzen.

Durch die Aktivierende Ressourcenkonfrontation kann, wie das Beispiel zeigt die Aufmerksamkeit des Klienten verstärkt auf zuversichtsorientierte Erfahrungen gelenkt werden.

Diese Methode einen Suchprozess beim Klienten aus, der durch Beharrlichkeit des professionellen Helfers verstärkt werden muss. Parallel zu dem ausgelösten internen Suchprozess sollten im Erleben des Klienten mutmachende Zuversicht, Hoffnung, Motivation und eine Auswahl an Verhaltensmöglichkeiten entstehen, die im Anschluss daran allerdings auch noch eingeübt und verstärkt werden müssen.

4.6.1 Definition

Aktivierende Ressourcenkonfrontation im erzieherischen Kontext kann als eine von zahlreichen Interventionsformen angesehen werden, hinter der die Methode und die Einstellung des intervenierenden professionellen Helfers stets als wohlwollend und helfend erkennbar werden, um den Betroffenen entsprechend seiner Möglichkeiten zu fördern. Sie kann als konfrontative und gleichzeitig als ressourcenaktivierende Methode praktiziert werden.

Die Aktivierende Ressourcenkonfrontation kann dabei als Handlungstrang zwischen mindestens zwei Akteuren in einer symmetrischen Beziehung angesehen werden.

Ziele dieser Intervention sind: Vermittlung von mutmachender Zuversicht, Hoffnung, Motivation sowie die Kreation einer hohen Anzahl an Verhaltensmöglichkeiten in Hinsicht auf die Lebensgestaltung des Klienten.

Die Aktivierende Ressourcenkonfrontation findet in einer genau definierten Abfolge statt, die stets den Ressourcenfokus betont und die Entwicklungsbereitschaft des Klienten „im Auge" behält. Durch eine fragenfokussierende Konfrontationstechnik werden die Betroffenen *beharrlich* konfrontiert, um sie mit ihren vorhandenen Kompetenzen und Stärken, die als *im Moment* ungenutzte Ressourcen erkennbar werden, in Verbindung zu bringen.

Dadurch soll ein intensiver Umfokussierungsprozess eingeleitet werden, um andere Muster des Denkens und Fühlens in Bezug auf zuversichtsorientierte Erfahrungen wirksam werden zu lassen. Bei diesen ausgelösten internen Suchprozessen sollte das Selbstbewusstsein (Quantität und Qualität des eigenen Bewusstseins) erweitert werden.

Abschließend soll noch einmal der präzise Ablauf einer Aktivierenden Ressourcenkonfrontation dargestellt werden:

1. Multiple Ressourcenanalyse;
2. Wertschätzen der einzelnen Kompetenzen (Priming);
3. Unterschiedsbildung zwischen den Kompetenzen und dem gezeigten Fehlverhalten;
4. Praxis der Aktivierenden Ressourcenkonfrontation;
5. Einladung in ein unterstützendes Hilfsangebot („Was bräuchtest du, um deine Kompetenzen auch in anderen Kontexten anzuwenden?");
6. Würdigung des Prozesses (zum Beispiel mittels Bewältigungsfragen) und strukturierte Hilfeplanung - gemeinsam mit dem Klienten;
7. Erweiterung und Einüben der vorhandenen Kompetenzen und Transfer in andere Kontexte.

In den pädagogischen Kontextbezügen können zwei ganz verschiedene Formen der Aktivierenden Ressourcenkonfrontation eingesetzt werden. Sie können einerseits aus situativen Motiven als pädagogische Handlungsform (Kurzintervention), aber auch als Langzeitintervention (wie im Falle des KraVt®-Trainings) durchgeführt werden.

4.6.2 Kurzfristige Praxis der Aktivierenden Ressourcenkonfrontation

Im pädagogischen Setting, bei dem in der Regel wenig Motivation seitens des Beteiligten zu erkennen ist, aber auch Störungen beziehungsweise Regelverletzungen auftreten, bietet sich die Aktivierende Ressourcenkonfrontation als situationsbezogen-ritualisierte Interventionstechnik an. Sie ist möglichst zeitnah anzuwenden. Dadurch sollen die Nähe und der Bezug zur gerade aktuellen Situation beibehalten werden.

Dabei wird ein ritualisiertes Vorgehen eingeleitet, welches sich aus verschiedenen Schritten zusammensetzt:

1. Schritt: Reflexion über positive Verhaltensweisen, die in der Vergangenheit gezeigt wurden, oder über positive Verhaltensausnahmen. (Dabei muss die multiple Ressourcenanalyse *vor* der Intervention erfolgen, sodass dem Klienten leicht seine Kompetenzen bewusst werden.)
2. Schritt: Ansprechen – mit nicht mehr als zwei bis drei Sätzen werden Stärken herausgestellt, zum Beispiel: *„Harald, gestern bist du mir sehr positiv aufgefallen. Du hast sehr aktiv mitgearbeitet und warst sehr konzentriert."*
3. Schritt: Aktivierende Ressourcenkonfrontation. Diese sollte kurz und, wenn nicht ausführlich auf das Fehlverhalten eingegangen wird, *beharrlich* praktiziert und wiederholt werden. Dabei ist zu beachten, dass zuerst das erwünschte Verhalten, welches bisher nicht gezeigt wurde, konfrontativ thematisiert wird, zum Beispiel so: *„Weshalb schaffst du es im Moment nicht, aktiv mitzuarbeiten?"* Danach sollte auf jeden Fall das in der Vergangenheit positiv gezeigte Auftreten angesprochen werden: *„Du hast doch gestern gezeigt, dass du es kannst."* Im Gesamten kann die Aktivierende Ressourcenkonfrontation in Anlehnung an das Beispiel folgendermaßen praktiziert werden: *„Weshalb schaffst du es momentan nicht, ruhig zu sein und dem Unterricht zu folgen? Du hast es doch gestern vorbildlich gezeigt."*
4. Schritt (bei Bedarf): Unterstützungsangebot. Falls der Klient darauf nicht reagiert oder ratlos sein sollte, muss eventuell ein Unterstützungsangebot erfolgen: *„Was bräuchtest du denn, um jetzt wieder so gut mitzuarbeiten und nebenher ruhig dem Unterricht folgen zu können?"*

Optimal wäre es, wenn alle Fachkräfte, die mit dem Jugendlichen zu tun haben, „an einem Strang ziehen" und entsprechend gleichartig intervenieren.

Beispiel

Ein 17-jähriger arbeitsloser Jugendlicher mit Abgangszeugnis (8. Klasse) bekam von seinen KraVt-Trainern den Auftrag, sich beim Arbeitsamt für einen Schulplatz vorzustellen. Diesen Termin nahm er nicht wahr mit der Ausrede, dass bei ihm Sozialphobie diagnostiziert worden wäre und er sich „nicht trauen" würde. Daher wurde ein neuer Termin vereinbart, und der Jugendliche sollte sich auf dieses Treffen beim Arbeitsamt mithilfe von Rollenspielen vorbereiten. In den Rollenspielen sagte der Jugendliche kaum etwas, war leise und wenig überzeugend, und es war zu vermuten, dass er sich beim Amt für seine Ziele nicht plausibel einsetzen würde.

Interessanterweise war der Heranwachsende durch Erpressung und Raub aufgefallen und für das soziale Training verurteilt worden. Er musste also über Kompetenzen wie Durchsetzungsstärke, Selbstüberzeugung und Überzeugungskraft verfügen, sonst hätte er dieses kriminelle Verhalten nicht realisieren können.

Nun wurden ihm seine Stärken gegenübergestellt. Er wurde gefragt, ob er seine „Stärken" beim Erpressen anwendet: „Wenn du jemanden abziehen willst und der sagt ‚Nein', was machst du dann? Gehst du weg oder wirst du energisch?" Er drückte sich so aus, dass er dann mehr Druck machen würde, etwa so: „Erzähl keine Scheiße und gib das Geld her!" Wir bemerkten: „So, du versuchst dich also durchzusetzen, dein Ziel mit Willenskraft zu erreichen! Ist das so?" Er nickte, und wir bemerkten weiter: „Du warst aber am letzten Donnerstag nicht auf dem Arbeitsamt – wolltest du nicht für seine Zukunft sorgen?" Er schüttelte den Kopf.

Nun erfolgte die Aktivierende Ressourcenkonfrontation: „Weshalb kannst du die vorhanden Stärken wie Durchsetzungsstärke, Willens- und Überzeugungskraft nicht in Hinsicht auf deine persönliche Entwicklung anwenden und dich beim Arbeitsamt um einen Schulplatz bemühen? Du hast doch die Stärken! Erklär uns, weshalb du diese nicht anwendest!" Er konnte, zunächst irritiert, keine Antwort darauf geben, da ihm nicht bewusst war, dass er seine vorhandenen Potenziale oft nur im Kontext der Kriminalität einsetzte. „Wieso fällt es dir so schwer, diese Stärken für deine Entwicklung anzuwenden?" Nach langer Pause und beharrlicher Konfrontation erklärte er, dass er sein Leben aufgegeben hätte, weil „es sowieso keinen Sinn mehr machen würde". Er wüsste nicht, wo er anfangen solle und traue sich viele Sachen nicht zu. Daraufhin entwickelten wir die Frage: „Was brauchst du, damit du deine Stärken für deine Entwicklung und jetzt besonders

für die Vorstellung beim Arbeitsamt anwenden kannst?" Daraufhin öffnete sich der Jugendliche [= Modus des Gesunden Erwachsenen], und wir konnten nun gemeinsam eine strukturierte Zielentwicklung durchführen und mit ihm die erforderlichen Handlungskompetenzen erarbeiten und einüben.
Einige Wochen später hatte er wieder einen Vorstellungstermin beim Arbeitsamt. Genau in dieser brenzligen Situation, in der er üblicherweise aufgeben hätte, meldete sich, wie er später sagte, eine innere Stimme: „Du kannst es doch, also nutze die Chance."
Er schaffte es, sich adäquat auszudrücken, und erhielt schließlich einen Schulplatz – im Berufsvorbereitungsjahr – und somit auch die Chance, seinen Hauptschulabschluss zu realisieren. Das heißt, er fing an, sich engagiert für seine Zukunft einzusetzen und für sie zu kämpfen.

4.6.3 Langfristige Praxis der Aktivierenden Ressourcenkonfrontation im KraVt®

Die Aktivierende Ressourcenkonfrontation ist ein wichtiger Baustein im KraVt® (**K**onfrontatives **r**essourcen**a**ktivierendes **V**erhaltens**t**raining). Die übliche Einbindung des Empowerment, der Aktivierenden Ressourcenkonfrontation und der schemapädagogischen Ansätze soll hier anhand der Praxis der sozialen Trainingskurse verdeutlicht werden.

Das KraVt® ist ein soziales Verhaltenstraining, welches im Falle von devianten/delinquenten Verhaltensweisen von Jugendlichen zum Tragen kommt. Es soll vor allem zur Verbesserung von sozialen Kompetenzen beitragen.

Da Devianz oft mit fehlenden Problembewältigungskompetenzen, häufig mangelndem Verantwortungsbewusstsein und jugendlich akzentuierten Motivatoren einhergeht, stehen die Vermittlung von „humanen" Kompetenzen, die Implementierung von Verantwortungsübernahme (prosoziale Haltung dem gesellschaftlichen Leben gegenüber) und die Entwicklung von Freude an der Übernahme von selbstverwirklichten Lebensvorstellungen ferner im Mittelpunkt des Trainings.

Anfangs war dieses soziale Training als Ergänzung zum AAT® gedacht, da das KraVt® als eigener Ansatz alle anderen Delikte (außerhalb des Gewaltbereiches) abdecken sollte. In der Praxis haben wir aber zunehmend die Erfahrung gemacht, dass bei vielen Trainingskursteilnehmern eine Vermischung verschiedenster Delinquenzen vorlag und gerade Gewaltverhalten als zu bearbeitendes Delikt immer häufiger im KraVt® vorkam.

Trotz gut vorbereiteter Erstgespräche und genauer Analyse der vorliegenden Akten und Daten konnte vor Kursbeginn häufig keine klare Zuteilung der Klienten erfolgen (AAT® oder KraVt®?)erfolgen. In diesen Fällen hätte sich die sogenannte MIVEA-Methode zur genaueren Anamnese angeboten.

Da nun auch gewaltrelevante Themen im KraVt® vorkamen, wurden diese „versuchsweise" nach den Vorgaben des Programms *ressourcenorientiert* behandelt. Zu unserer Freude waren unsere (positiven) Erfahrungen, die wir dann im KraVt® sammelten, den Ergebnissen des AATs® gleichzusetzen. Die ressourcenorientierte, perspektivische Arbeit am Gewaltverhalten führte ebenso zu ausgeprägten selbstmotivierten Verhaltensänderungen aufseiten der Klienten wie das AAT® als solches.

Daher arbeiten wir inzwischen auch im KraVt® mit Gewalttätern nach dem ressourcenorientierten Ansatz (mit großem Erfolg) und können somit kompetenzorientiert viele Delikte innerhalb und außerhalb des Gewaltthemas verringern. – Nur bei zwei Jugendlichen, bei denen wenig Veränderungswillen zu verspüren war, arbeiteten wir auch konfrontativ, bis verschiedene Erkenntnisse im „Heißen Stuhl" zur Veränderung ihres Verhaltens führten; dann setzten wir die ressourcenorientierte Arbeit fort. Dementsprechend ist auf die Wichtigkeit der konfrontativen Ansätze weiterhin hinzuweisen.

Die Teilnehmerzahl liegt bei maximal acht Jugendlichen im Alter von 13 bis 21 Jahren (beiderlei Geschlechts); vier professionelle Helfer arbeiten mit der Gruppe. Die Jugendlichen nehmen entweder freiwillig oder aufgrund einer Zuweisung vom Jugendamt (beziehungsweise ASD oder Jugendgerichtshilfe) teil.

Dieses stark ressourcenorientierte soziale Training soll nun genauer vorgestellt werden. Es wird in zehn Themenblöcke unterteilt, welche sich auf ca. 90 Stunden erstrecken.

Themenblock 1: Vortreffen mit den Klienten und den Eltern

Mit den zuweisenden Institutionen wird vor Beginn des Trainings eine Vorbesprechung über die Klienten durchgeführt, um eine Erstanamnese und eine mögliche Zuteilung (AAT® oder KraVt®) vornehmen zu können. Die Klienten sind bei diesem Termin auch anwesend.

In dieser Vorbesprechung werden die Heranwachsenden (im Beisein der Eltern) in die Kursinhalte eingeführt. Die Betreffenden führen das erste Anamneseinterview mit den Eltern gemeinsam durch und bekommen dann die gemeinsame Hausaufgabe, sich mit den eigenen Stärken und Kompetenzen sowie den zu erreichenden Zielen auseinanderzusetzen und ihre Ressourcen in Hinsicht auf eine prosoziale Lebensgestaltung zu erkennen. Diese Aufgabe sollen sie bis zur ersten Sitzung erfüllt haben. Dabei sollen die Eltern nach Anleitung ihre Kinder unterstützen.

Themenblock 2: Gruppendynamische Interventionen

In der Anfangsphase werden gruppendynamische Interventionen zur Gruppenfindung angeboten, um ein näheres Kennenlernen zu ermöglichen und Vertrauen innerhalb der Gruppe aufzubauen. Dazu werden themenbezogene Übungen, Spiele oder Rollenspiele angeboten, in denen sich die Betreffenden erstmals (behutsam) mit den entsprechenden Lebensthemen, Problemen und auch ihren Kompetenzen auseinandersetzen.

Themenblock 3: Multiple Ressourcenanalyse und Biografiearbeit

In der multiplen Ressourcenanalyse werden die Kompetenzen, Stärken und Ressourcen der Klienten in Anlehnung an ihre Verhaltensweisen entwickelt und visualisiert (IST-Zustand). Dabei werden neben den auffälligen Stärken auch Kompetenzen aus delinquenten Verhaltensweisen sowie externe Ressourcen (zum Beispiel Familie und Freundeskreis) dargestellt. Es geht um die Verdeutlichung der Fragestellung, welche Kompetenzen zur späteren Zielerreichung vorhanden sind und welche noch zusätzlich gebraucht werden.

Während der Biografiearbeit muss jeder Jugendliche seine „Lebenslinie" von Geburt ab bis zum jetzigen Lebenszeitpunkt kreieren und seine markanten Punkte mittels Symbole genau benennen; sie müssen dann auf der Lebenslinie markiert werden (Problemaktualisierung).

Danach werden die markanten Punkte unter der Nutzung von Bewältigungsfragen kompetenzorientiert abgefragt: „Wie hast du es geschafft, dich trotz deines ersten Heimaufenthaltes weiter auf dich zu konzentrieren und deinen Weg beizubehalten?" Somit wird die Biografie der Teilnehmer durch einen Reframingprozess neu bewertet (vergleiche 4.5.1 Biografisches Lernen und Kompetenzdialog).

Abschließend werden die Eindrücke des Klienten gesammelt, die er durch seine reframte Biografie erfahren hat. Ebenso werden die erkannten Kompetenzen, die mit seinem „neu bewerteten" Lebenslauf in Zusammenhang stehen, endgültig in einer Mindmap zusammengefasst.

In diesem Block kommen auch die sogenannten Schemafragebögen (siehe Anhang) zum Einsatz; sie werden ausgefüllt, damit auch diese Daten die Zusammenarbeit bereichern können.

Themenblock 4: Motivationsentwicklung und persönliche Zielentwicklung

In diesem Block steht die Klärung der Selbst- und Fremdwahrnehmung (Differenzierung) im Mittelpunkt, um Motivation zur Einstellungs- und Verhaltensveränderung zu erzeugen. Um die eigene Wirkung auf andere Menschen zu verdeutlichen, ist es wichtig, eine Differenzierung der Selbst- und der Fremdwahrnehmung vorzunehmen („Wie sehe ich mich und die Anderen?").

Diese Unterschiedsbildung kreiert Motivation zur Veränderung. Dazu werden standardisierte Inszenierungen, Übungen und Rollenspiele durchgeführt, die die Differenzierung fördern.

Mit der Motivation zur eigenen Veränderung werden persönliche Visionen und Ziele entwickelt, die auf der Verhaltens- und Einstellungsebene differenziert ausgestaltet (Teilziele) werden. Diese Ziele und die notwendigen Bewältigungsschritte zur Erreichung werden in jedem weiteren Treffen abgefragt. Ebenfalls wird auch die Frage geklärt, was die Klienten im Verlauf des Kurses bisher getan haben, um diese bei ihrer Alltagsbewältigung zu erreichen.

Wird nicht angemessen an den eigenen Zielen gearbeitet, findet die kurzfristige Intervention der Aktivierenden Ressourcenkonfrontation statt.

Themenblock 5: Der „Helfende Stuhl" und die Aktivierende Ressourcenkonfrontation

An dieser Stelle des Trainings werden die Klienten mit der Gestaltung ihres bisherigen Lebens und/oder mit ihren kriminellen Taten konfrontiert, allerdings unter Ressourcenbezug. Die Konfrontation bezieht sich auf die Frage, weshalb die Heranwachsenden ihre Stärken in bestimmten Kontexten zeigen und anwenden, diese aber nicht zur Erreichung ihrer entwickelten Ziele und zur prosozialen Lebensgestaltung nutzen. Somit sollen sie zur Kompetenz- beziehungsweise Bedürfnissuche gedrängt werden, damit sie Motivation entwickeln, eine prosoziale und verantwortungsbewusste Lebensgestaltung zu praktizieren.

Unterstützend wird hierzu ein standardisierter *„Helfender Stuhl"* durchgeführt, welcher rein ressourcenorientiert, aber auch konfrontativ gestaltet werden sollte. Er lehnt sich an den „Heißen Stuhl" des AATs® an; nur dass der „Helfende Stuhl" im Regelfall komplett ressourcenaktivierend stattfindet.

Der nun so definierte „Helfende Stuhl" fokussiert dabei nicht die Defizite, sondern fördert die Entwicklung Mut machender Zuversicht, Hoffnung und letztendlich dadurch Motivation, das eigene Leben selbstbestimmter zu gestalten.

Anfangs werden dabei die in der Mindmap gesammelten Stärken des Betreffenden veröffentlicht und angesprochen. Bei dem nun folgenden „Helfenden Stuhl" werden seine Taten oder Verhaltensauffälligkeiten angesprochen. Dies kann auch mittels einer psychodramatischen Inszenierung unterstützend verdeutlicht werden.

So könnte beispielsweise eine Tat nachgespielt werden; währenddessen übernehmen die anderen Kursteilnehmer die personifizierte Darstellung seiner Kompetenzen. Während des Rollenspiels befragen ihn „die Kompetenzen" immer wieder indirekt und direkt, „warum wir nicht als Stärken während der Problemlösungsphase eingesetzt wurden".

Bei der späteren Aktivierenden Ressourcenkonfrontation auf dem „Helfenden Stuhl" wird der Betreffende nun immer wieder damit konfrontiert, warum er seine vorhandenen Kompetenzen in den jeweiligen Abschnitten seines Lebens nicht dazu eingesetzt hat, um Probleme zu verhindern.

Er soll dabei einsehen, dass er jeder Zeit eigentlich in der Lage gewesen wäre, auch anders zu handeln. Durch diese Umfokussierung soll dem Klienten klar gemacht werden, dass jede zukünftige Situation von ihm bewusst zu beeinflussen ist. Zukünftig soll er in Konfliktsituationen dadurch ein kompetenzorientiertes Bewusstsein verspüren, um seine vorhandenen Ressourcen zu aktivieren, um damit prosoziale Lösungen anzustreben. Zur Verdeutlichung dieser Kompetenzen sollte man einige Zeit einplanen.

Danach werden die Schemata und Rollen (mithilfe des Schemafragebogens) angesprochen. Es werden die Bedürfnisse abgeklärt, die hinter seinen Taten stehen, ferner auch diejenigen Anliegen, die mit dem Schemata zusammenhängen. Somit werden durch die Klärungsperspektive (siehe Kapitel 4.1.2) die sozialen Grundbedürfnisse ermittelt und entsprechende Alternativen erarbeitet, wie diese auf prosozialem Weg zu erreichen sind.

Dabei wird der Hilfebedarf des Betroffenen zur Erfüllung der sozialen Grundbedürfnisse abgeklärt. Dazu wird eine differenzierte Triple-Ziel-Planentwicklung durchgeführt. Triple-Ziel-Planung meint einerseits, dass drei Gruppen an den Zielen unabhängig voneinander mitarbeiten (1. Team: Der Klient + ein moderierender professioneller Helfer; 2. Gruppe: Die anderen Klienten + ein moderierender Helfer; 3. Team: Die restlichen beiden professionellen Helfer).

Dabei wird auch auf verschiedenen Ebenen nach Zielen gesucht: Es geht bei der Triple-Ziel-Planung um verschiedene Erfahrungsbereiche, Milieus, Altersgruppen etc. Diese Themen werden berücksichtigt, und dadurch erhält der Klient zahlreiche (auch lebensweltorientierte) Angebote.

Dabei findet immer wieder eine Verknüpfung mit den Kompetenzen der Jugendlichen statt („Was braucht ihr, um eure Ziele zu erreichen?“).

Alle entwickelten Triple-Ziel-Planideen werden letztlich zusammengeführt. Der Klient soll vor diesem Hintergrund in Form einer Hausaufgabe eine Mindmap mit seinen Zielen, vorhandenen und benötigten Kompetenzen und entsprechenden Hilfestellungen anfertigen und beim nächsten Treffen vorstellen.

Zusammenfassung des „Helfenden Stuhls"

1. Vertrauensfall (die Gruppe fängt ihn auf);
2. Kurzinterview in der Gruppe (eventuell: offene Fragen, die noch zu klären sind);
3. Hinausschicken des Teilnehmers und Vorbesprechung des „Helfenden Stuhls" mit dem Rest der Gruppe;
4. Beginn des „Helfenden Stuhls" durch die Vorstellung der multiplen Ressourcen des Betreffenden;
5. Inszenierung des Themas mittels eines psychodramatischen Spiels;
6. Aktivierende Ressourcenkonfrontation mit den Taten, der Lebensführung beziehungsweise der (noch) nicht erreichten Ziele;
7. Bedürfnisklärung durch schemapädagogische Intervention;
8. Triple-Zielplanung;
9. Feedback beziehungsweise Sharing.

Themenblock 6: Netzwerkarbeit (Umweltressourcen vernetzen)

In diesem Block sollen alle vorhandenen externen Ressourcen vernetzt werden, um möglichst viel Unterstützungspotential nutzen zu können. Dabei sollen die Klienten einerseits ihre eigenen Netzwerke aktivieren (Eltern, Freunde, Lehrer etc.), und andererseits sollen sie selbst als Helfer auftreten, um die anderen Beteiligten zu stärken und somit auf deren Umfeld gestaltenden Einfluss nehmen zu können.

Es ist sinnvoll, die Helfer zu vernetzen, um Hilfsprozesse integrativ und effizient ausgestalten zu können.

In der Netzwerkarbeit geht es um fünf spezielle Bereiche, in denen die externen Ressourcen optimiert werden sollen:

1. **Familie**: Hier sollen die gemeinsamen Kräfte gebündelt werden, um dem Teilnehmer aus seinem familiären Umfeld heraus Unterstützung geben zu können. Hierzu kann eine Beratung des familiären Netzwerks innerhalb des Trainingskurses stattfinden, um die persönlichen Ressourcen durch die Einbindung der Familie zu stärken. Dabei sollen alle möglichen Familienmitglieder „aktiviert" werden, um den Jugendlichen in speziellen Prob-

lemlagen unterstützen zu können (Schule, Lehre, Freizeit etc.). Sie sollen die privaten sozialen Netzwerke fördern und stärken, Belastungen verringern und gelungene Unterstützungsbeiträge zur Ausschöpfung der vorhandenen Ressourcen leisten.

2. **Peer-group**: In diesem Bereich lautet die Aufgabe, Freunde, Bekannte oder Mitschüler mit dem Klienten intensiver zu „verknüpfen", um durch sie Aufbauhilfen bei der Gestaltung von unterstützenden Netzwerken zu gewinnen. Es geht durch die kräftebündelnde Zusammenführung von anderen Jugendlichen um die Erschließung neuer Ressourcen und um die Aktivierung ungenutzter Fähigkeiten, um sie bei der Erreichung ihrer formulierten Ziele zu unterstützen. Dadurch sollen sie zukünftig gestaltenden Einfluss auf den Klienten und seine Umweltbedingungen ausüben. Dabei soll von den Pädagogen unter Einbeziehung einer Kosten-Nutzen-Analyse (vergleiche Klärungsperspektive im Kapitel 4.1.2) auf eine Anreicherung, Umgestaltung oder auf das Verlassen des persönlichen Freundeskreises hingearbeitet werden; dadurch können unterstützende Potentiale kreiert werden, die der eigenen Lebensgestaltung dienlich sind.

   So soll der Betreffende etwa einen guten Freund aus seiner Peer-group davon überzeugen, dass momentan „Veränderung" für ihn wichtig ist. Er soll einerseits versuchen, mehr prosoziale Verantwortung für sich einzufordern und andererseits soll er auch eine entsprechende Haltung auf seinen Freund ausdehnen.

   Dadurch kann er Einfluss auf sein gesamtes subkulturelles Umfeld nehmen, welches dem Klienten als Beziehungsanbieter in der Regel sehr wichtig ist; es lässt sich tendenziell umgestalten. Gelingt es dem Heranwachsenden nicht, die eigene Peer-group dadurch zu verändern, besteht immerhin die Möglichkeit, mit seinem Freund (erstmals) eine qualitativ hochwertige Freundschaft erleben.

   Scheitern diese Versuche, so sollte angestrebt werden, lebensweltorientierte Arrangements für den Jugendlichen zu finden, sodass er über die Nutzung anderer Netzwerke (etwa Vereine, AGs, Kirche/Moschee etc.) andere Gleichaltrige kennenlernen kann.

3. **Schule oder Berufsausbildung**: Hier sollen die professionellen Kräfte gebündelt werden, um den Klienten in die Lage zu versetzen, Kompetenz-

erfahrungen in der Schule/im Beruf zu machen; leicht lernt er entsprechende Unterstützungsmöglichkeiten kennen. Dadurch kann er Machtlosigkeit, Resignation und Demoralisierung im Schulalltag/Beruf verringern und auf dieser Grundlage beginnen, Motivation für die Gestaltung einer eigenen Zukunftsperspektive zu entwickeln. Dabei können unter anderem die Gestaltung von Lernarrangements (Unterstützung und Nachhilfe), die Einbindung in die Klassengemeinschaft, die Entwicklung von Patenschaften oder auch die Unterstützung zur Entwicklung von prosozialem Verhalten innerhalb der Schule oder am Arbeitsplatz helfen.

4. **Institutionelle Ebene**: Auf dieser Ebene soll der Klient institutionelle Strukturen für sich nutzbar machen, um Teilhabe an Institutionen, Verwaltungen oder kommunaler Mitbestimmung für sich erschließen zu können (Jugendamt, Sozialamt, Rechtshilfe, Vereine etc.).
5. **Gemeinde- oder Stadtteilebene**: Hier geht es um die Mobilisierung kollektiver Ressourcen innerhalb des eigenen Stadtteils. Dies kann zum Beispiel die Kirche, die Moschee oder der Stadtteilverein sein; eigentlich alle Institutionen, die die Möglichkeit besitzen, Menschen miteinander zu vernetzen (Schaffen von Zugehörigkeit), sie zu integrieren oder zu unterstützen.

Im Interesse aller Helfer wird im KraVt® ein regelmäßiges Helfertreffen als Begegnungsplattform eingerichtet. Dadurch sollen Unterstützungsbeiträge der einzelnen Netzwerk-Mitglieder (Partner, Familienangehörige, Freunde und andere engagierte Helfer) sowohl im Hinblick auf ihre inhaltlichen Schwerpunkte als auch in Hinsicht auf ihre zeitliche Abfolge koordiniert werden.

Themenblock 7: Problemaktualisierung und Schemabearbeitung

In diesem Themenblock werden immer wieder vorkommende Probleme und aktuelle Geschehnisse problemaktualisierend dargestellt, bearbeitet, und es wird nach neuen Lösungen gesucht (vergleiche Kapitel 4.1.4). Ebenso werden die in diesen Situationen ausgelösten Schemata und Rollen reflektiert und behandelt (vergleiche Kapitel 5).

Themenblock 8: Kompetenztraining

Anhand der Triple-Ziel-Entwicklung sollen nun die vorhandenen Kompetenzen gefestigt und die benötigten Kompetenzen trainiert werden, flankierend hierzu wird das benötigte Selbstverstrauen aufgebaut.

Dabei sollen die Anforderungen zur Entwicklung der gewünschten Kompetenzen so realitätsnah wie möglich eingeübt werden. Dazu werden entsprechende Rollenspiele angeboten und durchgeführt. Der Klient soll von Termin zu Termin immer wieder ressourcenkonfrontierend angesprochen werden, falls seine Entwicklungsmotivation unangemessen erscheint beziehungsweise diverse Ziele nicht erreicht werden.

Themenblock 9: Transfer in den Alltag des Klienten und Absicherung

In diesem Themenblock sollen die erarbeiteten Kompetenzen und die entwickelte Haltung des Klienten immer mehr in seinen Alltag (Schule, Subkultur, Freizeit etc.) integriert werden. Dabei soll er versuchen, den Mitmenschen rückblickend zu berichten, wie er es schafft, seinen Lebensalltag angemessen zu gestalten. Ebenso kann er anderen erklären, *wie* gewisse Kompetenzen aufgebaut werden können.

Ebenso soll er sich einen „Notfallplan" erarbeiten – für den Fall, dass er einen Rückfall in alte Muster und Zeiten verspürt. Dabei sollte sein Helfersystem von ihm jederzeit aktivierbar sein, und es sollte eine Art Selbstanweisung geben, um „schwere Tage" selbständig gestalten zu können. Der Klient muss sich sozusagen selbst motivieren und unterstützen können. Diese Fähigkeiten sollten präventiv ausgearbeitet werden.

Themenblock 10: Öffentliche Abschlussveranstaltung und Nachtreffen

Am Ende des Programms findet eine öffentliche Abschlussveranstaltung statt, um die „Veränderung" und die neuen Ziele gebührend zu feiern. Dazu werden die Helfer der verschiedenen Klienten (Eltern, Freunde, Lehrer etc.) eingeladen.

Die Jugendlichen berichten dann vor Publikum über ihren Werdegang der letzten Monate. Abschlusszertifikate werden überreicht. Ebenso wird ein Termin für ein Nachtreffen bestimmt (etwa zwei Monate später) und auch (wenn nötig) die Möglichkeit der Nachbetreuung abgeklärt.

4.6.4 Vorteile der Methode „Aktivierende Ressourcenkonfrontation"

Vorteile der Aktivierenden Ressourcenkonfrontation sind:

- Die Professionellen müssen sich, wenn sie die Aktivierende Ressourcenkonfrontation anwenden, vorher oder innerhalb der Situation mit den Stärken der Klienten beschäftigen. Ohne eine multiple Ressourcenanalyse kann der Klient nicht mit seinen Stärken konfrontiert werden.
- Die Aktivierende Ressourcenkonfrontation fördert die Beziehung zu den Klienten, da *beide Seiten* sich mit Klientenstärken auseinandersetzen müssen.
- Die Motivation der Professionellen wird dadurch gefördert, indem sie sich nicht mehr so stark mit den Defiziten und dem Fehlverhalten auseinandersetzen müssen, sondern verstärkt an den Zielen und der Entwicklung des Klienten arbeiten. Ebenso wird diese emotional auslegbare Methode auch lebendig erlebt und fördert somit die Lust auf die positive Auseinandersetzung.
- Der professionelle Helfer wirkt als positives Modell, da er ressourcenorientiert arbeitet und eine optimistische Lebensphilosophie vorlebt. Ebenso sieht er den Klienten vor dem Hintergrund eines humanistischen Weltbilds und glaubt optimistisch an die Entwicklung des Klienten.
- Der Klient wird in einen ressourcenaktivierenden Suchprozess gedrängt, um Selbstverantwortung für den Einsatz vorhandener Kompetenzen in gewünschten Kontexten zu entwickeln. Dies schafft Hoffnung und Motivation.
- Das Selbsterleben der Klienten wird durch die Aktivierende Ressourcenkonfrontation gefördert. Die Beschäftigung mit den eigenen positiven Seiten führt zu Veränderung im Erleben auf kognitiver, emotionaler und körperlicher Ebene.
- Die Aktivierende Ressourcenkonfrontation fördert den Selbstwert, das Selbstvertrauen und ebenso das Selbstbewusstsein des Klienten.
- Bei dieser Technik werden vom Klienten geringe bis keine Angstzustände erlebt und dementsprechend keine Ausflüchte oder Rechtfertigungen provoziert, da er sich aufgrund der Kompetenz-Perspektive nicht, wie sonst der Fall, herauszureden braucht. Dies ist irgendwann an der geringen Ab-

wehrarbeit der Klienten erkennbar.

- Die Aktivierende Ressourcenkonfrontation verhindert ein schlechtes Gewissen, anders gesagt, Schuldgefühle, da der Betroffene mit seinen Stärken in Kontakt kommt.
- Die Aktivierende Ressourcenkonfrontation trägt zur Entstigmatisierung bei, da sie das konstruierte Bild des Betroffenen in ein anderes Licht rückt und somit die Möglichkeit zu dessen Neubewertung offenhält.
- Die Aktivierende Ressourcenkonfrontation ist im Einzelfall, aber auch in der Gruppenarbeit praktizierbar. Sie kann sowohl als Kurzzeit- als auch als Langzeitintervention angewendet werden.
- Abschließend entwickelt diese Methode vor allem die Ressource Hoffnung. Sie macht Mut für Veränderung und motiviert in vielen Bereichen. Diese Ressource Hoffnung brauchen viele Jugendliche, um wieder Mut zu bekommen, ihr Leben selbstverantwortlich zu lenken.

Fazit

Die Einsicht seitens der devianten/delinquenten oder der weniger motivierten Klienten in die konstruktive Entwicklung neuer hoffnungsvoller Lebensperspektiven ist das Ziel auch unserer pädagogischen Interventionen.

Durch das Erschaffen effektiver Handlungsmuster können deviante/delinquente Handlungen zukünftig reduziert werden. Durch die Entwicklung einer kompetenzorientierten Sichtweise und des beharrlichen Einforderns der Nutzung vorhandener Ressourcen (der Pädagoge als kompetenzorientierte „Klette") entwickelt der neue Ansatz der Aktivierenden Ressourcenkonfrontation eine zusätzliche Option in der pädagogischen Intervention zur Verringerung von Gewaltverhalten.

Es kann bis hierher resümierend festgehalten werden: Die Aktivierende Ressourcenkonfrontation ist eine lebensweltorientierte Methode, die sehr nahe an die Jugendlichen herankommt, weil sie „das Gute" herausstellt und „das Besondere" will; darüber hinaus wird stets die Verantwortung der Klienten beharrlich eingefordert!

Der Pädagoge übernimmt somit das Image eines „kompetenzorientierten Schattens" und lässt somit den Jugendlichen immer wieder in „die Sonne" blicken, damit dieser die selbstwertsteigernde Perspektive langsam, aber sicher entwickelt.

In der Praxis sollte im Normalfall nur ressourcenaktivierend gearbeitet werden. Reicht dieser Ansatz aufgrund von Widerstand, Desinteresse oder Lustlosigkeit des Klienten nicht aus, dann sollte die Methode der Aktivierenden Ressourcenkonfrontation angewendet werden.

Bei schwierigeren Fällen oder bei massiven Grenz- und Integritätsverletzungen müssen Methoden der Konfrontativen Pädagogik und der Grenzsetzung praktiziert werden, damit die gesellschaftlichen Normen verstanden und akzeptiert werden können.

Auf allen drei Interventionsebenen kann im Falle von Gewaltverhalten interveniert werden – mit dem Ziel der Grenzsetzung. Dadurch kann dem Klienten ein klar formuliertes Maß an Spielraum seines Verhaltens zugewiesen werden, welches an sein (Un-)Rechtsbewusstsein appelliert, das sein Verhalten deutlich missbilligt.

Diese Interventionen fördern moralisches Bewusstsein und eine klare Haltung zu den Anforderungen der Gesellschaft. Jedoch steigert die alleinige Form der Konfrontation nicht die Entwicklung der Verhaltenskompetenz und des eigenen Selbstwerts, ebenso wenig die Hoffnung auf Veränderung. Die Konfrontation mit grenzüberschreitendem Fehlverhalten reglementiert und fördert die Verantwortungsbereitschaft, aber sucht noch nicht nach Lösungen (prosoziales Verhalten).

Deswegen muss nach der wichtigen grenzsetzenden Konfrontation einerseits alternativ nach neuen Verhaltensmöglichkeiten gesucht und diese unter Realitätsbedingungen trainiert werden, damit der Klient den nächsten Herausforderungen gewachsen ist.

Andererseits sollte in Zukunft mindestens nach der Konfrontation mit abweichendem Verhalten eine Ressourcenaktivierung beziehungsweise eine Konfrontation mit den nicht ausgeschöpften Fähigkeiten und Möglichkeiten erfolgen, die diverse Kompetenzen fokussiert und reflektiert, den Selbstwert steigert und aufseiten des Klienten Motivation entstehen lässt.

5. Schemapädagogik bei jugendlichen Gewalttätern

Die Schemata und Schemamodi, die vor dem Hintergrund der Schematherapie (YOUNG et al. 2008) das Denken, Verhalten und Erleben von Menschen beeinflussen, werden im Folgenden auf die hier thematisierte Klientel bezogen.

Die relevanten Schemata sind in folgender Tabelle noch einmal zusammengefasst:

Nr.	Schema	Gruppe	Grundbedürfnis
1. 2. 3. 4. 5.	Emotionale Vernachlässigung Verlassenheit/Instabilität Misstrauen/Missbrauch Soziale Isolation Unzulänglichkeit	Ablehnung und Abtrennung	Bindung
6. 7. 8. 9.	Erfolglosigkeit/Versagen Abhängigkeit/Inkompetenz Verletzbarkeit Verstrickung/ Unentwickeltes Selbst	Beeinträchtigung von Autonomie und Leistung	Kontrolle nach außen
10. 11.	Anspruchshaltung/Grandiosität Unzureichende Selbstkontrolle/Selbstdisziplin	Beeinträchtigung im Umgang mit Begrenzungen	Kontrolle nach innen

12. 13. 14.	Unterwerfung/ Unterordnung Aufopferung Streben nach Zustimmung und Anerkennung	Fremdbezogenheit	Selbstwerterhöhung
15. 16. 17. 18.	Emotionale Gehemmtheit Überhöhte Standards Negatives hervorheben Bestrafungsneigung	Übertriebene Wachsamkeit und Gehemmtheit	Lust-/Unlust-Vermeidung

Die folgenden Einsichten und Interventionen können in allen sozialen Berufen und insbesondere im AAT® und im KraVt® genutzt und hilfreich eingesetzt werden. Sie helfen dabei, negative Wiederholungstendenzen der Jugendlichen tiefgründiger zu verstehen und können diese mittels bestimmter Methoden dementsprechend unterbrechen. Ebenso können eventuelle manipulative Störungsmanöver dadurch pädagogisch sinnvoll beeinflusst werden.

Noch weitere Vorteile ergeben sich: Einerseits können die Schemata (innerpsychischen Muster) des Gewaltverhaltens erkannt und verändert werden. Die Bearbeitung der erkannten Muster kann dann mittels Reflexion dieser speziellen Schemata auf dem „Heißen-" beziehungsweise „Helfenden Stuhl" in Form einer extra veranstalteten Sitzung oder durch die Förderung der kompetenten Rollen im Bereich des Empowerment durchgeführt werden.

– Andererseits können in der Darstellung der Schemata die relevanten Wahrnehmungsfehler berücksichtigt und auch auf die im Kapitel 3 beschriebenen Interaktionsspiele professionell eingegangen werden.

Die nun folgende Argumentation basiert überwiegend auf den Ausführungen der Schematherapie und unseren Erfahrungen mit gewaltbereiten Jugendlichen. Wesentliches Ziel ist es, bestimmte Verhaltensauffälligkeiten und Beziehungsstörungen vor dem Hintergrund der Schemapädagogik tiefgründiger zu verstehen und zu deuten. Es werden aber auch schemagetriebene Tendenzen beschrieben, die seitens der Fachkraft bestehen (können).

Sie finden ferner Anregungen zum Umgang mit Klienten, die ein bestimmtes oder mehrere Schemata offenbaren.

Die Schemata können mittels Beobachtung oder durch die Bearbeitung des Schemafragebogens (siehe Anhang) eruiert werden. Somit kann mit Hilfe dieses Fragebogens eine genaue Anamnese durchgeführt werden. Wer die Inhalte der Schemata kennt, kann eine entsprechende Diagnose verfeinern, und er kann auf den jeweiligen Klienten professioneller eingehen.

Dabei haben wir zum besseren Verständnis die Schemata nach ihrem Entstehungsmuster und den dahinter stehenden Bedürfnissen in verschiedene Unterkapitel strukturiert, um herauszustellen, welche Erfahrungen für das Entstehen der Schemata verantwortlich sind und welche eigentlichen Sehnsüchte dahinter stehen.

5.1 Schemata in der Gruppe 1: Ablehnung und Abtrennung

Die beziehungsbezogenen Schemata in der Gruppe 1 sind dafür verantwortlich, dass Betreffende nur sehr schwer mit ihren Mitmenschen „warm" werden; manche erleben eine konfliktreiche Beziehung nach der anderen oder aber leben für sich zurückgezogen in ihrer Lebenswelt. Dahinter stecken meist biografische Ursachen: Oft verlief die Kindheit im Erleben der Betroffenen schmerzhaft, war geprägt von dem Gefühl der Ablehnung. Ein abgetrenntes Erleben zu den Bezugspersonen wurde in die Psyche der Betroffenen eingebrannt und ein häufiges Gefühl von Ausgrenzung oder Ablehnung wurde und wird (heute) dadurch empfunden.

Daraufhin wird im Alltag viel unternommen, dass sich dieses Muster immer wieder „von selbst" bestätigt. Entweder verharrt der Betroffene in seinem Muster (Bestätigung) oder er versucht, durch entsprechendes Verhalten nach Kompensation und Bedürfniserfüllung dieses Musters zu widerlegen. Bei dem Versuch der Widerlegung seiner Muster kann er dabei häufig durch unangemessene Verhaltensweisen die Tendenz zur Bestätigung der alten Muster erleben und dadurch doch wieder in die Gefühle von Einsamkeit, Ablehnung oder Abtrennung hineingedrängt werden.

In Bezug auf Gewalt kann dies bedeuten, dass sich Jugendliche über die Ausübung von Gewalt Zugehörigkeit, Freundschaft oder Einbindung (Bindung) ermöglichen wollen, andererseits aber merken, dass sie sich immer mehr ausgrenzen und durch diese bedürfnisnahen Versuche der Beziehungsförderung immer mehr vereinsamen.

Dies sind ebenso unsere Erfahrungen – dass viele gewalttätig agierende Jugendliche sich nicht zugehörig (einsam) fühlen und durch Gewalt sich dieses Gefühls oberflächlich entledigen wollen.

Es müssen in der Bearbeitung der Schemata die Bedürfnisse erkannt werden. Die Suche nach Lösungen tut not. Es geht dann um die Frage, wie sich Zugehörigkeit, Freundschaft und Integration provozieren lassen (vergleiche Klärungsperspektive im Kapitel 4.1.2).

1. Emotionale Vernachlässigung

Nach unseren Erfahrungen zeigen zahlreiche Jugendliche, die durch Gewalt beziehungsweise Gewaltbereitschaft auffallen, das Schema *Emotionale Vernachlässigung.*

Wie die Bezeichnung schon vermuten lässt, entsteht dieses kognitiv-affektive Erwartungsmuster in früher Kindheit durch die Bewertung des Betroffenen, dass sich sein soziales Umfeld weniger intensiv um ihn gekümmert hat.

Die für die Persönlichkeitsentwicklung sehr wichtige *Emotionsspiegelung* kann vor diesem Hintergrund stark beeinflusst werden. Wenn die Gefühlsäußerungen von Kleinkindern von den Bezugspersonen nicht positiv zurückgespiegelt werden, kann entsprechend kein oder nur wenig Wachstum der sogenannten Spiegelneuronen stattfinden. Diese Hirnnervenzellen sind die (spätere) Grundlage der Empathie und Moral. Durch ihre Aktivität können während der Interaktion dieselben oder ähnliche Gefühle simuliert werden, die Mitmenschen in bestimmten Situationen haben, positive wie negative.

Wegen der Ausprägung dieses Schema hapert es oft auch an gefühlsspezifischem *Fremd*verständnis, was massive Gewalttaten begünstigen kann. (Das Schema *Emotionale Vernachlässigung* ist wahrscheinlich maßgeblich verantwortlich für fehlende Empathie.)

Auffällig ist, dass man bei der Ausprägung dieses Musters nur wenig Zugang zu den eigenen Emotionen hat, da diese schützend verborgen werden, um weitere Enttäuschungen auszusparen. Dies führt dazu, dass die betreffenden Jugendlichen weniger emotionale Ausbrüche zeigen und sich dem Sozialarbeiter gegenüber eher als ein „stilles Wasser", „Pokerface" oder „Smiley" in vielen Situationen präsentieren.

Wer von diesem Muster maßgeblich beeinflusst ist, ist nicht aus Zufall später oft von Menschen umgeben, die nicht auf die emotionalen Bedürfnisse des Betreffenden eingehen. Grund: Man kennt „es" nicht anders, ist an „gefühlsvernachlässigende" Freunde oder Partner gewohnt.

Mit teilweise intensiven Bemühungen versuchen die von diesem Muster Betroffenen, Bindungen zu anderen intensiv aufzubauen, um sich dadurch aber wieder bestätigen zu lassen, dass sie sich vernachlässigt fühlen. Somit bestätigen sie ihr gelebtes Schema oder aber sie versuchen sich von vornweg diese Erfahrung zu ersparen und verhalten sich wie die angesprochenen „stillen Wasser" etc.

Auch zeigen Jugendliche das Ausleben dieses Musters durch starke Vernachlässigung ihrer eigenen Persönlichkeit, ihres Körpers oder ihrer Kleidung.

Hier muss der Schemapädagoge ansetzen, behutsam eine Beziehung aufzubauen, aufmerksam und bedächtig etwaige Gefühlregungen des Jugendlichen positiv zurückspiegeln. Dies entspricht den Kriterien der sogenannten „Nachbeelterung“ (siehe auch nächstes Kapitel).

Mit diesem Schema hängen meistens verschiedene Verhaltensauffälligkeiten zusammen. Diese sind in der folgenden Tabelle zusammengefasst.

Schema, Schemamodi und die damit verbundenen Manipulationen

<table>
<tr><td>Sozialarbeiter mit diesem Schema…</td><td>Jugendliche mit diesem Schema…</td></tr>
<tr><td>… sind oft der Meinung, sie würden kein positives Feedback von den Heranwachsenden bekommen
… tun sich schwer damit, die Klienten auf der Beziehungsebene zu erreichen</td><td>… lassen sich aus Angst vor Enttäuschung nur sehr selten emotional auf Mitmenschen oder den Sozialarbeiter ein
…zeigen Opferansätze
… sind öfters Einzelgänger
… lassen sich emotional selten „positiv anstecken“</td></tr>
<tr><td colspan="2">Relevante Schemamodi von Jugendlichen: Verletzbares Kind, Angepasster Unterwerfer, Distanzierter Beschützer, Aggressiver Beschützer, Innerer Bestrafer (nach innen wirkend)

Formen der externalen Kausalattribuierung
„Ich gerate immer wieder an gefühlskalte Menschen, die sich nie richtig um mich kümmern“.

Tests: Aus Klientensicht: „Den Sozialarbeiter häufig mit Anfragen bedrängen – und damit überfordern wollen“; „Sich gegenüber Gleichaltrigen herausfordernd benehmen, so dass sie einen emotional verletzen und links liegen lassen“; aus Sozialarbeitersicht: „Den Jugendlichen (zu) viele Beziehungsangebote machen – und darauf hoffen, dass sie angenommen werden“</td></tr>
</table>

Beteiligte Appelle: „Kümmere dich um mich!", „Geh auf meine Bedürfnisse ein"

Images: „Ich bin wertlos", „Ich bin alleine", „Niemand hat sich um mich gekümmert."

Relevante Psychospiele: „Pessimismus" (alles „schwarz" sehen wollen), „Anecken" (unvorteilhaft in der Gruppe auftreten und sich dann über das negative Feedback beschweren)

Wie wird das Schema vom Betroffenen bewältigt?
Üblicherweise werden maladaptive Schemata, die vorwiegend in der Kindheit und Jugend entstehen, mittels verschiedener Bewältigungsstile verarbeitet; diese Stile treten mehr oder weniger konstant auf.

Das heißt, dass in einer potenziell schemaauslösenden Situation (oder in Bezug auf die allgemeine Lebensphilosophie) meistens dieselbe Verhaltenstendenz gezeigt wird, um gerade die Auslösung zu verhindern.

Es ist wichtig zu erwähnen, dass die Bewältigungsreaktionen strenggenommen nicht effizient in Hinsicht auf die Schemaheilung sind. Sie erhalten das Schema aufrecht, weil sie eine emotionale Verarbeitung der Erfahrungen unmöglich machen. Dadurch kommt es nicht zu Heilung.

Bei den Bewältigungsstilen handelt es sich um: *Erduldung*, *Vermeidung*, *Kompensation*:

- Erduldung. – Man ergibt sich unbewusst seinem Schema und nimmt sich selbst und die soziale Umwelt entsprechend seiner frühen Prägung wahr, wenn auch in abgeschwächter Form. Beziehungspartner werden nach Kriterien des jeweiligen Schemas ausgewählt beziehungsweise dazu animiert, gemäß der eigenen Schema-Erwartungshaltung zu handeln (siehe oben).
- Vermeidung. – Wenn der Betreffende das Schema vermeidet, gestaltet er seinen Alltag, seinen Freundeskreis, seinen Lebensstil so, als ob das Schema gar nicht existieren würde.
- Kompensation. – Im Falle dieses Mechanismus kommt es zu einer Verkeh-

rung ins Gegenteil. Das Schema wird nicht nur verdrängt, sondern geradewegs widerlegt. Betreffende tun dann genau das Gegenteil von dem, was das zugrunde liegende Schema eigentlich beinhaltet.

Im Falle des Schemas *Emotionale Vernachlässigung* gestalten sich die Reaktionen folgendermaßen:

1. Erduldung: Betreffende tragen wenig Verantwortung für das eigene Wohlergehen. Man neigt zur mangelhaften Selbstfürsorge. Andererseits werden auch eher gefühlskalte Partner bevorzugt, die sich wenig bis gar nicht um den Betreffenden kümmern. Das wird auch gar nicht von ihnen erwartet.
2. Vermeidung: Man zieht sich zurück, neigt zum Einzelgängertum und igelt sich ein. Auf der kognitiven Ebene ist man davon überzeugt: „Die Welt ist schlecht! Man kann sich nur auf sich selbst verlassen!" Beziehungen werden nicht eingegangen.
3. Kompensation: Betreffende melden hohe Ansprüche an; die Anderen sollen gezielt auf ihre Bedürfnisse eingehen. Dies kann dazu führen, dass man andere ausnutzt. Eine andersartige Kompensationsmöglichkeit: Man hilft anderen in extremer Weise.

2. Verlassenheit/Instabilität

Tragische Verlusterfahrungen im Kindes- und Jugendalter können zur Ausprägung dieses Schemas führen. Dies kann die Trennung von den oder der Eltern, ein ungewollter Heimaufenthalt oder der Tod von wichtigen Bezugspersonen sein. Solche schweren Schicksalsschläge verändern nachweislich die Gehirnstruktur (ROTH 2003). Dies kann lebenslange Auswirkungen haben, besonders dann, wenn die Verlusterfahrung unbewusst generalisiert wird (etwa: *„Jeder,* den ich kennenlerne und mag, wird mich irgendwann verlassen!").

Infolge einer Erduldung dieses Musters lebt der Betreffende in steter Angst, seine wichtigsten (aktuellen) Bezugspersonen würden ihn irgendwann aus heiterem Himmel „im Regen stehen lassen". Entsprechend negativ und vor allem übertrieben sind die Erwartungen in dieser Hinsicht.

Es kommt dann meistens zu zwei extremen Verhaltensweisen:

1. Der Betreffende offenbart ein ausgeprägtes Klammerverhalten;
2. Man ist sehr eifersüchtig und kontrolliert entsprechend die derzeitigen Beziehungen.

So gesehen erwarten die Betreffenden im Hier und Jetzt dasselbe negative soziale Reaktionsmuster, welches früher einmal in Auseinandersetzung mit dem engsten Umfeld grundgelegt wurde.

Dass diese Erwartung streng genommen auf infantilen Wahrnehmungsmustern beruht, ist dem Betreffenden nicht bewusst. Ebenfalls ist nicht klar, dass es *gerade durch die aktuellen Verlustängste häufig zu einer „sich selbst erfüllenden Prophezeiung" kommt.* Das heißt, Menschen mit diesem Schema sorgen durch ihre negativen Wahrnehmungsmuster häufig dafür, dass die Beziehungspartner von sich aus irgendwann die Bindung auflösen.

Auch Sozialarbeiter arbeiten hin und wieder mit Jugendlichen, deren Denken, Fühlen und Verhalten von dem Muster *Verlassenheit/Instabilität* dominiert wird.

Manchmal erkennt man das Schema an folgenden Auffälligkeiten:

- Man wird nur sehr langsam mit dem Heranwachsenden „warm".
- Der Betreffende sabotiert irgendwann unbewusst die Beziehung zur Fachkraft.
- Der Kontakt wird nicht verbindlich, sondern oberflächlich gestaltet.
- Der Jugendliche verlangt irgendwann, dass sich der Pädagoge nur noch um ihn kümmert.
- Der Pädagoge bekommt nach und nach den Eindruck, dass der Betreffende nach der „Nadel im Heuhaufen" sucht und es anscheinend nicht verkraftet, wenn die Beziehung einmal eine langfristige positive Phase hat.

Betreffende neigen vor allem dann zur Gewaltbereitschaft, wenn man nicht behutsam, sondern zu direkt auf sie zugeht und zu schnell eine beziehungsintensive Kommunikation einfordert. Daher muss der Schemapädagoge ausreichend Zeit zur Beobachtung einplanen, bis er eine „Diagnose" stellen kann. Doch in der

Regel ergibt sich irgendwann ein klares Bild. Die Fachkraft hat dann die Aufgabe, dem Jugendlichen zu mehr Selbsteinsicht in das eigene ambivalente Verhalten zu vermitteln (siehe unten).

Schema, Schemamodi und die damit verbundenen Manipulationen

<table>
<tr><td>Sozialarbeiter mit diesem Schema...</td><td>Jugendliche mit diesem Schema...</td></tr>
<tr><td>... lassen Teenager nur selten emotional an sich „heran“
... sind oft depressiv und bringen ihre Stimmung mit ein in den Alltag</td><td>... offenbaren eine Einzelgängermentalität
... lassen sich von ihrer negativen Gemütsverfassung die eigene Leistungsfähigkeit einschränken
... stellen überhöhte Ansprüche an Beziehungen zu anderen Jugendlichen</td></tr>
<tr><td colspan="2">Relevante Schemamodi von Jugendlichen: Verletzbares Kind, Angepasster Unterwerfer, Distanzierter Beschützer, Innerer Bestrafer (nach innen wirkend)

Formen der externalen Kausalattribuierung: „Die Anderen wollen nichts mit mir zu tun haben“, „Ich werde immer wieder von Freunden verlassen“

Tests: Aus Klientensicht: „Dem Sozialarbeiter unterstellen, er würde sich nicht um einen kümmern“ oder „Ich komme heute nicht.“; aus Sozialarbeitersicht: „Den Jugendlichen permanent sagen, dass sie undankbar seien“

Images: „Ich werde immer wieder verlassen“, „Ich bin nicht liebenswürdig“

Beteiligte Appelle: „Sei solidarisch“, „Kümmere dich um mich“

Relevante Psychospiele: „Allein, allein“ (durch zu hohe Anforderungen Beziehungspartner abschrecken und sich darüber empören), „Komm her, geh weg“ (sich mit Gleichaltrigen intensiv anfreunden und sie dann die Beziehung aus „logischen Gründen“ beenden)</td></tr>
</table>

Wie wird das Schema bewältigt?

1. Erduldung: Man wählt und hält zwanghaft ein soziales Umfeld aufrecht, das nicht verlässlich ist. Betreffende klagen manchmal über den Zustand ihres sozialen Netzes, aber sie ändern nichts.
2. Vermeidung: In diesem Fall wird das Thema Beziehung mit allen möglichen Strategien verdrängt. Betreffende üben des Öfteren auch Hobbys aus, denen man vorzugsweise alleine nachgehen kann. Die Pflege von oberflächlichen Kontakten gehört in vielen Fällen ebenfalls zu diesem Bewältigungsmechanismus.
3. Kompensation: Wer dieses Schema kompensiert, bringt der eigenen Beziehung eine sehr große Aufmerksamkeit entgegen, das heißt er (oder sie) neigt zur übertriebenen Kontrolle des Partners. Eine andere Möglichkeit: man macht andere von sich abhängig und bricht dann aus heiterem Himmel die Beziehung ab. Man kommt dann aus eigener Wahrnehmung „dem Anderen zuvor".

3. Misstrauen/Missbrauch

Wir sind der Meinung, dass das Schema *Misstrauen/Missbrauch* bei gewalttätigen Jugendlichen überdurchschnittlich häufig existent ist. Diese Vermutung wird durch die klinische Erfahrung bestätigt, wonach Gewalttäter zumeist früher selbst Opfer von Gewalt waren (WEIDNER & KILB 2008).

Das Schema entsteht entsprechend im Kindes- und Jugendalter durch ein abweisendes, ja eigentlich schädigendes soziales Umfeld, das den Betreffenden physisch und/oder psychisch immer wieder in Mitleidenschaft zieht.

Es ist kein Geheimnis: Häufig mussten gewalttätige Jugendliche „Grenzüberschreitungen" erfahren, sprich körperlichen, psychischen und/oder sexuellen Missbrauch ertragen (ROEDIGER 2009a). Dabei gilt die Faustformel: Je jünger die Opfer, des schneller kann das hier thematisierte Muster entstehen.

In der frühen Kindheit wachsen die „höheren" Hirnareale nur langsam heran. Diese ermöglichen erst Reflexionsvermögen und abstraktes Denken. Gewalterfahrungen können dafür verantwortlich sein, dass das Wachstum des sogenannten Neocortex in Mitleidenschaft gezogen wird.

Unter Umständen entwickelt der Betreffende daraufhin eine gewisse Hypersensibilität, die emotional stark verankert ist, sobald er auf fremde Menschen trifft. Stets ist man „auf der Hut", jederzeit bereit, sich mit allen zur Verfügung stehenden psychischen und physischen Ressourcen zu „wehren". Oft suchen Betreffende Gefahrensituationen auf, die an frühere Gefährdungen erinnern.

Es verwundert nicht, dass unter solchen schwer wiegenden sozialen „Startbedingungen" nur sehr schwer das Wachstum der oben schon genannten Spiegelnervenzellen sichergestellt werden kann.

Hat der Jugendliche später einmal dahingehend wenig „Potenzial" im sogenannten präfrontalen Cortex (= Stirnhirn und – höchstwahrscheinlich – Sitz der Spiegelnervenzellen), so fehlen ihm auch in der Regel nichts anderes als: moralisches Empfinden, Empathie und – Mitleid.

Dieser Mechanismus erklärt die aus Sicht des gesunden Menschenverstandes schon fast unfassbare Tatsache, dass manche Jugendliche „einfach so" oder „aus Langeweile" oder „aus Spaß" eine andere Person prügeln oder quälen. Die Betreffenden empfinden dabei nichts (oder nur wenig).

In geringerer Ausprägung zeigt sich das Schema auch in der pädagogischen Praxis. Denn die überlicherweise vorhandene (extreme) Erwartungshaltung, dass potenziell jeder Mitmensch etwas Böses gegen den Klienten aushecken könnte, ist dafür verantwortlich, dass es immer wieder zu Konflikten zwischen den Jugendlichen kommt. Da reicht unter Umständen schon ein „zweifelhafter" Blick aus, um das Schema zu aktivieren.

Es ist viel gewonnen, wenn die Betreffenden irgendwann den Zusammenhang zwischen der Vergangenheit und der Gegenwart erkennen. Doch dazu muss der Pädagoge es erst einmal schaffen, ausreichend Beziehungskredit zu „erwirtschaften". Dies ist in der Regel bei diesem Schema eine echte Herausforderung.

Der Weg hin zur Sympathie, zu Vertrauen, ist bei Personen mit diesem Muster sehr „steinig". Denn immer wieder wird man verdächtigt, dass man etwas ausheckt oder den Betreffenden in seiner Abwesenheit schlecht macht. Auf der anderen Seite sind die typischen Manipulationen beim Beziehungsaufbau sehr hinderlich.

Nach unserer Einschätzung wird es der Sozialarbeiter sehr schwer haben, sein humanistisches Menschenbild in diesem Fall aufrechtzuerhalten. Denn das Schema *Misstrauen/Missbrauch* ruft fortwährend sehr stressauslösende Interaktionsmuster auf den Plan (siehe Tabelle unten).

Der Schemapädagoge muss in Hinsicht auf den Umgang mit Betreffenden eine „stabile innere Haltung" einnehmen. Er muss sich klarmachen: Wenn ich verbal angegriffen, provoziert, diskreditiert werde, bin ich nicht als Person gemeint; mein Gegenüber sieht mich als eine Projektion seines ursprünglichen Aggressors, gegen den er sich im Hier und Jetzt „nur wehrt".

Auf der anderen Seite – und das ist das Erfreuliche – ergeben sich immer wieder Situationen, in denen selbst Jugendliche mit diesem Schema auch ihre positiven Seiten offenbaren. Und das sind dann die wichtigen Momente, die zum Aufbau von Beziehungskredit genutzt werden sollten.

Doch man darf nicht zu viel erwarten: Die Betreffenden haben über Jahre hinweg zwischenmenschliche Beziehung als „jederzeit" stressauslösend erfahren. Wird eine – aus Sicht des Betreffenden – „altbekannte Gefahrensituation" durch eine aktuelle Konstellation ausgelöst, wird in der Regel sofort eine Angreifer-Rolle aktiviert (siehe unten).

Schema, Schemamodi und die damit verbundenen Manipulationen

Sozialarbeiter mit diesem Schema...	Jugendliche mit diesem Schema...
... vermuten *immer*, dass einzelne Heranwachsende schlecht über sie reden (und teilen dies auch *immer* ihren Kolleginnen und Kollegen mit) ... machen bestimmte Heranwachsende „professionell" fertig	... sind blitzschnell emotional auf 180, falls die Erwartungen, die an die Anderen oder an den Sozialarbeiter gestellt werden, nicht *sofort* erfüllt werden ... sind professionelle Mobber ... erleben regelmäßig emotionale Zusammenbrüche
Relevante Schemamodi: *Verletzbares Kind, Impulsiv-undiszipliniertes Kind, Distanzierter Beschützer, Innerer Bestrafer (nach innen und außen wirkend)* **Formen der externalen Kausalattribuierung:** „Die Anderen provozieren mich", „Ich bin eigentlich ein friedlicher Mensch – und manchmal muss ich mich eben wehren"	

Tests: Aus Klientensicht: „Den Sozialarbeiter stressen – mit dem Ziel, dass er irgendwann aus der Haut fährt"; aus Pädagogensicht: „Teenager mit autoritärem Auftreten zu *erwünschten* Reaktionen animieren"

Images: „Mit mir ist nicht gut Kirschen essen", „Ich bin gefährlich"

Beteiligte Appelle: „Steh immer zu mir", „Komme sofort meinen Bedürfnissen nach"

Relevante Psychospiele: „Provokation" (andere so lange provozieren, bis sie „endlich" aggressiv werden), „Heul doch!" (in zahllosen Variationen physische und psychische Gewalt ausüben)

Wie wird das Schema bewältigt?

1. Erduldung: Betreffende suchen und finden Partner, die sie körperlich, emotional und/oder sexuell missbrauchen. Entsprechend „aggressiv" und „böse" werden auch andere Personen aus dem beruflichen, schulischen beziehungsweise sonstigen privaten Kontext wahrgenommen. Vor Freunden und Bekannten werden in „schwachen Momenten" die eigenen Probleme dargelegt. Doch der Wille, die Dinge zu ändern, ist erstaunlicherweise verschwindend gering. Ferner sieht man den Eigenanteil an dem Dilemma nicht.
2. Vermeidung: Der Betreffende geht keinerlei enge Beziehungen ein. Man verschließt sich lieber anderen gegenüber, behält seine Gedanken und Gefühle für sich. Denn die Gesprächspartner, so die Annahme, könnten dies ausnutzen und dem Betreffenden dann Schaden zufügen.
3. Kompensation: Klienten, die dieses Schema aktiv bearbeiten, behandeln ihre Mitmenschen vorauseilend und gewissermaßen präventiv so unliebsam, wie sie selbst behandelt wurden. Ständig „findet" man Hinweise auf den Missbrauch des eigenen Vertrauens. (Unbewusst werden die Anderen auch ausgiebig getestet, ob sie das Vertrauen überhaupt verdienen – YOUNG et al. 2008, 265.) Man gibt sich nach außen hin latent aggressiv und verhindert auf diese Weise, dass andere einen verletzen. Eine solche vor-

auseilende Gewaltbereitschaft sorgt aus dieser Perspektive für Selbstschutz einerseits und Schemabekämpfung andererseits. Aus dem Opfer wird entsprechend ein Täter. Dies wirkt zwar für den Betreffenden entlastend, aber für die Mitmenschen belastend. Eine andere Kompensations-Möglichkeit: Man verhält sich übertrieben anbiedernd, kumpelhaft und vertrauensselig.

4. Soziale Isolation

In so ziemlich jeder Gruppe gibt es bekanntlich so gut wie immer einen oder mehrere Einzelgänger. Sie passen irgendwie nicht „rein" und transportieren auch nicht die typischen jugendgemäßen Themen der Gruppe. Die Betreffenden fühlen sich interessanterweise anscheinend sogar in ihrer Rolle wohl, und es ist seitens des Sozialarbeiters entsprechend schwierig, sie zu integrieren. In der Gruppe von gleichfalls Ausgegrenzten oder innerhalb ihrer Familie können sie sich aber wohl fühlen.

Einzelgänger offenbaren scheinbar „aus Überzeugung" einen entsprechend autonomen *Persönlichkeitszug*. Wahrscheinlich stehen nicht wenige davon unter dem Einfluss des Schemas *Soziale Isolation*. Sie verhalten sich oft unbewusst so, dass sie von anderen ausgegrenzt werden.

Die Betreffenden unterhalten somit innerhalb der Gruppe so gut wie keine Kontakte. Die Kommunikationsmotivation ist rudimentär ausgeprägt. Das kann den Pädagogen verunsichern, da er in der Regel nicht die Psychodynamik des Verhaltens durchschaut.

Interessant ist, dass man scheinbar kein gemeinsames Gesprächsthema findet, wodurch der Beziehungsaufbau maßgeblich erschwert wird. Ein solches Klientenverhalten darf nicht persönlich genommen werden. Die Fachkraft ist sich demnach bewusst, dass das Eigenbrödlertum auch einen gewissen Selbstanteil birgt.

Die Ursachen dieses Schemas liegen in diesem Fall so ziemlich klar auf der Hand. – In der Regel erfuhr der Betreffende im engsten sozialen Umfeld früher ein entsprechendes Feedback (etwa: „Wir sind anders als alle anderen!"; „Du bist anders als die Anderen!") oder die Familie lebte eher zurückgezogen.

Das heißt, der Betreffenden offenbart der Gruppe, dem Sozialarbeiter usw. dasjenige Verhalten, das in Auseinandersetzung mit dem sozialen Umfeld über Jahre hinweg als sinnvoll erschien.

Schema, Schemamodi und die damit verbundenen Manipulationen

<table>
<tr><th>Sozialarbeiter mit diesem Schema…</th><th>Jugendliche mit diesem Schema…</th></tr>
<tr><td>… wirken auf die Heranwachsenden wie „Außerirdische“
… kommunizieren ausschließlich auf der Sachebene</td><td>… sind die Außenseiter der Gruppe
… lassen sich schwer zu Gruppenaktivitäten animieren und arbeiten wenig mit</td></tr>
<tr><td colspan="2">Relevante Schemamodi: Distanzierter Beschützer, Innerer Bestrafer (nach innen wirkend)

Formen der externalen Kausalattribuierung: „Die Anderen sind anders und uninteressant“, „Die Anderen passen nicht zu meiner Persönlichkeit“

Tests: Aus Klientensicht: „Nicht am Alltagsgeschäft teilnehmen“; aus Sozialarbeitersicht: „Nicht auf die Interessen der Teenager eingehen“

Images: „Ich gehöre nirgendwo hin“, „Ich bin anders als die Anderen, schon immer gewesen“

Beteiligte Appelle: „Lass mich in Ruhe“, „Bitte keine Gruppenarbeit“
Relevantes Psychospiel: „Abgrenzung“ („fremd“ auf andere wirken und sich daran laben)</td></tr>
</table>

Wie wird das Schema bewältigt?

1. Erduldung: Dem Betreffenden fallen nur Unterschiede zu den Mitmenschen auf, keinerlei Gemeinsamkeiten. Er klagt ausschließlich über den unliebsamen Zustand, bemüht sich aber auf der anderen Seite kein bisschen um Integration.
2. Vermeidung: Außerhalb des familiären Schonraums werden keine Beziehungen unterhalten. Das heißt, soziale Kontakte und Gruppen werden ab-

gelehnt. Das Fremde ängstigt.

3. Kompensation: Betreffende bemühen sich auffallend häufig um Integration, sie fallen etwa durch starkes Leistungsverhalten auf, auch durch übermäßiges Unterordnen unter Gruppennormen.

5. Unzulänglichkeit/Scham

Jugendliche, die dieses Schema ausgeprägt haben, verkaufen sich offensichtlich und häufig weit unter Wert. Selbst bei einfachen Aufgabenstellungen versagen sie öfters, und der Pädagoge kann das innerlich schwer nachvollziehen.

Die Geduld des professionellen Helfers wird gewöhnlich dadurch strapaziert, dass Jugendliche mit diesem Muster „passende", sehr einseitige Gesprächsthemen präferieren und ihren jeweiligen Stempel aufdrücken. Oft heißt es: „Ich bin hässlich", „Ich bin dumm", „Ich kann das nicht" – die Variationen der negativen Selbsteinschätzung sind flexibel austauschbar.

Selbst Erfolge im zwischenmenschlichen oder beruflichen Bereich werden im Nachhinein negativ bewertet (etwa: „Ach, das war nur Glück!"). Das kann den Pädagogen regelrecht verblüffen beziehungsweise irgendwann so richtig nerven. Entsprechend wird auch positive(!) Kritik abgewehrt („Das war Zufall").

Es kann auch, um der Unzulänglichkeit vorzubeugen oder um sie abzuwehren, Gewalt in Form von Machtausübung (Mobbing) eingesetzt werden, um sich dieses Gefühl auszusparen etc. Dieses Phänomen entspricht dann einem kompensatorischen Mechanismus. Das heißt, der Betreffende lenkt von seinen eigenen Problemen ab: er macht sein eigenes Problem zu dem des Anderen.

Man darf in diesem Fall in der Rolle des professionellen Helfers nicht seinen negativen Emotionen verfallen. Es muss klar sein: Der Betreffende hat sich seine selbstzerstörerische Wahrnehmung „nicht ausgesucht".

Mit an Sicherheit grenzender Wahrscheinlichkeit geht das Ganze auf das Konto einer jahrelang praktizierten Herabsetzung seitens des sozialen Umfelds in den ersten Lebensjahren.

Es braucht schon pädagogisch-psychologische Kompetenzen mit wohlwollendem konfrontativen „Touch", um an diesem Schema bewusst Veränderungen herbeiführen zu können.

Schema, Schemamodi und die damit verbundenen Manipulationen

<table>
<tr><td>Sozialarbeiter mit diesem Schema...</td><td>Heranwachsende mit diesem Schema...</td></tr>
<tr><td>... zweifeln sehr oft an sich selbst („Mache ich alles richtig?“)
... kommen nicht sehr selbstbewusst „rüber“</td><td>... machen vorauseilend den Eindruck, sehr „brav“ und „unschuldig“ zu sein
... ziehen Mobbing wie magisch an
... mobben aber auch und üben Macht aus, um von ihren Unzulänglichkeiten abzulenken
... „versagen“ oft bei Aufgaben oder stellen überhöhte Ansprüche an sich, um Versagen zu können</td></tr>
<tr><td colspan="2">Relevante Schemamodi: Verletzbares Kind, Ärgerliches (beziehungsweise Wütendes) Kind, Distanzierter Beschützer, Angepasster Unterwerfer, Innerer Bestrafer (nach innen und außen wirkend)

Formen der externalen Kausalattribuierung: „Die Anderen verunsichern mich“

Tests: Aus Klientensicht: „Ich passe mich allen an – damit sie mich in Ruhe lassen“; aus Sozialarbeitersicht: „Ich vermittele Gutartigkeit, um mir Freunde zu machen“

Images: „Ich bin brav und will keinen Stress“, „Ich bin nicht okay“, „Ich schäme mich vor vielem“, „Ich bin der laufende Fehler“

Beteiligte Appelle: „Hilf mir“, „Überfordere mich nicht“, „Zeigt mir meine Fehler/Dummheit/Unzulänglichkeit“
Relevante Psychospiele: „Peinlich“ (peinlich auffallen und sich darüber beschweren, dass die Anderen lachen), „Interview“ (in Unterhaltungen vorwiegend Fragen stellen, damit der Andere keine stellt)</td></tr>
</table>

Wie wird das Schema bewältigt?

1. Erduldung: Man richtet sich ein soziales Umfeld ein, in dem man die Rolle des permanent Unzulänglichen spielen kann, das heißt, einen sehr kritischen Freundeskreis. Immer wieder „bestätigen" die Anderen das nachteilige Selbstbild des Betreffenden, kritisieren ihn, setzen in herab usw. Die Sündenbockrolle wird unter Mithilfe eines gewissen Eigenanteils übernommen, man spricht auch häufig selbstherabsetzende Äußerungen aus. Die Übernahme von entwürdigenden Berufsbeschäftigungen kann ebenfalls durch dieses Schema verursacht werden.
2. Vermeidung: Aus der Angst heraus, dass andere die eigenen Schwächen bemerken und offenlegen, vermeidet man sozialen Kontakt. Auch intime Beziehungen werden gemieden. In der Öffentlichkeit hält man sich zurück.
3. Kompensation: Infolge dieses Mechanismus werden nunmehr die Anderen herabgesetzt, gedemütigt usw. Man überschätzt seine eigene Wirkung im Alltag zwanghaft und macht die Anderen runter, weil sie etwa nicht irgendwelche Standards erfüllen. Mittels dieser Verhaltensweisen lenken Betreffende von den eigenen Schattenseiten ab.

5.2 Schemata in der Gruppe 2: Beeinträchtigung von Autonomie und Leistung

In der folgenden Gruppe sind Schemata zusammengefasst, die für eine mangelhaft ausgeprägte Autonomie verantwortlich sind. Die Betreffenden haben in Hinsicht auf den elterlichen Einfluss Extreme erlebt: entweder haben die Bezugspersonen „zu viel" für ihr Kind getan (Stichwort: Verwöhnung); oder aber viel zu wenig (Stichwort: Vernachlässigung).

Im Zentrum der folgenden Schemata steht das Bedürfnis nach äußerer Kontrolle, um sich Versäumnisse (Neigungen) nachträglich zu erfüllen. Durch die Kontrolle der Umwelt, zum Beispiel durch das Zeigen von hilflosem Verhalten, kann das Bedürfnis nach Sicherheit befriedigt werden, da dadurch die Umwelt so reagiert, wie es sich der Betroffene erhofft (Hilfe/Nähe oder Ablehnung/Distanz). Leider werden die zentralen Bedürfnisse aber oft nicht ausreichend durch die Aufrechterhaltung der speziellen Muster erfüllt, sodass sich ihre „alten Frustrationen" immer wieder wiederholen.

Ebenso können die von diesen Schemata betroffenen Personen sich auch über das Ausleben von Macht ein gewisses Kontrollgefühl sichern.

Andererseits bemerken Heranwachsende aber, dass sie immer mehr Energie aufwenden müssen, um das Gefühl von Kontrolle aufrechtzuerhalten. Dies führt in der Regel in anderen Lebensbereichen zu Unsicherheit und fehlender(!) Kontrolle (unbeliebt sein) – und somit wieder zu Frustrationen und oft zu Aggressionen.

Nach unseren Erfahrungen erhärtet sich der Eindruck, dass viele gewalttätig agierende Jugendliche sich tatsächlich unsicher fühlen und durch Gewalt dieses Gefühl temporär verdrängen können. Dabei handelt es sich aber um eine Scheinlösung.

Aufgabe muss es daher sein, dem Betreffenden diesen Zusammenhang bewusst zu machen und ihm Wege aufzuzeigen, wie Sicherheit auf einer prosozialen Weise zu erzeugen ist.

6. *Erfolglosigkeit/Versagen*

Wer von dem Schema *Erfolglosigkeit/Versagen* beeinflusst wird, offenbart eine typische „Versager-Mentalität". Genauer gesagt, er macht den Anschein, bei jeder sich bietenden Gelegenheit zwanghaft in einen „Fettnapf" treten zu müssen. Prüfungen etwa werden entsprechend jedes Mal aufgrund „dummer Zufälle" versiebt, wichtige Lernerfolge, die zur Konfliktlösung erarbeitet wurden, werden im Alltag nicht angewendet, und etwa in Vorstellungsgesprächen passiert aus heiterem Himmel „was total Peinliches".

In der Summe ergeben die typischen „blöden Zufälle" das Bild, dass der Betreffende fortwährend weit unter seinen Möglichkeiten bleibt. Auch ein überdurchschnittliches Bildungsniveau schützt vor diesem Schema nicht. Als Sozialarbeiter kann man das Ganze schlecht nachvollziehen: Man bemüht sich um den Jugendlichen, verschafft ihm unzählige Entwicklungsmöglichkeiten, betreibt Netzwerkarbeit usw. Was letztlich bleibt, das ist der „permanente" Misserfolg.

Es hat tatsächlich den Anschein, dass der Betreffende jegliche förderlichen Situationen beziehungsweise Entwicklungen *selbst* zunichte macht. Das heißt, positive Phasen werden umgehend durch Selbstsabotage wieder ins Negative gekehrt. Der Pädagoge ahnt in der Regel schon, dass etwas nicht stimmt, der Jugendliche eher nicht.

Aber die Psychodynamik des ganzen Dilemmas muss thematisiert werden, damit sich Verhaltensänderungen ergeben können. Man kann annehmen: Das Schema *Erfolglosigkeit/Versagen* wird meistens durch Konditionierungsprozesse seitens der Bezugspersonen „erlernt". Oft musste der Betreffende hören, dass er alleine „nichts auf die Reihe bekommt", „alles schlecht gemacht hat" oder „noch zu klein ist" usw.

Durch die Ausübung von Kontrolle können solche Erfahrungen kompensiert oder umgangen werden. Allerdings gelingt das in der Regel eher weniger, da das Muster sich letztlich doch durchsetzt und Misserfolge provoziert.

Schema, Schemamodi und die damit verbundenen Manipulationen

<table>
<tr><td>Sozialarbeiter mit diesem Schema...</td><td>Jugendliche mit diesem Schema...</td></tr>
<tr><td>... werden ihrer Berufsrolle nur selten gerecht, weil sie nicht überzeugend auftreten
... vergleichen sich ständig mit Kolleginnen und Kollegen</td><td>... können ihre Fähigkeiten nicht zeigen
... fallen in der Gruppe nicht groß auf
... treten öfter „unvorteilhaft“ auf
... lenken ab, um Versagen zu umgehen</td></tr>
<tr><td colspan="2">Relevante Schemamodi: Verletzbares Kind, Manipulierer, Trickser, Lügner, Distanzierter Beschützer, Angepasster Unterwerfer, Innerer Bestrafer (nach innen wirkend)

Formen der externalen Kausalattribuierung: „Die Anderen überfordern mich“, „Die Aufgabe ist zu schwer!“

Tests: Aus Klientensicht: „Nichts sagen - damit der Pädagoge einen in Ruhe lässt“; „Stimmung machen/Ausbrausen, um vor Misserfolg abzulenken“, aus Sozialarbeitersicht: „Friedhöflichkeit vermitteln - damit die Jugendlichen einen in Ruhe lassen“

Images: „Ich kann nix“, „An mich darf man keine Ansprüche stellen“, „Kein Bock auf Leistung“

Beteiligte Appelle: „Überfordere mich nicht“, „Bestrafe mich nicht“

Relevante Psychospiele: „Umstände“ (die eigenen Leistungen „wegen vieler blöder Zufälle“ nicht abrufen können), „Vergessen“ (Hausaufgaben oft vergessen, Arbeitsaufträge nicht fristgemäß erledigen - und die eigene „Versagermentalität“ dafür verantwortlich machen), „Ablenken“ („Sehe meinen Misserfolg nicht!“)</td></tr>
</table>

Wie wird das Schema bewältigt?

1. Erduldung: Man ergibt sich seinem (in der Kindheit vermittelten) Schicksal und resigniert. Entsprechend versagen Klienten bei vielen Angelegenheiten des öffentlichen Lebens in strenger Gesetzmäßigkeit. Das Schema wird zu einer sich selbst erfüllenden Prophezeiung. Nach Misserfolgen sind Betreffende im Nachhinein gänzlich davon überzeugt: „Das war ja wieder klar, dass die Sache so ausgeht." Aufgaben etwa oder eigentlich nicht aufschiebbare Verpflichtungen werden bis zuletzt hinausgezögert und infolgedessen mangelhaft ausgeführt. Es kommt auch zu *passiv-aggressiven* Verhaltensweisen, das heißt, man „vergisst" etwa häufig, dem Partner etwas Wichtiges auszurichten, wodurch jener gravierende Nachteile erleidet.
2. Vermeidung: Klienten können auch das Schema vermeiden, indem sie keinerlei Risiken eingehen. Das heißt, soziale Situationen, die eine Bewertung in petto haben könnten, werden umgangen. Hierzu ist auch aus Sicht des Betreffenden die soziale Einkapselung hilfreich. Diese Bemühungen festigen jedoch letztlich das Lebensthema, da keinerlei Erfahrungen gemacht werden können, die dem Schema widersprechen (das ist auch gar nicht beabsichtigt).
3. Kompensation: Manche Klienten fallen oft auch ins andere Extrem und avancieren zu notorischen Perfektionisten. Oder aber die Machenschaften der Anderen werden übermäßig kleingeredet.

7. Abhängigkeit/Dependenz

Das Schema *Abhängigkeit/Dependenz* ist in der Regel für das Bestreben verantwortlich, sich in den meisten Alltagssituationen als extrem hilflos wahrzunehmen. Entsprechend kommen Betreffende vorauseilend zu der „Erkenntnis": „Ich kann das nicht!" Der Betreffende bleibt infolgedessen weit unter seinen wahren Möglichkeiten.

Schnell kann eine solche Wahrnehmung ausgelöst werden, sogar bei Kleinigkeiten. Mit allerhand Manipulationstechniken wird das soziale Umfeld dann zu erwünschten (aktiven) Verhaltensweisen animiert, damit dieses Muster gar nicht erst ausgelöst („Ich habe kein Bock auf Deeskalationstraining") oder bedient wird („Ich kann den Konflikt nicht allein lösen“). Oft fällt es Jugendlichen schwer, sich aus ihrer Clique oder ihrem Elternhaus abzutrennen und selbständig für sich zu sorgen.

Vor dem Hintergrund der hier thematisierten Angelegenheit lässt sich feststellen: Jugendliche mit diesem Schema geraten im sozialpädagogischen Alltag schnell in die „Schusslinie“; denn gegenüber gewaltbereiten Heranwachsenden verhalten sich die Betreffenden vorauseilend *passiv* und erscheinen dadurch gänzlich harmlos.

Meistens entsteht dieses Schema durch charakteristische Konditionierungsprozesse, die vonseiten der frühkindlichen Bezugspersonen initiiert werden. So ist vorstellbar, dass der Zu-Erziehende durch vorauseilend extrem hilfsbereite Erwachsene „lernte“, dass er nicht viel „kann“. Eine solche erzwungene Passivität, die über Monate oder Jahre hinweg erlebt wird, hat in der Regel Auswirkungen auf das Selbstbild.

Arbeiten Sozialpädagogen mit Betreffenden zusammen, so merkt man schnell: Es ist sehr schwer, den Heranwachsenden zu irgendwelchen Aktivitäten zu motivieren. Besonders übrigens pädagogische Fachkräfte mit dem Schema *Aufopferung* (siehe unten) haben dahingehend Probleme, denn sie fühlen sich allzu oft zur „vorauseilenden Unterstützung“ aufgerufen. Entsteht entsprechend ein Zusammenspiel zwischen dem „Helfer“ und dem (anscheinend) „Hilflosen“, wird jegliche Persönlichkeitsentwicklung verhindert.

Schema, Schemamodi und die damit verbundenen Manipulationen

Sozialarbeiter mit diesem Schema…	Jugendliche mit diesem Schema…
… entwerfen Arbeitseinheiten, die die Heranwachsenden zu wenig beanspruchen; man will sie ja nicht „überfordern“ … geben wenig von sich preis	… fühlen sich ganz schnell überlastet … fordern vehement die Hilfe des Sozialarbeiters ein, bei jeder sich bietenden Gelegenheit … lösen sich schwer aus alten Bezügen
Relevante Schemamodi: *Verletzbares Kind, Ärgerliches (bzw. Wütendes) Kind, Manipulierer, Trickser, Lügner, Distanzierter Selbstberuhiger, Innerer Bestrafer (nach innen wirkend), Angepasster Unterwerfer*	

Formen der externalen Kausalattribuierung: „Die Anderen können das besser als ich“, „Ohne die Hilfe der Anderen schaffe ich nichts“, „Die haben das auch gemacht“

Tests: Aus Klientensicht: „Ich offenbare mich als hilflos, um die Fachkraft in die Helferrolle zu drängen“, „Allein schaffe ich das nicht“; aus Sozialarbeitersicht: „Ich erscheine harmlos, damit mich die Heranwachsenden nicht überfordern“

Images: „Alleine bin ich nicht fähig, etwas zu leisten“, „Was die Anderen machen, wird schon stimmen“

Beteiligte Appelle: „Hilf mir“, „Überfordere mich nicht“

Relevante Psychospiele: „Blöd“ (sich so lange doof anstellen“, bis ein Anderer die Sache in die Hand nimmt), „Hilferuf“ (manipulativ die Mitmenschen um Unterstützung bitten)

Wie wird das Schema bewältigt?

1. Erduldung: Betreffende suchen und finden immer ein Umfeld, das sie unterstützt, umsorgt, von vielen Lebensaufgaben befreit. Dies zeigt sich zum Beispiel in der Partnerwahl: meistens handelt es sich beim Lebensgefährten um eine aktive, selbstständige Person. Gleichzeitig treten Betreffende die Verantwortung für anfallende Alltagsangelegenheiten ab.
2. Vermeidung: Im Falle der Vermeidung werden Anforderungen des Lebens sowie neue Herausforderungen großzügig umgangen. Es kommt auch zum Phänomen *vorauseilende Unterwerfung*. – Gegenüber Vorgesetzten beispielsweise lehnt man sich nie auf.
3. Kompensation: Bei diesem Mechanismus kommt es zu einer Etablierung einer Art Pseudoautonomie. In bestimmten Lebensphasen will man von niemandem mehr abhängig sein. Personen mit diesem Schema nehmen plötzlich alles in die eigene Hand. Hilfe von den Anderen wird dann zwanghaft abgelehnt.

8. Verletzbarkeit

Mit diesem Schema einher geht gewöhnlich eine sehr extreme Beurteilung der sozialen und materiellen Umwelt: sie werden als äußerst gefährlich aufgefasst. Die Folge dieser Wirklichkeitsdefinitionen: Der Betreffende wirkt sehr unausgeglichen, angespannt, gestresst.

Wer von diesem Muster beeinflusst ist, macht sich im Alltag viel zu viele Sorgen. Außerdem wird die Umwelt, auch die soziale, überwiegend auf etwaige Gefahrenreize hin „gescannt"; es zählt nur die eigene körperliche Unversehrtheit. Schnell sieht man irgendwelche „potenziellen Feinde" und fühlt sich schnell schlecht behandelt, benachteiligt usw.

Diese Voraussetzungen führen in der Regel entweder zu sozialen Rückzugstendenzen, das heißt, der Betreffende kapselt sich ab, igelt sich in den eigenen vier Wänden ein, oder es führt den Jugendlichen häufig an Orte, wo dieses Muster der Verletzung leicht *real* erlebt wird (Diskotheken oder Bahnhöfe).

Im Alltag können Personen mit diesem Schema sehr introvertiert erscheinen, aber dennoch gewissermaßen hyperaktiv. Unterhält man sich mit Betreffenden, so entsteht schnell der Eindruck, dass dem Anderen nur bestimmte Themen liegen.

Die Auswirkungen dieses innerpsychischen Musters zeigen sich auch beispielsweise in der Auswahl der Medieninhalte, die der Betreffende konsumiert. Überwiegend interessant sind entsprechend Unfälle, Katastrophen, Krankheiten usw.

Schema, Schemamodi und die damit verbundenen Manipulationen

<table>
<tr><td>Sozialarbeiter mit diesem Schema…</td><td>Jugendliche mit diesem Schema…</td></tr>
<tr><td>… wollen die Heranwachsenden vor den Gefahren des Alltags schützen
… leiden aufgrund von permanenter Angst unter zu viel Stress</td><td>… sind zu sehr mit sich selbst beschäftigt
… wirken introvertiert, machen einen vorsichtigen, schüchternen Eindruck
… suchen Situationen auf, in denen sie selbst emotional verletzt werden können</td></tr>
<tr><td colspan="2">Relevante Schemamodi: Verletzbares Kind, Distanzierter Beschützer, Angepasster Unterwerfer, Zwanghafter Kontrolleur

Formen der externalen Kausalattribuierung: „Wäre das Leben nicht so gefährlich, müsste ich mich nicht schützen“, „Die Anderen sind potenziell gefährlich“

Tests: Aus Klientensicht: „Ich wirke übervorsichtig, um auf die Probleme des Alltags hinzuweisen“, Ich falle auf oder provoziere, dass andere mich emotional verletzen; aus Sozialarbeitersicht: „Ich erzähle von Gefahren, um das Gespräch auf dieses Thema zu lenken“

Images: „Ich bin sensibel und ein vorsichtiger Mensch“, „Mich darf man fertig machen“

Beteiligte Appelle: „Sprich mit mir über mein Hauptthema“, „Verletz mich“

Relevantes Psychospiel: „Schmerzen“ (von Empfindlichkeiten berichten – und dem Anderen die Themen und die entsprechende Wahrnehmung aufzwängen wollen) und „Sündenbock“ (sich fertig machen lassen und dann erbost sein)</td></tr>
</table>

Wie wird das Schema bewältigt?

1. Erduldung: Die Alltagswahrnehmung beschränkt sich vornehmlich auf mögliche Gefahren für Leib und Leben. Vorauseilend wird davon ausgegangen: „Bald wird etwas Schlimmes passieren." Betreffende erscheinen sehr furchtsam und vorsichtig.
2. Vermeidung: Neuartige Situationen werden konsequent vermieden, sämtliche Aktivitäten reduziert. Manchmal kommt es auch zum Medikamenten- oder Alkoholmissbrauch. Sind einige Sicherheitsvorkehrungen getroffen, tritt temporär Beruhigung ein. Sie währt aber nur kurzfristig.
3. Kompensation: Wenn Betreffende das Schema kompensieren, sichern sie sich häufig extrem ab (etwa viele Versicherungen abschließen). Manchmal kommt es auch zu extrem riskanten Verhaltensweisen, weil man ins andere Extrem fällt.

9. Verstrickung/Unentwickeltes Selbst

Dieses Muster entsteht in der Regel dann, wenn mindestens eine Bezugsperson, vorwiegend in den ersten Lebensjahren (und auch später noch), mit dem Zu-Erziehenden eine Symbiose eingeht und ihn von sich abhängig macht.

Dabei schwingt immer eine klare Rollenverteilung mit: der Erwachsene verinnerlicht den „aktiven Part", das Kind den passiven. Das Verhältnis zwischen beiden ist in der Regel viel zu eng, intim – und bleibt es auch meistens ein Leben lang.

Die Persönlichkeit eines Menschen mit diesem Schema ist meistens in vielerlei Hinsicht unausgereift. Aus biografischen Gründen ist er sich gewöhnlich nicht darüber im Klaren, was genau seine Kompetenzen, Vorlieben und sonstigen Steckenpferde sind. Dasselbe gilt für Talente und Potenziale. Das heißt, man kennt sich selbst nicht, weil man früher viel zu sehr mit seiner Bezugsperson emotional verstrickt war; jene ging vorauseilend auf die meisten Aktionen und Regungen ein und „erstickte" so die Entwicklung des kindlichen Selbst.

Erfüllt man diese Bedürfnisse nach Kontrolle nicht, kann es im Modus des *Wütenden Kindes* auch zu Gewaltausbrüchen kommen.

Wird der Betreffende erwachsen, verbindet ihn immer noch sehr viel mit seiner Bezugsperson von damals. Auch in räumlicher Hinsicht ist man sich gewöhnlich eher nah. Man kommuniziert täglich miteinander, hilft sich immer noch gegenseitig, teilt einander viele Gedanken und Wünsche mit. Es gibt wenig Abgrenzung.

Ergeben sich einmal Konflikte zwischen den beiden, wird infolge einer Schema-Aktivierung ein sehr strenges Gewissen angeregt, das auf allen psychisch-physischen Ebenen wirkt.

Es verwundert nicht: Aktuelle Beziehungspartner von Betreffenden „verblassen" gnadenlos, sobald sie in Konkurrenz mit der Bezugsperson, welche bewundernswert oder hilflos erscheint, geraten.

Schema, Schemamodi und die damit verbundenen Manipulationen

Sozialarbeiter mit diesem Schema...	Jugendliche mit diesem Schema...
... erwarten von bestimmten, meistens engagierten Kolleginnen und Kollegen die volle, uneingeschränkte Unterstützung in allen Sachlagen ... imponieren nicht gerade mit einer engagierten Projektvorbereitung ... können sich so gut wie gar nicht in die Jugendlichen hineinversetzen ... sind manchmal übertrieben streng, penetrant und distanzlos	... haben übertrieben hohe Ansprüche an manche Sozialpädagogen ... wollen immer wissen, wie man was tun soll ... fühlen sich ganz schnell überfordert ... haben anscheinend keine eigenen Interessen, Talente und Vorlieben ... klammern sich an leistungsstarke Heranwachsende, um von ihnen zu profitieren
Relevante Schemamodi: *Ärgerliches (beziehungsweise Wütendes) Kind, Distanzierter Beschützer, Innerer Bestrafer (nach innen und außen wirkend)* **Formen der externalen Kausalattribuierung:** „Die Anderen haben es drauf – viel mehr als ich" **Tests:** Aus Klientensicht: „Ich stelle viele Fragen, damit der Sozialarbeiter mir hilft"; aus Sozialarbeitersicht: „Ich bin streng, damit die Schüler spuren" **Images:** „Ich bin klein, mein Herz ist rein", „Ich brauche immer Unterweisung"	

Beteiligte Appelle: „Hilf mir", „Überfordere mich nicht", Mach so, wie ich es brauche"

Relevante Psychospiele: „Unselbstständiges Kind im Beruf" (jede Aufgabe als zu schwierig empfinden, damit der Pädagoge sie möglichst selbst löst), „Unselbstständiges Kind zu Hause" (jede Aufgabe als zu schwierig darstellen, damit die hauptsächliche Bezugsperson sie löst), „Unselbständiges Kind im Konflikt" („Jede Herausforderung ist zu schwer, um sie zu lösen. Hilf mir doch.")

Wie wird das Schema bewältigt?

1. Erduldung: Man ist und bleibt fremdbestimmt. Der Betreffende ist nicht fähig, die Bindung an die Eltern auch nur ein Stück weit aufzugeben. Sie spielen im eigenen Leben immer wieder eine große Rolle. Deshalb suchen Betreffende häufig Kontakt zu ihnen, meistens täglich. In Bezug auf die eigene Partnerschaft lebt man durch den Anderen und offenbart in bestimmten Situationen starke Anklammerungstendenzen. Wenn Betreffende einmal auf sich alleine gestellt sind, kommen sehr schnell Gefühle des Unwohlseins auf.
2. Vermeidung: Um das Schema zu vermeiden, bietet sich an, auf Beziehungen außerhalb der Familie gänzlich zu verzichten.
3. Kompensation: Wenn Klienten zur Kompensation neigen, streben sie überwiegend das Gegenteil von dem an, was ihre Eltern vorlebten. Das heißt, man grenzt sich ab. Nach ROEDIGER (2009b, 39) werden auch manchmal „Ersatzfamilien" (Wohngemeinschaften) gegründet.

5.3 Schemata in der Gruppe 3: Beeinträchtigung im Umgang mit Begrenzungen

Mangelhafte Selbstdisziplin, weitgehend fehlende Impulskontrolle, Egoismus, Probleme mit Autoritäten, überhöhte Ansprüche in Beziehungen – das sind zentrale Angelegenheiten bei Schemata, die in Gruppe 3 (Beeinträchtigung im Umgang mit Begrenzungen) zu finden sind. Die Betreffenden wuchsen oft in Familien auf, die sie regelrecht verwöhnten beziehungsweise wenig forderten; Grenzen wurden so gut wie keine gesetzt (YOUNG et al. 2008, 51).

Schnell ist man von Mitmenschen frustriert, noch schneller entstehen dann Aggressionen, die aus der subjektiven Perspektive absolut sinnvoll erscheinen. Da auch, wie oben schon erwähnt, die Impulskontrolle nur rudimentär ausgebildet ist, treten aggressive Tendenzen „ungebremst" nach außen.

Die Mitmenschen werden meistens in der Art manipuliert, sodass sie verschiedene „selbstwertdienliche" Funktionen (Anerkennung) erfüllen – dadurch behält man innerlich die Kontrolle über sein Selbstwertgefühl, das heißt, über sein Inneres.

Es ist möglich, dass die Betreffenden die Mitmenschen zur Anerkennung und „Bewunderung" motivieren, und dadurch Aufmerksamkeit erregen (Schema Nr. 10), oder aber sich mittels passiver oder aggressiver Verhaltensweisen deren Einflussnahme gänzlich entziehen (Schema Nr. 11).

10. Anspruchshaltung/Grandiosität

Auch dieses Schema kommt nach Einschätzung der Autoren recht häufig bei gewalttätigen Heranwachsenden vor. Wer von diesem Muster beeinflusst ist, offenbart gleich mehrere „schwierige" Verhaltensweisen. Zunächst fällt es dem Betreffenden schwer, Regeln zu akzeptieren. Er ist vielmehr davon überzeugt, „etwas Besonderes" zu sein, und infolgedessen gelten aus Sicht des Betreffenden „Sonderrechte". Die übrigen Gruppenmitglieder werden eingeteilt in „Bewunderer", „Opfer" und „Konkurrenten"; erstere werden in ihrer Rolle toleriert, letztere mit allen möglichen Mitteln bekämpft.

Auf der anderen Seite streben Jugendliche mit diesem Schema nach sehr viel Aufmerksamkeit, sie wollen entsprechend viel Raum einnehmen. Das kann sich sehr negativ auf die Gruppendynamik auswirken.

Erstaunlicherweise reagieren sie auf jegliche Kritik sehr unbeherrscht und manchmal auch aggressiv. Der Schemapädagoge hält sich entsprechend mit spitzfindigen Bemerkungen zurück, besonders zu Beginn der Zusammenarbeit – wenn noch kein oder nur wenig Beziehungskredit aufgebaut wurde.

In der Regel weisen die sogenannten „Alpha-Tiere" der Gruppe das hier thematisierte Schema auf. Trotz der Schwierigkeiten, die mit diesem Muster einhergehen – Schemapädagogen machen sich bewusst: Wenn es gelingt, das „Alpha-Tier" beziehungstechnisch positiv zu beeindrucken, hat dies auch vorteilhafte Auswirkungen in Hinsicht auf den Umgang mit der ganzen Gruppe. Und die Fachkraft merkt erfahrungsgemäß sehr schnell, mit welchen Hobbys der Jugendliche sich die Bewunderung seines sozialen Umfelds erzwingt. Dies sind auch die Ansatzpunkte für den Schemapädagogen.

Das Schema stellt vor dem Hintergrund der hier behandelten Klientel in der Regel eine kompensatorische Reaktion auf frühkindliche Verhältnisse dar.

Schema, Schemamodi und die damit verbundenen Manipulationen

<table>
<tr><td>Sozialarbeiter mit diesem Schema...</td><td>Jugendliche mit diesem Schema...</td></tr>
<tr><td>... arbeiten viel zu pädagogenzentriert und „beglücken“ die Jugendlichen in Überlänge mit ihrer „Lebenserfahrung“, ihren Fähigkeiten, Zukunftsplänen usw.
... erwecken bewusst oder unbewusst aufseiten der Jugendlichen Minderwertigkeitsgefühle beziehungsweise die Selbsteinschätzung unzulänglich zu sein</td><td>... finden oft Aufgaben „langweilig“, „überflüssig“, „nicht angemessen“ usw.
... provozieren den Pädagogen gerne mit dem Ziel, Aufmerksamkeit zu erregen
... wissen alles
... neigen zu Mobbing
... sind egoistische Selbstdarsteller
... nutzen andere aus</td></tr>
<tr><td colspan="2">Relevante Schemamodi: Ärgerliches (bzw. Wütendes) Kind, Aggressiver Beschützer, Manipulierer, Trickser, Lügner, Distanzierter Beschützer, Schikanierer- und Angreifer-Modus

Formen der externalen Kausalattribuierung: „Die Anderen hätten sich doch wehren oder was sagen können“, „Das sind Verlierertypen“, „Das war doch nicht so schlimm, der hat doch dann überreagiert“, Das war Spaß, er soll nicht so tun. Andere machen das auch“

Tests: Aus Klientensicht: „Ich stelle den Pädagogen bloß, damit er merkt, dass ich etwas Besonderes bin“; aus Sozialarbeitersicht: „Ich erzähle viel von mir, damit mich die Heranwachsenden bewundern“

Images: „Ich bin großartig“, „Du bist eine Niete“

Beteiligte Appelle: „Bewundere mich“, „Erkenne meine Einzigartigkeit an“

Relevante Psychospiele: „Heldensage“ (ausufernde Beiträge formulieren, um mehr „Platz einzunehmen“), „Toller Hecht und arme Sau“ (Gespräche führen, in denen man sich selbst emporhebt und den Anderen gleichzeitig runter drückt)</td></tr>
</table>

Wie wird das Schema bewältigt?

1. Erduldung: Betreffende fallen durch übertriebene Selbstdarstellung und „Plusmacherei" auf (RATTNER & DANZER 2006). Man steht gerne im Mittelpunkt, im positiven oder negativen Sinne, und ist sich selbst der Nächste. Das heißt, die Bedürfnisse und Anliegen anderer spielen keine Rolle. Und: Die eigene Leistungsfähigkeit wird häufig total überschätzt.
2. Vermeidung: Wird dieser Bewältigungsmechanismus praktiziert, umgeht der Betreffende gerade diejenigen Situationen, in denen er nicht glänzen kann. Möglicherweise führt man auch ein Single-Leben, um jedwede Form von Abhängigkeit prinzipiell auszuschließen.
3. Kompensation: Bei dieser Konstellation zeigen Betreffende eine gönnerhafte Seite, die aber wieder dem grundlegenden Schema verhaftet ist: Man lässt die Anderen am eigenen Leben, genauer gesagt, am Erfolg teilhaben. Hierzu müssen die Anderen aber wesentliche Eigenschaften von authentischen Bewunderern haben.

11. Unzureichende Selbstkontrolle/Selbstdisziplin

Meistens liegt dieses Schema bei Heranwachsenden vor, die permanent wenig Willen zeigen, Lebensaufgaben aller Art zu meistern. Die Leistungsbereitschaft ist entsprechend sehr schwach ausgeprägt.

Die Betreffenden haben in der Regel eine sehr geringe Frustrationstoleranz und können negative Emotionen wenig bis gar nicht regulieren. Der Unmut kommt quasi „ungebremst" in Konflikten oder aber auch während der Zusammenarbeit mit dem Sozialpädagogen zum Vorschein. In Konflikten wird Gewalt als gängige Lösung akzeptiert und infolgedessen gar nicht infrage gestellt.

Zu-Erziehende, die in dieser Lebensfalle festsitzen, haben eigentlich so gut wie immer „keinen Bock" und wissen gar nicht recht, warum eigentlich. Das „Kein Bock"-Syndrom bezieht sich üblicherweise auf die meisten Tage im Jahr. Sie kommen zu Terminen oft zu spät – insofern sie überhaupt sich „herablassen", anwesend zu sein.

In Konfliktsituationen erwarten oder brauchen sie oft Hilfe von außen („Nur meine Freunde können mich zurückhalten"). Mitarbeit, etwa in Bildungsinstitutionen, findet in der Regel nicht oder mittelpunktorientiert statt. In Hinsicht auf etwaige Arbeitsaufträge bereitet man sich mehr schlecht als recht vor – und macht dann den Sozialarbeiter für den Misserfolg verantwortlich. Findet einmal eine Gruppenarbeit statt, wird die Gelegenheit intuitiv genutzt – und man „chillt“ (oder stört=.

Null-Bock-Einstellungen, Clownsgehabe oder Abwertungen können das Resultat der bisherigen Biografie sein. Im Prinzip sind die Betreffenden gar nicht für ihre Entgleisungen verantwortlich. In der Regel wurden Person mit diesem Schema vom sozialen Umfeld wenig bis gar nicht gefordert.

Wahrscheinlich fand insgesamt wenig Reizstimulation statt. Entsprechend bauten die Jugendlichen auch keine Frustrationstoleranz auf, geschweige denn ein „gesundes“ Maß an Emotionsregulation. Eventuell waren die Eltern sogar in dieser Hinsicht die „passenden Vorbilder“.

Aber auch gegenteilige Verhältnisse sind denkbar: Der Heranwachsende wurde mit zu hohen Anforderungen überhäuft und dadurch in eine Art starre Abwehrhaltung gezwungen, die sich innerpsychisch verselbstständig hat und nunmehr leicht vor allem durch autoritär auftretende Fachkräfte aktiviert wird.

Liegen solche Voraussetzungen vor, so erreicht man durch strenges Auftreten rein gar nichts. Im Gegenteil, der Betreffende wird seinen „alten Film“ abspielen, eine „Show“ abziehen oder das eine oder andere Psychospiel starten wollen (siehe unten).

Der Fokus sollte zunächst mehr auf der Beziehungsgestaltung und weniger auf der „sachlichen Ebene“ liegen.

Schema, Schemamodi und die damit verbundenen Manipulationen

Sozialarbeiter mit diesem Schema…	Jugendliche mit diesem Schema…
… präsentieren 30 Berufsjahre lang dieselben Arbeitseinheiten … haben jedes Jahr viele Krankheitstage … kommen ihren Verpflichtungen gegenüber dem Dienstherrn „gerade so“ nach	… kommen oft zu spät oder machen „blau“ … sind unbeeindruckt von Versuchen, sie „auf den rechten Weg“ zu bringen … flippen schnell aus

Relevante Schemamodi: *Manipulierer, Trickser, Lügner, Ärgerliches (beziehungsweise Wütendes Kind), Impulsiv-undiszipliniertes Kind, Distanzierter Beschützer*

Formen der externalen Kausalattribuierung: „Der soll mich nicht so anschauen, sonst passiert was", „Die Anderen hätten mich in Ruhe lassen sollen, die wissen, dass ich schnell hochgehe", „Müsst ihr mich da reinziehen?"

Tests: Aus Klientensicht: „Ich bin mal schnell emotional und laut und hoffe auf einen Konflikt, dann wird das Thema auf was anderes gelenkt", „Ich halte mich zurück, damit der Sozialarbeiter nicht auf die Idee kommt, irgendwelche Ansprüche an mich zu stellen"; aus Sozialarbeitersicht: „Ich wirke anspruchslos, damit die Jugendlichen keine Bedürfnisse anmelden", „Ich werde rasend, dass die Klienten das machen, was ich sage!"

Images: „Ich mache, was ich will", „Wenn du Druck auf mich ausüben willst, entziehe ich mich deinem Machtbereich"

Beteiligte Appelle: „Bitte stelle keine Anforderungen an mich", „Lass mich in Ruhe", „Vorsicht, ich kann mich schwer steuern!"

Relevante Psychospiele: „Ja – nee" (Aufgaben übernehmen und dann alle im Stich lassen), „Harmlos" (nett sein, damit die Anderen einen in Ruhe lassen), „Starke Emotionen" (Blockierung durch meine starken Gefühle und dadurch in Ruhe gelassen werden)

Wie wird das Schema bewältigt?

1. Erduldung: Der Betreffende hat zwar Pläne und Vorstellungen in Bezug auf die Zukunft, aber er tut nichts, um sie zu realisieren. Anspruchsvolle Tätigkeiten werden außerdem weitgehend ausgeblendet. Man ist davon überzeugt: „Bevor ich etwas tue und scheitere, tue ich lieber nichts." Bei aufkommenden Problemen wird schnell aufgegeben. Die Frustrationstoleranz ist sehr gering. Manchmal kommt es auch zu Substanzmittelmiss-

brauch.

2. Vermeidung: In diesem Fall hält sich der Betreffende weitgehend aus allem heraus. Man drückt sich vor Verantwortung. Konflikte werden vorauseilend vermieden.
3. Kompensation: Wenn Betreffende ins andere Extrem fallen, werden aus heiterem Himmel plötzlich zahlreiche Projekte begonnen und mit allen Ressourcen, die es gibt, durchgezogen.

5.4 Schemata in der Gruppe 4: Fremdbezogenheit

Menschen, die von den Schemata in der Gruppe 4 beeinflusst sind, messen der Meinung der Mitmenschen viel zu viel Bedeutung bei. Genauer gesagt, die Bedürfnisse „der Anderen" stehen im Mittelpunkt des Alltags. Dies eigneten sich Betreffende ungewollt ebenfalls durch bestimmte kindliche Erfahrungen an. Häufig erlebte man das Prinzip „Liebe für Leistung" (ROEDIGER 2009a, 52).

Die Betreffenden mussten es weitgehend allen „recht" machen, mussten sich an die elterlichen Erwartungen anpassen, um sich akzeptiert und gut zu fühlen (Selbstwertaufbau durch Leistung und Gehorsam). Man kann in diesem Sinne von einer Übersozialisation sprechen. Die Auswirkungen zeigen sich entsprechend im Erwachsenenalter. Man lässt sich von den Anderen entsprechend vorauseilend dominieren oder opfert sich auf, um sich wertig zu fühlen.

In Hinsicht auf Gewalt bedeutet das zweierlei: 1. Man „schluckt" Unmut und Frust runter, um sich im Selbstwert stabil zu halten (richtet also Aggressionen gegen sich selbst, was in der Regel psychosomatische Phänomene provoziert); 2. Betreffende suchen sich manchmal Aggressionsventile, das heißt, Mitmenschen in noch schwächeren Positionen, die dann „büßen" müssen oder entladen ihren aufgestauten Frust in einem explosionsartigen „Ausgleich" (Gewalttat oder massive Unterrichtsstörung zur Stabilität des Selbstwerts).

12. Unterwerfung/Unterordnung

Viele Personen, die im Alltag ihre eigenen Bedürfnisse zwanghaft zurückhalten und stets vorauseilend (überzogen) entgegenkommend sind, stehen unter dem Einfluss des Schemas *Unterwerfung/Unterordnung.* Die Betreffenden erscheinen übertrieben freundlich und offenbaren gewissermaßen eine „Herdentiermentalität". Das heißt, sie gliedern sich kritiklos in die vorhandenen Hierarchien ein und lassen sich „einfach so" führen. Etwas Anderes kommt gar nicht infrage. Und: dieses Thema hat Tradition.

Anhand der Körpersprache wird die Motivation zur Unterordnung unbewusst vermittelt (Kopf senken, oft lächeln, (zu) häufig nicken). Ebenso neigt man auch viel zu oft dazu, dem Anderen zuzustimmen („Ja, ja, ja"). Widerspruch ist geradezu undenkbar.

In Gesprächen mit Respektspersonen zeigen Personen mit diesem Schema eine typische Wahrnehmung. – Sie konzentrieren sich ausschließlich auf den Interaktionspartner. Ständig geht es um die Fragen: Wie empfindet er? Findet er mich okay? Was denkt er jetzt über mich? Und danach: Wie empfand er? Fand er mich wirklich okay? Was dachte er wirklich über mich? usw.

Hinter diesen Angelegenheiten schwelt der Wunsch, dass der Andere bloß keine negativen Gedanken über den Betreffenden ausbrüten möge. Dadurch könnte ja, so die Auffassung, ein enormer Schaden entstehen. Das heißt, die Respektsperson könnte dem Betreffenden übel mitspielen, ihn verletzen, sich an ihm rächen o.Ä. Tatsächlich ist das Thema Rache sehr relevant.

Wird dieses Schema zu ausführlich „ausgelebt", kommt es in der Regel zu passiv-aggressivem Verhalten (andere verdeckt schädigen, Anforderungen von Mitmenschen schlampig erfüllen), zu psychosomatischen Beschwerden beziehungsweise zu unkontrollierten emotionalen Wutausbrüchen.

Letzteres trifft dann meistens die „Lieben" im engsten sozialen Kreis, die das Ganze nun gar nicht kapieren. Gerade an diesem Schema sieht man, wie fatal sich frühkindliche Konstellationen in der Ursprungsfamilie auswirken können.

Denn – und das liegt nahe – man kann annehmen, dass Personen mit diesem Schema „gelernt" haben, dass es in psychischer und physischer Sicht besser für sie ist, sich immer(!) an die Meinungen, Bedürfnisse und Stimmungen der „Respektspersonen" anzupassen.

Schema, Schemamodi und die damit verbundenen Manipulationen

Sozialarbeiter mit diesem Schema...	Jugendliche mit diesem Schema...
... „knicken" bei physisch-imposanten Jugendlichen ganz schnell ein, lassen sich einschüchtern ... sind streng und blind autoritätsgläubig ... haben wenig „Rückgrat"	... sind in der Gruppe „Mitläufer" ... kritisieren nie den Sozialarbeiter, weder dessen Methoden, noch dessen Auftreten ... befolgen immer die Aufforderungen des Pädagogen
Relevante Schemamodi: *Distanzierter Beschützer, Angepasster Unterwerfer, Manipulierer, Trickser, Lügner* **Formen der externalen Kausalattribuierung:** „Die Anderen würden sich an mir rächen, würde ich anecken", „Wären die Anderen nicht so gefährlich, würde ich mich auch nicht anpassen" **Tests:** Aus Klientensicht: „Ich gehe total auf dich ein, damit du mir nicht schadest"; aus Pädagogensicht: „Ich biedere mich an, damit ihr mich nicht benachteiligt" **Images:** „Ich komme in Frieden", „Ich bin zu 100 Prozent loyal" **Beteiligte Appelle:** „Denke gut über mich", „Bestrafe mich nicht" **Relevante Psychospiele:** „Ja, ja, ja" (allem zustimmen, was der Gesprächspartner sagt, mit dem Ziel, nur nicht negativ aufzufallen), „Diener" (vorauseilend unterwürfiges Verhalten zeigen, damit der Andere „gezwungenermaßen" den dominanten Part einnimmt)	

Wie wird das Schema bewältigt?

1. Erduldung: Betreffende ordnen sich aus Angst vor Strafe zwanghaft allen Personen unter, die sie als Autoritäten definieren. Unterschwellig kommunizieren sie Unterwürfigkeit. Das kann gegenüber dem Partner, einem Elternteil, Freund oder dem Chef praktiziert werden. Befehle werden nicht hinterfragt, sondern automatisch befolgt. Üblicherweise führt dies zur Aufstauung von Frust und Ärger.
2. Vermeidung: Der Betreffende umgeht Situationen, in denen er mit – aus seiner Wahrnehmung – Autoritätspersonen zu tun hat. Aufgetragene Aufgaben werden sehr gewissenhaft ausgeführt, um sich Stress zu ersparen.
3. Kompensation: Infolge dieses Mechanismus kommt es zu einem stark ausgeprägten Widerstand, der sowohl aktiv-rebellisch betrieben als auch passiv-aggressiv ausfallen kann. Es ist aber auch möglich, dass man seinen Frust mittels des Mechanismus *Identifikation mit dem Aggressor* (von früher) an Schwächeren auslässt. Aus dem Opfer wird infolge der Kompensation also ein Täter.

13. Aufopferung

Eine stark ausgeprägte Aufmerksamkeit bringen Personen mit diesem Schema ihren Mitmenschen ebenfalls entgegen – aber in diesem Fall dreht es sich vor allem darum, deren Bedürfnisse ausreichend zu befriedigen, und zwar *aktiv*.

Das Wohl und Wehe des Anderen steht im Vordergrund. Die Betreffenden sind davon überzeugt, dass sie „aus freiem Willen" den Bedürfnissen ihrer Mitmenschen nachkommen. Doch dem ist nicht so. Biografische Erfahrungen sind für die Ausprägung dieser Lebensfalle verantwortlich.

Oft wurde das Thema „Für die Anderen da sein" von mindestens einem Elternteil vorgelebt. Oder aber der Betreffende musste schon (zu) früh Verantwortung in Hinsicht auf die Existenzsicherung der Familie übernehmen, etwa aufgrund von bestimmten Belastungen ein Geschwister „mit erziehen" – oder um Beachtung (Liebe) zu bekommen.

Menschen mit diesem Schema können sich unglaublich gut in andere einfühlen. Braucht jemand Hilfe – er wird nicht lange warten müssen. Der „Helfer" schreitet sogleich ein, um „Gutes" zu tun.

Doch es gibt natürlich auch eine Kehrseite der Medaille: Man kann sich oft nicht ausreichend abgrenzen, leidet entsprechend „zu viel" mit den Anderen mit beziehungsweise fühlt sich irgendwann überfordert. Dies führt in der Regel irgendwann zu Spannungen.

Mit diesem Schema einher geht gewöhnlich die Unfähigkeit, selbst einmal Hilfe in Anspruch zu nehmen. Stets will man den „starken und abhängigkeitsfördernden Part" übernehmen. Bekommt man für die Aufopferung Dank entgegengebracht, so tut man sich oft damit schwer beziehungsweise steigt verstärkt in die Unterstützung ein.

Jugendliche mit diesem Schema wenden Gewalt oft zur Zementierung vorhandener Beziehungen an beziehungsweise sichern sich durch aufopfernde Hilfe in Konfliktsituationen den Zuspruch anderer wichtiger Personen. Dahinter stehen allerdings oft das Bedürfnis, sich bedeutend zu fühlen. Ebenso wird Einsamkeit durch Gewalt vermieden, Zugehörigkeit wird geklärt und der Selbstwert steigt.

In Alltagsgesprächen fallen Personen mit diesem Schema vor allem positiv durch ihre ausgeprägte Zuhörer-Mentalität auf.

Schema, Schemamodi und die damit verbundenen Manipulationen

Sozialarbeiter mit diesem Schema...	Jugendliche mit diesem Schema...
... lassen die Lebens- beziehungsweise Leidensgeschichten der Schüler viel zu nahe an sich heran (und nehmen sie mit nach Hause) ... haben Probleme damit, ein kritisches Feedback zu formulieren ... haben Abneigung gegenüber konfrontativen Methoden und emotional aufgeladenen Situationen	... kümmern sich sehr um die Belange der Gruppe ... neigen dazu, die Gruppe als „ihre" Gruppe anzusehen (was irgendwann Konflikte nach sich zieht) ...opfern sich in Konflikten für andere auf und klären diese für die Anderen ... leiden manchmal unter psychosomatischen Krankheiten
Relevante Schemamodi: *Verletzbares Kind, Distanzierter Beschützer, Distanzierter Selbstberuhiger, Manipulierer, Trickser, Lügner, Zwanghafter Kontrolleur, Innerer Antreiber (nach innen und außen wirkend)*	

Formen der externalen Kausalattribuierung: „Das sind meine Freunde, da muss ich einschreiten und helfen“, „Die Anderen können das nicht!“

Tests: Aus Klientensicht: „Ich offenbare eine Helfer-Mentalität in mir wichtigen Belangen, damit die Gruppe und der Pädagoge mein Engagement würdigen und anerkennen“; aus Sozialarbeitersicht: „Ich vermittele eine Helfer-Mentalität, damit ich meinen Jugendlichen Gutes tun kann und ich mich nützlich fühle“

Images: „Ich bin für dich da“, „Ich habe viele Kompetenzen“

Beteiligte Appelle: „Sag mir, wenn du Hilfe brauchst und erzähle mir deine Probleme“, „Sei nicht selbstständig“

Relevante Psychospiele: „Ich bin die Kompetenz“ (... ständig auf der Suche nach Problemen und sofort „aktiv“ werden, sobald Hilfebedarf erkannt wird), „Ich bin stabil und erfahren“ (auf die Mitmenschen einen selbstsicheren Eindruck machen und gleichzeitig von Krisen erzählen, die man erfolgreich durchgestanden hat)

Wie wird das Schema bewältigt?

1. Erduldung: Man gibt sich als starke Helferpersönlichkeit und engagiert sich übermäßig für seine Mitmenschen. Man richtet sich ein hilfsbedürftiges soziales Umfeld ein. Selbstsichere, starke Persönlichkeiten werden außen vor gelassen. Viele Klienten mit diesem Schema ergreifen einen Helferberuf.
2. Vermeidung: Man schwört vielen engen Beziehungen, in denen das Helfer-Thema die Grundlage war, ab. Eine andere Möglichkeit, dieses Schema zu vermeiden, besteht im sozialen Rückzug.
3. Kompensation: Betreffende stoppen von jetzt auf gleich aufgrund ihrer Frustration ihre Hilfsbereitschaft (das Umfeld gibt ja verständlicherweise nur wenig zurück). Man gibt sich augenscheinlich egoistisch und nicht mehr altruistisch.

14. Streben nach Zustimmung und Anerkennung

Eine möglichst positive Außenwirkung wird angestrebt von Personen, die unter dem Einfluss des Schemas *Streben nach Zustimmung und Anerkennung* stehen. Man denkt, fühlt und handelt extrem außenorientiert. Weil der seelische Schwerpunkt entsprechend „nach draußen" verlagert ist, wird, im jeweiligen Kontext, vorauseilend sozial erwünschtes Verhalten gezeigt.

Das Ganze hat ein wichtiges Ziel für den Jugendlichen: Einen hohen sozialen Status erlangen beziehungsweise „ausstrahlen". In den Augen der Anderen will man durch seine Leistungen (Gewalt) als „tadelloser und unverzichtbarer Held" gelten. Der Nachteil dabei: Man vernachlässigt seine eigenen Bedürfnisse, Meinungen und sonstigen Anliegen. Man ist nicht „bei sich".

Oft schießen Betreffende weit über das Ziel hinaus. Sie wollen beispielsweise über Mobbing viele positive Reaktionen bekommen und wirken somit regelrecht penetrant. Auch durch körperliche Gewalt kann man sich viel Beachtung und Aufmerksamkeit erschaffen, je nach dem, welche Werte und Normen in der jeweiligen Subkultur gelebt werden. Möglicherweise wird auch die Kasperrolle innerhalb einer Klasse eingenommen, um viel Zustimmung (Lacher) zu bekommen.

Vielleicht erwähnt man viel zu oft, was man am Tag so alles geleistet und für wen man sich alles eingesetzt hat. Das Thema „Fishing for Compliments" wird dann regelrecht ausgereizt, was sich dann kontraproduktiv zeigt, indem es auf andere unangenehm, angstauslösend oder auch peinlich wirkt.

Äußerlich orientiert man sich am gerade aktuellen „Lifestyle", trägt die entsprechenden Klamotten, und man spricht ausschließlich über das, was gerade „in" ist. Weitere relevante Lebensinhalte sind: Status, vollbrachte Leistungen, Erfolg – und, wenn vorhanden, auch Geld (YOUNG et al. 2008, 316).

Man agiert wie ein Chamäleon und offenbart den Anderen gegenüber oft ein gewisses „Gönnertum". Gleichzeitig verfällt man dann und wann in eine unterwürfige Rolle (siehe oben), um zum Ziel zu kommen (positive Aufmerksamkeit/Bewunderung). Meistens haben Personen mit diesem Schema von ihren Bezugspersonen „gelernt", dass es wichtig ist, in den Augen der wichtigen „Anderen" und „Freunde" gut dazustehen.

Schema, Schemamodi und die damit verbundenen Manipulationen

<table>
<tr><td>Sozialarbeiter mit diesem Schema…</td><td>Jugendliche mit diesem Schema…</td></tr>
<tr><td>… erzählen den Jugendlichen viel zu oft aus dem eigenen Leben (und wollen dafür Anerkennung)
… arbeiten viel zu pädagogenzentriert</td><td>… engagieren sich für die Interessen der Gruppe (und wollen dabei nicht auf den Beifall verzichten)
… sind sehr statusorientiert
… mobben, stören und schlagen „gern"</td></tr>
<tr><td colspan="2">Relevante Schemamodi: Distanzierter Beschützer, Manipulierer, Trickser, Lügner, Innerer Antreiber (nach innen wirkend)

Formen der externalen Kausalattribuierung: „Hier ist es so langweilig, ich muss etwas auflockern und für Spaß sorgen", „Die Anderen wollen das so"

Tests: Aus Klientensicht: „Ich bin „in" und demonstriere das ausführlich – dafür möchte ich Bewunderung"; aus Pädagogensicht: „Ich erzähle von eigenen Lebensleistungen und möchte dafür Bestätigung"

Images: „Alleinunterhalter", „Ich möchte Anerkennung"

Beteiligte Appelle: „Ich möchte Lob und Beachtung von Dir", „Übertrumpfe mich nicht"
Relevante Psychospiele: „Witze auf Kosten anderer" (dafür Applaus bekommen wollen), „One for you, two for me" (aushelfen und dafür extrem viel Anerkennung einheimsen wollen)</td></tr>
</table>

Wie wird das Schema bewältigt?

1. Erduldung: Betreffende erzwingen oft Bewunderung und Anerkennung vonseiten der Mitmenschen. Ohne das Lob, den Zuspruch der Anderen ist die eigene Leistung nichts wert. Zentral ist das Motto „fishing for compliments".
2. Vermeidung: Nunmehr wird strikte Anpassung praktiziert, um nicht negativ aufzufallen. Entsprechend werden vermeintlich strenge Persönlichkeiten umgangen.

3. Kompensation: Betreffende spielen sich zwanghaft und übertrieben in den Vordergrund, was dazu führt, dass die Mitmenschen sie negativ einschätzen. Oder aber man provoziert gezielt negative Aufmerksamkeit, etwa durch Nonkonformismus (etwa Links- oder Rechtsradikalismus).

5.5 Schemata in der Gruppe 5: Übertriebene Wachsamkeit und Gehemmtheit

Eine übermäßige Unterdrückung von Emotionen und Impulsen ist ein charakteristisches Merkmal von Menschen, die die folgenden Schemata offenbaren. Meistens hat dieses Merkmal Tradition, das heißt, schon früher musste man sich zu sehr und viel zu oft „zusammenreißen" und sich „kontrollieren".

Eine Auswirkung dieser Erziehungsphilosophie kann sein, dass Betreffende ihren Frust im Hier und Jetzt nicht direkt ausleben, sondern unterdrücken oder „gut dosiert" - und unter dem Deckmantel des Rationalen („Strafe muss jetzt sein, das sind die Regeln!") zeigen.

Das Thema Gewalt ist aus dieser Perspektive „kognitiver" zu behandeln, da den Betreffenden aggressive Impulse meistens nur teilweise bewusst werden. Das heißt, man kann dem Betreffenden nur sehr schwer klarmachen, dass er durch sein Verhalten sadistische Impulse befriedigt.

So können sich Jugendliche durch dieses Muster immer wieder in unangenehme emotionale Situationen bringen, die sie dazu zwingen, ihre Gefühle zu unterdrücken. Sie fallen unbewusst auf und suchen nach Reglementierung ihrer dadurch entstandenen Gefühle. So können sie sich ihre erlernten Gefühlsunterdrückungsmechanismen bestätigen.

Durch das Empfinden oder Verdrängen von unangenehmen Gefühlen kann aber auch versucht werden, sich gut zu fühlen und Lust zu empfinden. Infolge der Erduldung dieser Schemata wird viel Energie dafür verwendet, um Lust durch angenehme oder unangenehme Gefühle zu erfahren. Man bringt sich immer wieder in Situationen, die unangenehme Gefühle erzeugen, die aber nach alt bewährter Manier „gern" ausgelebt oder aber unterdrückt werden.

15. Emotionale Gehemmtheit

Von ihrem Bedürfnis-/Motivsystem im hohen Grad entfremdet sind Personen mit dem Schema *Emotionale Gehemmtheit.* Ihr Lebensstil ist im Allgemeinen sehr „vernunftorientiert" und geradlinig. Ihre Existenz verläuft normalerweise in geregelten Bahnen. Spontaneität und Impulsivität sind entsprechend Fremdwörter im Sprachschatz eines solchen Menschen. Angenehme Impulse (laut lachen, mal vor Freude weinen, in den Himmel „hochjauchzen" usw.) werden gewöhnlich genauso unterdrückt wie unangenehmere (Ärger, Trauer, Scham). Nach außen hin will man immer gleichartig wirken, nämlich „gefühlskontrolliert".

Durch Alkohol- und Drogenkonsum, in der Gewaltausübung, durch anerkanntes Leid (Tod des Freundes) beziehungsweise Freude beim Fußball können Jugendliche einfacher aus diesem Muster heraustreten und somit versuchen ihre vorhandenen Emotionen „offiziell erlaubt" auszuleben.

So werden am Wochenende häufig konfliktträchtige Situationen oder Partyanlässe gesucht, um die bis dahin unterdrückten Emotionen innerhalb von Gewalttaten beziehungsweise „Komasaufen" herauszulassen. Hinter diesem Auftreten stehen oftmals Ängste, für die Äußerung der wahren Bedürfnisse, Emotionen und Impulse bestraft zu werden.

Diese Furcht hat keine aktuellen, sondern biografische Gründe: Meistens entstand sie infolge einer autoritären Erziehung, und zwar schon in der frühen Kindheit. Dem Betreffenden war es entsprechend nicht gestattet, seine Emotionen, Stimmungen und Launen zu *zeigen*.

Er musste lediglich „zeitnah" funktionieren, „brav" sein, das heißt, den zahlreichen elterlichen Anordnungen Folge leisten. War dies einmal nicht der Fall, gab es negative Konsequenzen, in vielerlei Variationen (etwa Liebesentzug). Dieses Erziehungsmuster wurde dann verinnerlicht, quasi neuronal „eingebrannt". Nunmehr steht der Betreffende zeitlebens unter dem Einfluss dieses Schemas, das lediglich eine kindliche Wahrnehmung repräsentiert.

Personen mit diesem Muster unterdrücken oft ihre Mimik, besonders in Konflikten oder emotionalen Situationen. Oft denken und äußern sie sich gern präzise, häufig auf der Sachebene und durchdenken viele Aufgaben mit hohem kognitiven Aufwand, um nicht Fehler zu machen und dadurch Emotionen zeigen zu müssen.

Das ist zwar sehr zeitintensiv, trägt aber gleichzeitig dazu bei, dass man als „kontrolliert" wahrgenommen wird – was insgeheim auch beabsichtigt ist. Man erwartet das auch von sich selbst. Es verwundert nicht: Jugendliche mit diesem Muster sind daher oft mit anderen Menschen zusammen, die sie aus ihrer emotionalen Gehemmtheit „herausholen" und ihre Emotionen stellvertretend leben.

So gesehen sind Personen mit diesem Schema „brave Kinder", die Angst vor „Kontrollverlust" haben, sollten sie mal „aus der Reihe tanzen", obwohl dieser Wunsch oft stark vorhanden ist.

Schema, Schemamodi und die damit verbundenen Manipulationen

<table>
<tr><td>Sozialarbeiter mit diesem Schema...</td><td>Jugendliche mit diesem Schema...</td></tr>
<tr><td>... wirken wie „blutleere" Automaten
... sind viel zu streng
... verbringen zu viel Zeit mit Ermahnungen und dem Verbalisieren schlechter Zukunftsprognosen
... arbeiten viele Jahre mit demselben Material
... wirken altmodisch</td><td>... suchen Menschen und Situationen, die Emotionen auslösen können, um ihre unterdrückten zu leben
... brauchen eine „enge" Führung und klar formulierte Arbeitsaufträge
... fühlen sich bei autoritären Sozialarbeitern wohl</td></tr>
<tr><td colspan="2">Relevante Schemamodi: Distanzierter Beschützer, Aggressiver Beschützer, Angreifer- und Schikanierer-Modus, Selbsterhöher, Innerer Antreiber (nach innen und außen wirkend), Innerer Bestrafer (nach innen und außen wirkend)

Formen der externalen Kausalattribuierung: „Die anderen wollen mir was Böses, deswegen zeige ich mich nicht, wie ich eigentlich bin"

Tests: Aus Klientensicht: „Ich zeige nicht, was mich bewegt und demonstriere Desinteresse (damit ich mich nicht blamieren muss)"; aus Pädagogensicht: „Ich formuliere Gebote und Verbote, um die Schüler zu kontrollieren"

Images: „Mich bewegt so schnell nichts, mit emotionalem Auftreten ist bei mir nichts zu holen", „Ich bin gechillt und entspannt"</td></tr>
</table>

Beteiligte Appelle: „Funktioniere so, wie ich es will", „Lass mich in Ruhe und bringe mich nicht in unangenehme Situationen"

Relevante Psychospiele: „Interessiert mich nicht" (den Gesprächspartner durch Desinteresse ärgern und ihn sogar zu Gefühlen zu bewegen und ihn dafür innerlich auszulachen), „Ist mir egal" („Lass mich in Ruhe, ich will mich hier nicht zeigen!")

Wie wird das Schema bewältigt?

1. Erduldung: Betreffende sind in allen Lebensbereichen sehr um Contenance, Ruhe, Gefühlskontrolle, kurz: um einen rational vertretbaren Lebensstil bemüht. Es dominiert die Sachlichkeit, Logik, sprich die Maxime: „Wenn ich Gefühle zeige, ist das schlecht!"
2. Vermeidung: Menschen, Hobbys und Situationen, die Gefühle aufwerfen, werden im Alltag gemieden. Man etabliert ein soziales Umfeld, das in die eigene rationale Lebensphilosophie passt.
3. Kompensation: Betreffende neigen in diesem Fall zu Alkohol- oder sonstigen Exzessen, bei denen die Gefühle und Emotionen schon gezwungenermaßen zutage treten. Populärer ist aber die Tendenz, sich in eine straffe Berufsstruktur zu integrieren.

16. Überhöhte Standards

Extrem perfektionistisch und tadellos in allen Lebenslagen erscheinen... – so agieren Personen mit dem Schema *Überhöhte Standards.* Alle Alltagsangelegenheiten werden mit demselben – überdurchschnittlichen – Engagement angegangen und bewältigt. Es gilt das Motto „Wenn etwas gemacht wird, wird es *richtig* gemacht" beziehungsweise „Es gibt immer was zu tun".

Man lebt weniger im Hier und Jetzt, sondern die Aufmerksamkeit kreist oft um die Zukunft. Der Maßstab, mit dem die eigenen Leistungen, aber auch die der Mitmenschen bewertet werden, ist viel zu hoch. Und der Betreffende meint dennoch: „Das ist doch normal!" Das ganze Leben dreht sich darum, (a) etwas zu *tun*, (b) perfektionistisch zu sein (c) und Zeit zu sparen.

Entsprechend wirken oftmals betroffene Jugendliche: Sie wollen, dass sich alle nach ihren Maßstäben verhalten, genauso, wie sie es für richtig halten. Wenn sie intensive Freundschaften leben, dann sollen alle es auch so machen. Setzen sie sich für andere in Konflikten ein, so erwarten sie es auch von anderen. Wird sich nicht an ihre Vorstellungen gehalten, droht schnell ein emotionales Drama oder persönliche Enttäuschung mit nachfolgendem Rückzug.

Der persönliche Vorteil durch das Ausleben dieses Schemas sind Glücksgefühle, die durch das Erreichen oder auch das Nichterreichen der vorgegebenen Standards entstehen. Viele Jugendliche setzen sich dadurch (unbewusst) absichtlich ihre Anforderungen viel zu hoch, um diese nicht zu erreichen, um daraufhin traurig und frustriert zu sein. Damit können sie sich ihre Lebenserfahrungen aus ihrer Kindheit wieder bestätigen.

Unserer Erfahrung nach gibt es überdurchschnittlich viele Personen in sozialen Berufen, die dieses Schema ausgeprägt haben, besonders im Praxisfeld Schule. Die Betreffenden sind übertrieben engagiert, kennen kein „Ende" und überarbeiten sich (selbstmotiviert). Sie meinen dann, sie *hätten* Stress, der quasi „von außen" an sie herangetragen werden würde. Doch tatsächlich ist dieser Stress „hausgemacht". Das wird aber nicht gesehen. Die Gefahr des Burn-out-Syndroms ist im Falle dieses Schemas sehr präsent.

Einige Worte zu den Ursachen: In der Regel erlebten Personen mit diesem Schema in ihrer Kindheit Bezugspersonen, die demselben Muster verhaftet waren. Der Heranwachsende wurde entsprechend häufig mit hohen Erwartungen konfrontiert. Erfüllte er sie, etwa in der Schule, wurde *seine Leistung* anerkannt (nicht er als Person).

Genauso haben wir Erfahrungen gesammelt, dass einige Jugendliche die Erfolglosigkeit ihrer Eltern ertragen mussten, die versuchten, ihren Kindern zu beweisen, dass jene noch „erfolgloser" als sie selbst wären. Damit waren die Kinder bis heute dazu angehalten, ihren Eltern zu beweisen, dass sie doch durch große Leistungen „etwas wert sind".

Das Familienleben war meistens fokussiert auf die Themen „Arbeiten", „etwas leisten", „Perfektionismus". Diese Konstellation führte meistens dazu, dass die Heranwachsenden eine extreme Außenorientierung entwickelten, die die Entfaltung des eigenen Selbst behindert beziehungsweise erstickten.

Schema, Schemamodi und die damit verbundenen Manipulationen

<table>
<tr><td>Sozialarbeiter mit diesem Schema...</td><td>Jugendliche mit diesem Schema...</td></tr>
<tr><td>... bereiten ihre Arbeitseinheiten zu 100 Prozent „perfekt" vor
... vermitteln den Schülern die einseitige Philosophie, dass es im Leben alleine auf Leistung und Perfektionismus ankommt</td><td>... definieren sich vor allem über Leistungsbereitschaft
... werden schnell emotional, wenn Erwartungen nicht gehalten werden können
... fühlen sich ganz schnell minderwertig, wenn sie nicht zu den „Besten der Gruppe" gehören</td></tr>
<tr><td colspan="2">Relevante Schemamodi: Selbsterhöher, Innerer Antreiber (nach innen und außen wirkend)

Formen der externalen Kausalattribuierung: „Die Anderen haben sich nicht so verhalten, wie es sich gehört", „Die haben mich verraten"

Tests: Aus Klientensicht: „Ich mache den bestmöglichen Eindruck auf den Pädagogen, um ihn mit meinen Stärken zu beeindrucken"; aus Sozialarbeitersicht: „Ich erscheine moralisch und leistungsstark, damit die Klienten mich schätzen"

Images: „Mir liegt viel an der Beachtung anderer", „Ich bin besonders – und heimlich stolz darauf"

Beteiligte Appelle: „Bewundert und wertschätze mich", „Werdet so wie ich"

Relevante Psychospiele: „Moralapostel" („Ihr solltet euch an mir messen, denn ich weiß, was richtig ist!"), „Monolog" (den Gesprächspartner durch die Beschreibung der generösen Einzigartigkeit beeindrucken wollen)</td></tr>
</table>

Wie wird das Schema bewältigt?

1. Erduldung: Das Bemühen um Perfektion bestimmt den Alltag, und zwar ohne Rücksicht auf die Kosten, die daraus entstehen (etwa in Bezug auf die Partnerschaft). Das Zeitmanagement ist unprofessionell, weil ausschließlich Stress fördernd. Man frönt dem Motto: „Es gibt immer was zu tun!" Das heißt, es herrscht ein großer Vorrat an Arbeitsaufträgen vor.
2. Vermeidung: Aufgaben werden aufgeschoben, besonders diejenigen, die von Mitmenschen beurteilt werden. Projekte mit niedrigem Anspruch werden begonnen. Eventuelle Ruhephasen werden mit Beschäftigungen überbrückt.
3. Kompensation: In diesem Fall werden nunmehr keinerlei Leistungsstandards erfüllt. Eventuell erwartet man von anderen das, was man selbst jahrelang erbracht hat. Im Extrem sieht das (in Bezug auf die eigene Person) so aus, dass verordnete Aufgaben ungenau, ja gewissermaßen schlampig erledigt werden, was ein Hinweis auf die Verweigerungshaltung des Perfektionisten ist. Sogar der komplette Ausstieg aus dem Leistungsdenken ist im Bereich des Möglichen.

17. Negatives hervorheben

Personen mit dem Schema *Negatives hervorheben* frönen ausgiebig dem Pessimismus oder dem Auffallen durch unangenehmes Verhalten. Im Alltag offenbart sich dieses Muster vor allem in der steten Annahme, dass in vieler Hinsicht „das Glas" halbleer ist.

Der Betreffende erwartet eine „baldige Krise", und die Hinweise darauf scheinen Personen mit diesem Muster jederzeit wahrzunehmen. Dafür verantwortlich ist eine selektive Wahrnehmung. Gesprächspartner werden in der Regel weitschweifig davon überzeugt, dass eigentlich „alles negativ ist" und „Anstrengungen keinen Sinn machen". Dadurch „bestätigt" sich das unangenehme Gefühl.

Themen, die erfahrungsgemäß bei Jugendlichen oft in Erscheinung treten, können betitelt werden mit: „Ich schaffe das eh nicht", „Hauptsache: auffallen", „Das macht eh keinen Sinn", „Ich habe eh keine Chance", „Früher war alles besser" o.Ä.

Andere Varianten drehen sich nach YOUNG et al. (2008, 320) um „Schmerz, Tod, Verlust, Enttäuschung, Verrat, Misserfolg und Konflikt". Mit logischen Argumenten kann man die negative Einstellung des Anderen nicht korrigieren. *Die allgemeinen und speziellen Zustände dürfen gar nicht positiv „sein".* Und so findet man immer ein „Haar in der Suppe".

Ein weiteres relevantes Phänomen, das im Rahmen dieses Schemas auftaucht: Die eigenen negativen Erfahrungen werden als *extrem* verwerflich dargestellt. Es ist klar: Natürlich ist der Alltag nicht frei von unliebsamen Begegnungen, Unstimmigkeiten, Problemen usw. Damit muss man leben.

Hört man aber Personen mit diesem Schema zu, kommt man leicht zu dem Eindruck, dass die Welt „einer Hölle" gleicht. Der Betreffende kommt gar nicht auf die Idee, dass er selbst die Kleinigkeiten überproportional negativ darstellt, und zwar in der Art, als hätten sie immense Auswirkungen für ihn (dabei treffen sie jeden).

Täglich wird gegrübelt, was das Zeug hält. Die negativen Gedanken lösen auch Anspannungszustände und Stress aus – dieser Zusammenhang ist dem Betreffenden nicht bewusst. Die unliebsamen Körperzustände werden in die „Mir egal"-Einstellung eingeflochten, kommen also gerade recht.

In Hinsicht auf die Ursachen dieses Schema spielen wahrscheinlich vor allem lernpsychologische Aspekte eine Rolle. Das heißt, häufig erlebten die Betreffenden „passende" Vorbilder mit derselben Einstellung dem Leben gegenüber; deren Anschauungen wurden dann entsprechend psychisch verinnerlicht. ROEDIGER (2009a) konstatiert, dass die Eltern wahrscheinlich selbst ängstlich waren und den Lebensradius des Heranwachsenden entsprechend reduzierten.

Schema, Schemamodi und die damit verbundenen Manipulationen

<table>
<tr><td>Sozialarbeiter mit diesem Schema...</td><td>Jugendliche mit diesem Schema...</td></tr>
<tr><td>... wirken auf die Heranwachsenden sehr demotiviert
... können die Gruppe nicht motivieren
... strapazieren die Geduld der Heranwachsenden mit langen Ausführungen über die „Gefahren des Alltags“</td><td>... finden erst einmal alles Mögliche schlecht
... fallen gern durch negatives Verhalten auf
... versuchen ihre Mitmenschen davon zu überzeugen, dass „alles scheiße“ ist</td></tr>
<tr><td colspan="2">Relevante Schemamodi: Verletzbares Kind, Selbsterhöher, Distanzierter Beschützer, Innerer Bestrafer (nach innen wirkend)

Formen der externalen Kausalattribuierung: „Die Anderen sind viel zu optimistisch“, „Ich muss mich so verhalten, dass ich von den anderen überhaupt bemerkt werde“

Tests: Aus Klientensicht: „Ich stoße die Anderen mit meiner Meinung vor den Kopf, um sie zu provozieren“; aus Pädagogensicht: „Ich führe Inhalte durch, die die Gruppe nervt“

Images: „Ich bin alles leid“, „Ich muss mich schützen“

Beteiligte Appelle: „Beachte mich“, „Überfordere mich nicht und hilf mir“

Relevante Psychospiele: „Katastrophe“ (die Mitmenschen warnen, damit sie sich schützen – so wie ich mich schütze), „Überzeuger“ (die Anderen von der Realität – „Alles ist mies“ – überzeugen wollen, damit sie sich so schlecht fühlen)</td></tr>
</table>

Wie wird das Schema bewältigt?

1. Erduldung: Der Betreffende beschäftigt sich im Alltag ausschließlich mit negativen Inhalten (Krankheiten, Tod, Unfälle usw.). Positive Erfahrungen werden unbewusst vermieden beziehungsweise „übersehen". Stets wird der *worst case* erwartet.
2. Vermeidung: Durch räumliche Einkapselung und/oder Alkoholmissbrauch versucht man, negative Empfindungen und Erwartungen zu verdrängen. Es wird außerdem eine Gewohnheitstier-Mentalität entwickelt. Den üblicher kleinen Bewegungsradius behält man bei. Alles, was neu und somit unbekannt ist, wird links liegen gelassen.
3. Kompensation: Betreffende werden nunmehr zu zwanghaften Optimisten, reden Risiken übermäßig klein. Eine Neigung zu Risikoverhaltensweisen kann entstehen.

18. Bestrafungsneigung

Wer von diesem Muster beeinflusst ist, der fühlt sich dazu berufen, sämtliche Fehler der Mitmenschen zu ahnden oder seine Fehler von anderen bestrafen zu lassen. Und Fehler gibt es aus Sicht des Betreffenden zahllose. Auch man selbst hat hohe moralische, perfektionistische Ansprüche an die eigene Person.

Nicht die kleinste, selbst unbedeutendste Verfehlung bleibt ungeahndet. Diese Phänomene haben auch Auswirkungen im pädagogischen Setting. Ein Beispiel: Kommt es irgendwann zu „Fehlern" auf Klientenseite, bestraft der Pädagoge (mit diesem Schema) den Betreffenden umgehend. Dabei ist die Fachkraft unnachgiebig, unempathisch und vor allem *ungeduldig*. Es darf aus Sicht des Betreffenden einfach keine Unvollkommenheiten und „Ausraster" geben. Dies zeigt sich auch im sogenannten Alpha-Tier-Verhalten in einer Gruppe.

Wenn etwa der „Anführer" von diesem Schema beeinflusst ist, so bestraft er die Fehler und Vergehen der Gruppenmitglieder, und das sehr streng. In der Regel kommt es dann zu Aggressions- und Gewaltausbrüchen.

Es wird zu viel Aufmerksamkeit aufgebracht für „menschliches Versagen". So werden manchmal kleinste Versäumnisse genutzt, um jemanden durch Beziehungsentzug oder durch Gewaltausübung zu bestrafen. Selbstbefriedigende Gefühle können dadurch entstehen.

Im Alltag erscheinen Personen mit diesem Schema moralisierend und intolerant. Humor ist weniger existent. Vorwiegend wird auf der Sachebene kommuniziert. Beliebte Gesprächsthemen sind: „fehlerhafte Erlebnisse", „mit Fehlern beladene Mitmenschen" oder „Kontrolle".

Ist man selbst einmal in einer Situation, in der man als „Sünder" mit seinen Taten von Menschen mit diesem Schema konfrontiert wird, nützt vor allem eins wenig: eine Entschuldigung aussprechen. Die zählt nicht. Das Einzige, was zählt, ist die Bestrafung. Mildernde Umstände gibt es auch eher selten. Doch in solchen Fällen gilt es, inneren Abstand herzustellen.

Machen Sie sich klar: Es würde jeden anderen Menschen an Ihrer Stelle genauso treffen. Interessant sind Stimmlage, Mimik und Gestik, die Personen mit diesem Muster zeigen, sobald sie in „ihrem Element sind". Sie sprechen mit einem sehr hohen rationalen Anteil, schauen sehr streng und gestikulieren „von oben herab". Dies ist kein Zufall, denn die Ursachen dieses Schemas sind meistens ganz eindeutig: Der Betreffende lebte meistens mit autoritären Bezugspersonen zusammen, die einen Hang zum Bestrafen hatten.

Der Betreffende *wird* in Situationen (Jahre später), in denen er den Fehlern der Anderen nachspürt und sie bestraft, zu einer wichtigen Bezugsperson von früher (die auch maßgeblich für die Entstehung dieses Musters verantwortlich war).

Schema, Schemamodi und die damit verbundenen Manipulationen

Sozialarbeiter mit diesem Schema...	Jugendliche mit diesem Schema...
... legen zu viel Wert auf Disziplin, Ordnung und Anstand ... verbringen sehr viel Zeit damit, Tadel zu formulieren und auszuteilen ...stellen Behauptungen auf, die ihnen Kritik einbringt	... neigen dazu, ihre Gruppenmitglieder für „Verfehlungen" zu bestrafen ... sind viel zu selbstkritisch und warten auf Bestrafung ... zeigen Verhaltensauffälligkeiten, wenn sie keine guten Leistungen erzielen

Relevante Schemamodi: *Selbsterhöher, Schikanierer- und Angreifer-Modus, Distanzierter Beschützer, Innerer Antreiber (nach innen und außen wirkend), Innerer Bestrafer (nach innen und außen wirkend)*

Formen der externalen Kausalattribuierung: „Die Anderen sind von Grund auf schlecht/böse", „Würden die Anderen nicht so viele Fehler machen, müsste ich nicht so streng sein"

Tests: Aus Klientensicht: „Ich bin überkritisch, damit die Anderen merken, auf was es mir ankommt", „Ist das kein Grund zur Bestrafung?"; aus Sozialarbeitersicht: „Ich gebe den Takt vor, damit ihr euch anpasst; ich habe die alleinige Macht!"

Images: „Ihr müsst mir folgen", „Ich bin unnachgiebig bei Fehlern", „Die anderen haben recht und ich es verdient"

Beteiligte Appelle: „Halte dich an meine Regeln", „Bemühe dich", „Schlag mich"

Relevante Psychospiele: „Gerichtssaal" (den Gesprächspartner in Überlänge für seine Vergehen anklagen und über ihn richten), „Moses" (Monologe über Regeln, Moral und Anstand halten, damit die Anderen „folgen")

Wie wird das Schema bewältigt?

1. Erduldung: Betreffende sind hart und streng zu sich selbst und zu anderen. Auf Strafe wird bestanden, sobald jemand einen Fehler macht. Man hegt eine Vorliebe für hierarchische Berufe.
2. Vermeidung: Man erfüllt nach bestem Wissen und Gewissen seine „Pflicht". Das Motto lautet: „Befolge alle Regeln". Bestimmte Mitmenschen werden im Alltag aus Angst gemieden.
3. Kompensation: Betreffende verstecken sich hinter Regeln; oder aber sie zeigen zum Erstaunen der Umwelt Milde (und ärgern sich heimlich).

5.6 Vorgehensweisen und Ziele

So viel zu der Relevanz und den möglichen Auswirkungen verschiedener Schemata und Schemamodi – sowohl seitens der Fachkraft als auch seitens der Jugendlichen. Die Kenntnis der erwähnten Modi ist wichtig in Hinsicht auf den Umgang mit der „schwierigen" Klientel. Denn sie ist die Grundlage der schemapädagogischen Interventionen. Es ist dabei immer zu beachten, welches Schema gerade aktiviert ist und wie man damit umgeht.

Ebenso ist die Kombinationsmöglichkeit von verschiedenen Schemata zu wichtig. Die Muster beeinflussen sich gegenseitig und bedingen oft einander. Hilfreich ist in unserer Arbeit das Entwickeln von Verhaltensskizzen (siehe Kapitel 2.2), die es uns erleichtern, sich die Schemata, die Auswirkungen im Verhalten und die dahinter stehenden Bedürfnisse der Jugendlichen bewusst zu machen. Dies hat sich auch in der direkten Arbeit mit den Klienten zur Bewusstmachung ihrer Muster, ihrer Verhaltensweisen und ihrer unbewussten Bedürfnisse bewährt.

Bei der Schema-Analyse helfen neben der Beobachtung auch die Schemafragebögen (siehe Anhang), um in Veränderungsprozesse einsteigen zu können.

Ein Beispiel: So hatten wir gerade einen Jugendlichen, der massiv gewalttätig war (über 400 Taten). Er lebte seine Schemata (unter anderem *Emotionale Vernachlässigung* und *Emotionale Gehemmtheit*) in der Art aus, dass er immer wieder für seine „Freunde" den Unterhalter spielen musste, damit diese ihm etwa folgendes Feedback geben konnten: „Du bist nach diesen Beweisen unser Freund. Auch können wir durch dich unsere Langeweile beseitigen. Mach weiter so."

Somit stellten die angeblichen Freunde gewisse, oft unausgesprochene Erwartungshaltungen an den betroffenen Jugendlichen, und da dieser sich sehr einsam fühlte, tat er alles, um die „Freundschaft" aufrechtzuerhalten. Da er nicht wusste, wie er sich „legal" Freundschaften erarbeiten konnte, nutze er Gewalt als Zugehörigkeitsgarantie.

Ebenso trank er an Festen viel, um seine Emotionen zeigen zu können und lebte diese dann in Form einer gewissen Emotionalität („Da kamen dann so Aggressionen hoch") und durch Gewaltverhalten aus. Später erhoffte er „weibliche Rettung", wenn er betrunken (hilflos) war und pochte auf „Nachbeelterung".

Diese Verhaltensmuster bearbeiteten wir auf dem „Heißen Stuhl" im Rahmen des AATs®, und er bemerkte, dass er eine „Marionette seiner Bedürfnisse" war und dass seine „Freunde" ihn ausnutzten.

Durch diese Erfahrungen war es möglich, mit ihm gemeinsam zu schauen, wie er denn zukünftig seine Bedürfnisse nach wahren Bindungen erfüllen und den Ausdruck von Gefühlen bewerkstelligen könnte.

Dadurch kam bei ihm ein hohes Maß an Veränderungsmotivation zum Vorschein, da er bemerkte, dass seine bisher gelebten Beziehungen nicht das waren, was er sich unter Freundschaft vorstellte; und auch über den alternativen Gefühlsausdruck reflektierte er konstruktiv.

Er kam zu dem Schluss, dass sich Bindung zu anderen Menschen leicht durch Interesse, Gemeinsamkeiten (Bewusstwerden der eigenen Interessen) sowie Höflichkeit und Unterstützung herstellen lässt. Er entwickelte auch alternative Möglichkeiten, wie er in Zukunft seine Gefühle präsentieren könnte.

Ziele

Mithilfe schemapädagogischer Diagnostik und Intervention sollen, zusammenfassend gesagt, verschiedene Ziele verwirklicht werden:

- Förderung von prosozialem Verhalten,
- Förderung des Modus des *Gesunden Erwachsenen*,
- Förderung der Selbststeuerung im Alltag.

Merke: Sobald der Klient so weit gefördert wurde, dass er denjenigen Schemamodus, der am kostenintensivsten ist, in einer zukünftigen Schemaauslösenden Situation bemerkt, einordnet und kontrollieren kann, ist er imstande, aus eigener Kraft aus dem Gewaltteufelskreis auszubrechen. Er wird letztlich für „seinen" Sozialarbeiter das Unternehmen „Verhaltens- und Einstellungsveränderung" starten (der aufgrund des erarbeiteten Beziehungskredits als „gute Vaterfigur" wahrgenommen wird).

6. Praxisbeispiele

Zwei Beispiele für schemapädagogisches Arbeiten werden im Folgenden unter anderem skizziert.

6.1 Mobbing

Letizia (24) lebt seit sechs Jahren in Deutschland und stammt ursprünglich aus Litauen. Die deutsche Sprache beherrscht sie relativ gut, ihre Muttersprache „schimmert" entsprechend meistens durch. Sie ist eine von fünf Schülerinnen mit Migrationshintergrund, die die Fachschule für Sozialpädagogik besuchen. Der Schulbetrieb läuft drei Monate, Letizia offenbart sich als introvertierte junge Frau, die offensichtlich wenig Zugang zur Klassengemeinschaft findet. Sie hatte sich bereits in der ersten Schulwoche in die erste Reihe gesetzt, direkt in die Mitte.

Ihre Bereitschaft zur mündlichen Mitarbeit wächst. Gleichzeitig fällt dem Klassenlehrer auf, dass zwei Schüler, die in der letzten Reihe sitzen, auffällig oft grinsen und unverhohlen lästern, sobald Letizia den Mund aufmacht.

Karim (19) und Stefanie (18) sind Anhänger der „linken Szene" – und sehr stolz darauf, „anders zu sein als die Masse". Öfters versuchen sie, unterrichtende Lehrer mit ausufernden Diskussionen über Politik aus dem Konzept zu bringen.

Der Klassenlehrer kommt den Bedürfnissen aller genannten Schüler nach. Er wertschätzt die Beiträge von Letizia offen und lobt die kritische Haltung von Karim und Stefanie, obwohl er sie innerlich nicht nachvollzieht.

Eines Tages bekommt der Klassenlehrer einen Anruf von Letizia. Sie ist am Boden zerstört, den Tränen nahe. Sie berichtet davon, dass Karim und Stefanie sie „regelrecht fertigmachen" würden. Die Lästereien würden ihr nichts ausmachen. Aber vor wenigen Tagen sei sie aus der Pause in den Klassensaal gekommen und hätte gemerkt, dass jemand auf ihren Stuhl gespuckt hätte. „Außerdem bewerfen die mich im Unterricht mit benutzten Taschentüchern!" Der Lehrer hört ihr aktiv zu und bemüht sich darum, sie zu verstehen.
Am nächsten Tag betritt der Klassenlehrer mit ernstem Gesichtsausdruck den Saal, zeigt stumm auf Karim, Stefanie und Letizia und gibt ihnen zu verstehen, dass alle mal nach draußen kommen sollen. Während sie dem Lehrer folgen, sagt Stefanie zu Karim laut: „Die blöde Fotze hat gepetzt!"
Während des „klärenden Gesprächs" weisen sich die Parteien gegenseitig die Schuld zu. Nach etwa 45 Minuten des aktiven Zuhörens und Moderierens scheinen sich die Beteiligten emotional wieder zu entspannen. Am Ende des Gesprächs kommt zur Sprache, dass „das eigentlich gar nicht persönlich gemeint ist"; dass „eigentlich die Lehrer daran schuld sind, weil die so einen langweiligen Unterricht machen". Ebenso entwickeln Karim und Stefanie eine gewisse Schuldeinsicht: „Wir waren schon ein bisschen fies zu ihr." Es kommt plötzlich so etwas wie gute Laune auf, auch bei Letizia.
Der Lehrer sagt zu den beiden in genau diesem Moment: „Na, manchmal kommen schon ein bisschen der Mobber-Karim und die Mobber-Stefanie aus euch raus, stimmts?"
Karim und Stefanie bejahen dies. Der Lehrer überträgt den beiden die Verantwortung für die Kontrolle der „inneren Mobber". Gemeinsam füllen sie Schemamodus-Karten aus (siehe unten). Letztlich weist der Lehrer die beiden Mobber auf die disziplinarischen Konsequenzen hin, die er im Falle erneuten Mobbings ergreifen will. („Aber das habt ihr ja nicht nötig, ihr seid schlau genug, um euch zu kontrollieren! Außerdem könnt ihr euer Bedürfnis nach Freundschaft untereinander auch anders zementieren.")

Allgemeines

Mobbing ist populär, etwa ein Drittel der Schüler – über alle Schulformen hinweg betrachtet – ist davon betroffen (TAGLIEBER 2005). Wahrscheinlich wurde schon jeder Lehrer einmal Zeuge dieses niederträchtigen Phänomens.

Mobbing ist eine Art „systematisches Fertigmachen". Natürlich hat nicht jede Auseinandersetzung Mobbing-Charakter. Bestimmte Kriterien müssen erfüllt sein, sodass von Mobbing gesprochen werden kann: Sogenannte „schädigende Handlungen" müssen stattfinden, „die an einen oder mehrere Schüler gerichtet sind"; und eine gewisse Regelmäßigkeit muss gegeben sein.

Erfahrungsgemäß mobben männliche Schüler direkt und offensichtlich, weibliche Heranwachsende neigen anscheinend mehr zum Lästern und zur „Heimtücke", indem sie etwa den sozialen Ruf des Betreffenden durch üble Nachrede schädigen.

Es gibt viele „Mobbing-Spielarten". Man kann jemanden psychisch als auch physisch schädigen, auf unzählige Arten. Häufig beginnt Mobbing mit Lästerattacken, wobei meistens auch Vorurteile eine große Rolle spielen. Jegliche Form des „Fremdseins" ist womöglich ein universeller Ansatzpunkt von Mobbing.

Nach diesen ersten „Tests" folgen weitere „Mobbing-Level", die das Phänomen weiter zementieren. Gleichzeitig werden die Aktionen der Täter heftiger, unmoralischer und sadistischer.

Die Mobbing-Motive sind inzwischen bekannt. Das heißt, hinter Mobbing verbergen sich persönliche Motive. „Täter" berichten, wenn man einen „Draht" zu ihnen mithilfe einer komplementären Beziehungsgestaltung aufgebaut hat, sogar selbst davon,

- (a) dass „das nur *Frustabbau* ist",
- (b) dass „es nur so zum Spaß gemacht würde",
- (c) dass „man sich danach bestätigt fühle",
- (d) dass „Leute einen gut finden würden",
- (e) dass „man dadurch selbst Mobbing vorbeugen könne"; oder etwa,
- (f) dass „man früher auch so seine *Opfer-Erfahrungen* gemacht hat".

Unser Gehirn kann zwischen psychischem und psychischem Stress nicht unterscheiden. Die potenziellen Auswirkungen von Mobbing können körperlich und psychisch auftreten.

Unsere Erfahrungen von den sozialen Trainingskursen für Mobbingopfer („Aufwind") unterstützen die Erfahrungen von TAGLIEBER (2005): Kinder fallen in ihren Leistungen im Unterricht ab, isolieren sich stärker, übernehmen die Täterstigmatisierungen, erbrechen, bevor sie zur Schule gehen, haben öfters Kopfschmerzen, Magenbeschwerden, Schlafstörungen, allgemeine Störungen des vegetativen Nervensystems oder zeigen andere körperliche Symptome.

Das Opfer ist irgendwann in einer scheinbar ausweglosen Situation. Es ist meistens alleine in seiner „Sündenbockrolle" gefangen. Auf Hilfe oder Unterstützung seitens der Mitschüler kann der Betreffende zumeist nicht hoffen, da diese oft auch Angst haben, selbst zu Opfern zu werden. Daher übernehmen viele Schüler eher eine passive (*Mitläufer)* oder verstärkende Rolle (*Anheizer)* und ermöglichen damit oft den Prozess des Mobbings.

Als Lehrer müssen daher diese oft die unterschwelligen Mobbing-Phänomene in der Klasse wahrgenommen werden, denn nicht immer wendet sich der Betroffene an den Klassenlehrer.

Es gibt einige Anzeichen, die man zur Mobbingerkennung nutzen kann:

- Ein oder mehrere Schüler isolieren sich mehr und mehr.
- Einige Schüler suchen vermehrt die Nähe zum Klassenlehrer.
- Die Mitarbeit eines Schülers ebbt plötzlich ab, einzelne Beiträge werden verbal und nonverbal von stets denselben Mitschülern negativ „begleitet".
- Die Körpersprache und die Sprache wirken „schwächer".
- Die Fehlzeiten einzelner Schülerinnen und Schüler erhöht sich signifikant im laufenden Schuljahr.

Die gesamte Schule muss zum Thema Mobbing eine Haltung nach außen vertreten und signalisieren, dass sie bei diesen Vorfällen eingreift und nicht wegschaut. Lehrer müssen geschlossen intervenieren, um präventiv Strukturen gegen Mobbing aufzubauen und bei ersten Anzeichen, um Täter sowie Opfer verhindern zu können.

Vertrete ich eine klare Haltung als Lehrer, wird Mobbing bei mir nicht mehr stattfinden!

Doch vor dem Hintergrund des Menschenbilds der Schematheorie ergibt sich hierbei ein Problem. Wenn ein Täter „jetzt gerade" mobbt, steht er unter dem Einfluss eines eingespurten „neuronalen Musters". Genauer gesagt, eine spezielle Persönlichkeitsfacette ist aktiviert (in diesem Fall: *Schikanierer- und Angreifer-Modus)*. Das heißt, während „seiner fünf Mobbing-Minuten" steht er unbewusst emotional und(!) kognitiv unter dem Einfluss seines Modus.

Als Lehrkraft kann man Betreffende, die während des Unterrichts auf dem „Mobbing-Trip" sind, daher schwerlich mit dem „gesunden Menschenverstand" stoppen, man kann ihnen aber mittels konfrontativer Methoden schrittweise ein schlechtes Gewissen einpflanzen (wenn der Beziehungskredit „stimmt").

Aber Achtung: Der Täter wird selbstverständlich das Opfer für etwa einen Rauswurf verantwortlich machen und es vielleicht auf dem Weg nach Hause abpassen, um „Rache" zu nehmen (Stichwort: externale Kausalattribuierung). Das heißt: Durch Bestrafung verschärft man unter Umständen die Lage für das Opfer.

Außerdem muss man bedenken, dass Täter verschiedene Sanktionen, die vom Lehrer inszeniert werden, meistens schon früher „gut ertragen haben", genauer gesagt, sie haben sich wahrscheinlich bereits an sie gewöhnt. Mobber haben meistens eine entsprechende „Karriere" vorzuweisen. Denn: Der hier thematisierte Schemamodus entsteht bereits sehr früh in der Biografie des Betreffenden. Fingerspitzengefühl ist daher gefragt.

Hieraus folgt, dass man das Phänomen Mobbing vor dem Hintergrund der Psychodynamik sehen muss. Deshalb ist es auch in diesem Fall unbedingt notwendig, eine komplementäre Beziehungsgestaltung einzurichten - auch wenn einem das widerstrebt.

Durch die Anpassung an die (meist verdeckte) Motivebene des Schülers ist es möglich, den Betreffenden irgendwann effizienter zu konfrontieren beziehungsweise: man kann effizienter schemapädagogisch mit ihm arbeiten. Der Beziehungskredit macht es möglich.

Eigene Schemata und Schemamodi berücksichtigen

Findet Mobbing im Unterricht *offensichtlich* statt, kann es zur Auslösung von bestimmten Schemata und Schemamodi aufseiten der betreffenden Lehrkraft kommen. In diesem Fall ist also Achtsamkeit unabdingbar, damit man nicht vorschnell (falsch) reagiert.

Typische Impulse können so aussehen, dass die Lehrkraft (a) Mobbing automatisch und „großzügig" übersieht (dann ist der *Modus Distanzierter Beschützer* aktiviert) oder aber (b) den Täter aggressiv angeht (*Schikanierer- und Angreifer-Modus).*

Die Aktivierung des einen wie des anderen Modus (eventuelle Schemagrundlage: *Aufopferung*) sollte bemerkt und unterbunden werden. Im ersten Fall würde man dem Täter nämlich signalisieren: „Du kriegst von mir zum Mobbing grünes Licht!" Im zweiten Fall hätte man zwar immerhin erreicht, dass die Unterrichtsstunde „gesittet" über die Bühne geht; aber eine tiefgreifende Veränderung seitens des Täters ist dadurch nicht unbedingt zu erwarten.

Bevor es im Folgenden um den komplementären Beziehungsaufbau konkret geht, sollen an dieser Stelle relevante Schemata und Schemamodi benannt werden, die mit Mobbing häufig einhergehen.

Relevante Schemata	**Relevante Rollen**
Auf Täterseite: Misstrauen/Missbrauch Anspruchshaltung/Grandiosität Bestrafungsneigung	**Auf Täterseite:** Impulsiv-undiszipliniertes Kind Distanzierter Beschützer Selbsterhöher Schikanierer- und Angreifer-Modus Manipulierer, Trickser, Lügner, Zerstörer-/Killer-Modus Innere Bestrafer (nach außen wirkend)
Auf Opferseite: Misstrauen/Missbrauch Unattraktivität Unzulänglichkeit Soziale Isolation Unterwerfung Abhängigkeit/Inkompetenz	**Auf Opferseite:** Verletzbares Kind Ärgerliches (beziehungsweise Wütendes) Kind Unterordnender Modus Innere Bestrafer (nach innen wirkend)

Komplementärer Beziehungsaufbau

Im oben geschilderten Fallbeispiel ist es dem Pädagogen gelungen, sowohl zum Opfer als auch zu den Tätern eine komplementäre Beziehungsgestaltung zu realisieren.

Die beiden Schüler kommunizierten zuvor ihr Interesse an politischen Fragestellungen. Der Klassenlehrer ging dann und wann auf die Diskussionen „wohlwollend" ein. Damit befriedigte er zweifellos deren Bedürfnis nach Solidarität und Wichtigkeit.

Als die benachteiligte Schülerin sich bei ihm meldete, praktizierte er das Prinzip der Nachbeelterung und konnte dadurch schnell Beziehungskredit entstehen lassen (hilfreich, wenn man mit Schülern kommuniziert, die gerade den Modus *Verletzbares Kind* erleben).

Sicherlich ist es aus Sicht des Lehrers im moralischen Sinne nicht ganz einfach, zu Schülern, die andere schädigen, eine positive Beziehung aufzubauen, durch die sich die Betreffenden „als Person" auch noch akzeptiert und respektiert fühlen.

Doch man muss sich bewusst machen: Der am Mobbing hauptsächlich beteiligte *Schikanierer- und Angreifer-Modus* ist nur *eine* Persönlichkeitsfacette von Tätern. Die Betreffenden haben auch „liebenswerte" Seiten, die sie aus biografischen Gründen eben vielleicht nicht leicht zeigen können.

Durch eine komplementäre Beziehungsgestaltung „weicht" man gewissermaßen die Abwehr, genauer gesagt, die maladaptiven Schemamodi von Tätern auf.

Infolgedessen steigt die Wahrscheinlichkeit, dass man mit einigen Kind-Modi in Kontakt kommt – was schließlich dazu führt, dass man infolge einer komplementären Beziehungsgestaltung „einen Fuß in der Tür hat".

Wenn das gelingt, kann dem Phänomen Mobbing tiefgreifender entgegengewirkt werden. Der Beziehungskredit „ragt" auch in andere Unterrichtsstunden bei Kolleginnen und Kollegen „hinein", denn die Täter können erfahrungsgemäß den *Angreifer- und Schikanierer-Modus* „wegen Lehrer X" (zu dem sie eine Beziehung aufgebaut haben) kontrollieren.

Ausbau von vorhandenen Kompetenzen

Die Ressourcenorientierung darf bei einem ernsten Thema wie Mobbing nicht aus den Augen gelassen werden. Das heißt, Opfer wie auch Täter erleben im Unterrichtsalltag immer mal wieder Situationen, in denen der Modus *Glückliches Kind* aktiviert wird.

Dies ist etwa dann der Fall, wenn die Betreffenden über Glücksmomente berichten, die sie etwa beim Sport, Blog-Schreiben für die eigene Homepage, bei der letzten Party, in Verein X, beim letzten Besuch der Mutter usw. hatten.

Der Lehrer registriert solche Momente und wägt ab, in welche „Richtung" man die Schülerinnen und Schüler beraten kann. Erfahrungsgemäß nehmen Jugendliche von „ihrem" Lehrer auch mal etwas an, dann ist auch die Aktivierende Ressourcenkonfrontation hilfreich, um Stärken bewusst zu machen. Eventuell kann man Info-Material aus dem Internet herunterladen, ausdrucken und den Betreffenden aushändigen.

Durch entsprechende Anregungen und „Arbeitsaufträge" („Informier dich mal!") werden die Schüler in ihrer Selbst- und Sozialkompetenz gefördert – und so wird gleichzeitig das Phänomen Mobbing reduziert.

Problemaktualisierung

Doch trotz der Bemühungen des Lehrers um eine harmonische Atmosphäre in der Klasse – maladaptive Schemamodi-Aktivierungen finden gewöhnlich im Alltagsunterricht immer mal wieder statt, gerade wenn es um das Thema Mobbing geht (siehe Kasten oben).

Nun ist ein Pädagoge, der zu „seiner" Klasse durch eine komplementäre Beziehungsgestaltung viel Sympathie aufgebaut hat, in einer vorteilhaften Lage: Er kann sich in Hinsicht auf Konfrontation viel mehr herausnehmen.

Natürlich sollte die anfangs erwähnte Flexibilität nicht aus den Augen gelassen werden. Das heißt, humorvoll-empathische Interventionen können mit ernsthaft-konfrontativen Methoden verknüpft werden, sollte man bemerken, dass die (ehemaligen) Täter wieder in irgendeine Richtung aktiv werden.

Die Fachkraft kann zum Beispiel auch mit den Tätern im Rahmen des Schemamodus-Gesprächs (siehe unten) einen „Code" vereinbaren, der für die zukünftigen Stunden gilt. Ertappt der Pädagoge die Betreffenden beim Mobben, so beginnt er eventuell das Spiel „Anzählen": „Karim und Stefanie – eins!" Zuvor kündigt er an, dass er bei „Drei" die betreffenden Schüler einer konfrontativen Intervention unterziehen werden wird o.Ä.

Entsprechende Rückfälle müssen unter Umständen in einem persönlichen Gespräch noch einmal thematisiert werden.

Problemklärung

Infolge der gemeinsamen Schemamodus-Arbeit erkennen Schüler, die zum Mobbing neigen, dass in ihnen ein „kleiner Mobber-X" „sitzt". Diesen müssen sie laut Ansage des Lehrers nunmehr kontrollieren. Sie tragen dafür nunmehr die Verantwortung. Bereits beim erstmaligen Auftreten des Phänomens muss daher die Schemamodus-Arbeit praktiziert werden (siehe auch SCHULZ VON THUN 1998).

Kommt es trotz Vereinbarungen wieder zu Mobbing, macht die Lehrkraft die „inneren(!) Mobber" dafür verantwortlich und erklärt, warum es wieder zum entsprechenden „Rückfall" kam: „Siehst du, dein innerer Mobber hat dich wieder in Schwierigkeiten gemacht. Was müsste dein innerer Helfer denn unternehmen, um diesen inneren Mobber in Zukunft noch besser kontrollieren zu können?"

Um den Modus des *Gesunden Erwachsenen* zu stärken, kann der Lehrer auch eine sogenannte „Biografie-Brücke" bauen, aber natürlich auch eine ressourcenaktivierende Intervention ausprobieren: „Du musst dich langsam in den Griff bekommen, du hast es doch schon ganz oft gezeigt! Wieso schaffst du es noch nicht, deine Stärken anzuwenden? Du kannst es doch oft!" Erfahrungsgemäß fühlen sich „professionelle Mobber" dann in einer Dilemmasituation und neigen dann zur Einsicht.

Das Ziel ist klar: Täter müssen ihre inneren Strukturen und ihre Bedürfnisse, die für das Mobbing verantwortlich sind, irgendwann selbst erkennen und benennen können. Erst dann kann so etwas wie Selbstkontrolle und einsichtige Verhaltensveränderung, die vor dem Hintergrund des Schemamodells vom Modus des *Gesunden Erwachsenen* ausgeht, stattfinden.

Gleichzeitig kann der Lehrer auch einmal seine Frustration zum Ausdruck bringen, wenn die Täter wieder in ihre alten Rollen fallen, am besten per Ich-Botschaft: „Karim, ich brauche von dir unterstützendes Verhalten!"

Unterstützung beim Transfer der erarbeiteten Lösungen in den Schulalltag

Zur Förderung des Modus des *Gesunden Erwachsenen* finden, wie oben schon erwähnt, die Schemamodus-Gespräche statt. Darüber hinaus sollte im Falle von Mobbing auch ein Schemamodus-Memo ausgefüllt werden, sobald aufseiten der Betreffenden der Modus des *Gesunden Erwachsenen* aktiviert ist. Der Lehrer macht Täter darauf aufmerksam, dass die Erinnerungskarte" nunmehr verbindlich ist: „Und das ist jetzt Ernst, klar?"

Er verstärkt sozial erwünschtes Verhalten positiv, und zwar durch Lob und Anerkennung.

Deutung des Eingangsfalls

Letizia (24) lebt seit sechs Jahren in Deutschland und stammt ursprünglich aus Litauen. Die deutsche Sprache beherrscht sie relativ gut, ihre Muttersprache „schimmert" entsprechend meistens durch. Sie ist eine von fünf Schülerinnen mit Migrationshintergrund, die die Fachschule für Sozialpädagogik besuchen. Der Schulbetrieb läuft drei Monate, Letizia offenbart sich als introvertierte junge Frau, die offensichtlich wenig Zugang zur Klassengemeinschaft findet (***Hinweis auf das Schema Soziale Isolation***). Sie hatte sich bereits in der ersten Schulwoche in die erste Reihe gesetzt, direkt in die Mitte. Ihre Bereitschaft zur mündlichen Mitarbeit wächst. Gleichzeitig fällt dem Klassenlehrer auf, dass zwei Schüler, die in der letzten Reihe sitzen, auffällig oft grinsen und unverhohlen lästern, sobald Letizia den Mund aufmacht (***Schikanierer- und Angreifer-Modus***). Karim (19) und Stefanie (18) sind Anhänger der „linken Szene" – und sehr stolz darauf, „anders zu sein als die Masse" (***eventuell Hinweis auf das Schema Anspruchshaltung/Grandiosität***). Öfters versuchen sie, unterrichtende Lehrer mit ausufernden Diskussionen über Politik aus dem Konzept zu bringen. (***Image „Wir wissen mehr als Du", Psychospiel „Diskussion", Schemamodus Selbsterhöher***). Der Klassenlehrer kommt den Bedürfnissen aller genannten Schüler nach. Er wertschätzt die Beiträge von Letizia offen (***komplementäre Beziehungsgestaltung***) und lobt die kritische Haltung von Karim und Stefanie, obwohl er sie innerlich nicht nachvollzieht (***komplementäre Beziehungsgestaltung***). Eines Tages bekommt der Klassenlehrer einen Anruf von Letizia. Sie ist am Bo-

den zerstört, den Tränen nahe (***Modus Verletzbares Kind***). Sie berichtet davon, dass Karim und Stefanie sie „regelrecht fertigmachen" würden. Die Lästereien würden ihr nichts ausmachen. Aber vor wenigen Tagen sei sie aus der Pause in den Klassensaal gekommen und hätte gemerkt, dass jemand auf ihren Stuhl gespuckt hätte. „Außerdem bewerfen die mich im Unterricht mit benutzten Taschentüchern!" (***Schikanierer- und Angreifer-Modus***)

Der Lehrer hört ihr aktiv zu und bemüht sich darum, sie zu verstehen (***Prinzip der Nachbeelterung***).

Am nächsten Tag betritt der Klassenlehrer mit ernstem Gesichtsausdruck den Saal, zeigt stumm auf Karim, Stefanie und Letizia und gibt ihnen zu verstehen, dass alle mal nach draußen kommen sollen. Während sie dem Lehrer folgen, sagt Stefanie zu Karim laut: „Die blöde Fotze hat gepetzt!" (***Selbsterhöher***). Während des „klärenden Gesprächs" weisen sich die Parteien gegenseitig die Schuld zu (***externale Kausalattribuierung***). Nach etwa 45 Minuten des aktiven Zuhörens und Moderierens scheinen sich die Beteiligten emotional wieder zu entspannen. Am Ende des Gesprächs kommt zur Sprache, dass „das eigentlich gar nicht persönlich gemeint ist"; dass „eigentlich die Lehrer daran schuld sind, weil die so einen langweiligen Unterricht machen". Ebenso entwickeln Karim und Stefanie eine gewisse Schuldeinsicht: „Wir waren schon ein bisschen fies zu ihr." (***Modus des Gesunden Erwachsenen***) Es kommt plötzlich so etwas wie gute Laune auf, auch bei Letizia (***Modus Glückliches Kind***).

Der Lehrer sagt zu den beiden in genau diesem Moment: „Na, manchmal kommen schon ein bisschen der Mobber-Karim und die Mobber-Stefanie aus euch raus, stimmts?"

Karim und Stefanie bejahen dies (***Hinweis auf die Reduktion der maladaptiven Schemamodi und des Mechanismus externale Kausalattribuierung***). Der Lehrer überträgt den beiden die Verantwortung für die Kontrolle der „inneren Mobber". Gemeinsam füllen sie Schemamodus-Karten aus (siehe unten). Letztlich weist der Lehrer die beiden Mobber auf die disziplinarischen Konsequenzen hin, die er im Falle erneuten Mobbings ergreifen wird. („Aber das habt ihr ja nicht nötig, seid schlau genug, um euch zu kontrollieren! Außerdem könnt ihr euer Bedürfnis nach Freundschaft untereinander auch anders zementieren.")

Schemapädagogische Analyse

Der Pädagoge offenbarte eine neutrale, aber dennoch zugewandte, freundliche Einstellung gegenüber den Schülern. Auf die Images und Psychospiele von Karim und Stefanie ging er authentisch ein, was zum Aufbau von Beziehungskredit führte. Als Letizia sich bei ihm meldete, praktizierte er bewusst das Prinzip der Nachbeelterung.

Dann folgte ein klärendes Gespräch. Zu Beginn der Unterhaltung waren naturgemäß die maladaptiven Schemamodi aufseiten der Täter aktiv. Das ist eigentlich die Regel, sobald jemand bezichtigt wird, einen Mitschüler zu mobben. Man muss dann warten, eine neutrale Haltung offenbaren, bis sich die Abwehr von selbst reduziert. Handhabt man dies anders, erreicht man nicht den Modus des *Gesunden Erwachsenen*. Konfrontative Methoden zu Beginn des Gesprächs hätten vor dem Hintergrund des Schemamodus-Modells in der brisanten Situation nun gar nichts gebracht. Die Mobber waren ja innerpsychisch auf Verteidigung eingestellt, sprich kognitiv *und* affektiv in einem Abwehrmodus. Ist ein solcher Modus aktiviert, bedeutet das: der Modus des *Gesunden Erwachsenen* ist inaktiv. Daraus folgt: Es kann gar keine Reflexion, keine Einsicht in das eigene problematische Verhalten stattfinden.

Der Lehrer hat genau den Moment genutzt, als das „kognitive Fenster" offen, sprich der Modus des *Gesunden Erwachsenen* aktiviert war. Er begann dann mit der Schemamodus-Arbeit. Aus schemapädagogischer Perspektive hat der Pädagoge die chronologische Reihenfolge des Ablaufs eingehalten.

Die Erinnerungskarte von Karim

1. Benennen einer Situation, in der ich Letizia mobbe

„Wenn sie den Mund auch nur aufmacht, könnte ich wegen ihres Dialekts durchdrehen!"

2. Erkennen der aktivierten Teil-Persönlichkeit

„Der Mobber-Karim ist dann in mir aktiv. Ich kenne ihn schon lange."

3. Anerkennen des unangepassten Denkens und Realitätsprüfung

„Letizia löst den Mobber-Karim in mir nur aus. Wäre sie nicht in meiner Klasse, würde ich wahrscheinlich einen anderen Schüler mobben. Es ist gar nicht persönlich gemeint."

4. Trennen vom alten und Festigung des neuen Verhaltens

„Wenn ich jemanden mobbe, ist das eigentlich mein Problem, weil ich dann den Mobber-Karim nicht kontrolliere. Wenn ich merke, dass er wieder aktiv wird, werfe ich einen Blick in die Philosophie-Texte, die Herr X mir aus dem Internet heruntergeladen hat, um mich abzulenken."

6.2 „Aufwind"-Programm mit Mobbingopfern

Täter haben großen Anteil an der Zerstörung von Lebenszielen und von Zukunftsperspektiven aufseiten unschuldiger Menschen. Im Falle von Mobbing wird dies oft unterschätzt, da man bei dieser Gewaltanwendung selten von „Opfern" beziehungsweise von „Tätern" spricht. Ebenso werden keine „extremen" Schäden festgestellt, wie sie etwa bei der physischen Gewaltausübung beobachtet werden können. Das alles lässt Mobbing oft harmlos(er) erscheinen.

Oftmals wird Tätern die Möglichkeit zur Verhaltensveränderung durch entsprechende Präventionsprogramme zugestanden. Zurück bleiben meist die hilflosen Opfer mit ihren oft „unsichtbaren" Schäden, wie dem Auftreten von psychischen und psychosomatischen Symptomen, langwierigen Gesundheitsschäden, Verhaltens- und Einstellungsveränderungen.

Opfer von Mobbing brauchen deshalb besonderen Schutz und Stärkung, Maßnahmen zur Aufarbeitung des entstandenen Leids sowie Möglichkeiten zum Aufbau einer angemessenen Selbstbehauptung. Deshalb haben diese Opfer einen Anspruch auf Gerechtigkeit, Hilfe und Sicherheit.

Das soziale Training „Aufwind" widmet sich diesen betroffenen Kindern und Jugendlichen. Es zeigt sich klar und parteiisch für sie, unterstützt präventiv ihren Lebensbezug und soll zukünftig Schutz vor neuem Mobbing anbieten sowie die betroffenen Kinder und Jugendliche für den Alltag stark machen.

Im Aufwind-Programm sollen das reale Opferverhalten, die entstandenen Gefühle und die festgefahrenen Kognitionen reflektiert und überarbeitet werden.

Speziell wird gearbeitet...

- am Aufbau von Abwehrstrategien gegenüber aggressivem Verhalten,
- an der Steigerung der Selbst- und Impulskontrolle,
- an den eigenen Bewertungen und Gedanken,
- an der eigenen Ausstrahlung (Körpersprache und Sprache),
- an der Stärkung des Selbstbilds,
- an der Reflexion vorhandener opferbedingender Schemata,
- an der Ressourcenorientierung und -stabilisierung,
- an der Erhöhung der Wertschätzung für sich selbst und

➢ an der Bewältigung von traumatischen Erlebnissen.

Das Aufwind-Training wird in vier Themenbereiche eingeteilt:

1. Ressourcen- und Kompetenzarbeit:
Das Aufwind-Programm arbeitet übergreifend ressourcenaktivierend. Die Kompetenzen der Teilnehmer sollen in den Bereichen Fähigkeiten/Fertigkeiten für Konfliktlösungen gestärkt werden. Dazu sollen verhaltensunterstützende Techniken erlernt werden, die zukünftig helfen sollen, sich angemessen gegen etikettierendes Mobbing zu wehren. Ebenso werden körpersprachliche Interventionen bei den Teilnehmern durchgeführt, sodass diese an ihrer angemessenen „Ausstrahlung" arbeiten können.

Weiterhin findet neben der Aktivierung der inneren Ressourcen auch die Aktivierung externer Unterstützungssysteme statt. Dabei werden speziell die Familie, die Schule und der Freundeskreis angesprochen.

2. „Helfender Stuhl" zur Opferreflexion:
Die Teilnehmer werden auf dem „Helfenden Stuhl" mit ihrer Opfergeschichte behutsam konfrontiert, bis sie für sich rationale Erklärungen für die Ursachen von Mobbing erkennen, um sich dann von ihrem Opferstatus lösen zu können (Opfer–Teufelskreis).

Dabei werden schemapädagogische Interventionen durchgeführt, um vorhandene opferunterstützende Muster beeinflussen zu können (besonders die Schemata 1–9 und 12–18).

Nach der Diagnose dieser unbewussten Schemata und der Thematisierung der dahinter stehenden Bedürfnisse, wird ein zielorientierter Hilfeprozess initiiert, um ressourcenorientiert Kompetenzen zum Aufbau einer neuen Haltung zu sich und zu anfallenden Konfliktsituationen zu entwickeln.

3. Mobbingintervention in der Schule:
Bei Bedarf und nach ausdrücklichem Wunsch des Schülers reist das „Aufwind"-Team in die Schulen und geht gegen vorhandene Mobbingstrukturen vor und versucht, betroffene Lehrer zu „aktivieren", die Täter zu konfrontieren oder auch das System Schule präventiv zu beeinflussen.

4. Selbstwertarbeit:
Mit den Kindern und Jugendlichen wird selbstwertfördernd gearbeitet, um ihre Integrität und ihren Stolz wiederherzustellen.

Das Interventions- und Präventionskonzept „Aufwind" ist ganzheitlich (lebensweltbezogen) konzipiert, systemisch angelegt, prozessorientiert und zielgruppenspezifisch. Es ist auf Vernetzung hin angelegt, um bestmögliche Hilfe anbieten zu können.

Dies kann allerdings nur erreicht werden, wenn alle beteiligten Institutionen und Einrichtungen in Fällen von Gewalt gegen Kinder und Jugendliche kooperativ zusammenarbeiten. Dies beinhaltet die intensive Arbeit mit den Eltern, der Schule und anderen Institutionen.

6.3 Körperverletzung

Klassenlehrer X kennt Yassin (18) bereits aus der Berufsfachschule 1. Das ist zwei Jahre her. Am Anfang des aktuellen Schuljahres wurde der Beziehungsaufbau seitens Yassin auf verschiedene Arten sabotiert. In der ersten Stunde, als sich die Schüler vorstellten, offenbarte der junge, physisch sehr imposante Türke dem Pädagogen: „Ich boxe im Verein – willst mal probieren?" Lehrer X widerstand dem ersten Impuls und erwiderte: „Lass mal stecken, da hab ich gar keine Chance!" Nach der Stunde findet ein kurzes Tür-und-Angel-Gespräch statt, in dem der Lehrer ruhig offenbart: „Yassin, lass das das nächste Mal, du hättest vorhin an meiner Stelle anders reagiert!"

Trotz dieser Anfangsschwierigkeiten wächst die Beziehung zwischen Schüler und Lehrer. Der Pädagoge erkundigt sich nunmehr immer mal wieder – zu Beginn einiger Unterrichtsstunden – über den Ausgang der aktuellen Events im Schwergewicht und motiviert Yassin daraufhin zu einem „Fachgespräch mit emotionalem Tiefgang" („Na, boxt einer der Klitschkos mal wieder?"). In der Expertenrolle fühlt sich der Türke wohl, was man schnell an Mimik und Gestik erkennt.

Im Unterricht ergeben sich keinerlei Verhaltensauffälligkeiten beziehungsweise Störungen. Die anderen Kolleginnen und Kollegen haben da weniger Glück, sie müssen sich immer wieder mit Yassin auseinandersetzen („Na, Frau X, haben Sie einen Freund?" – „Herr X – MACHEN SIE MICH NICHT AN!").

Eines Tages kommt Yassin auf Klassenlehrer X zu: „Haben Sie nach der Stunde mal Zeit, ich muss Ihnen was erzählen." Herr X stimmt zu.

Im darauffolgenden Gespräch berichtet der Heranwachsende von einer Schlägerei beim Fußballspiel am letzten Wochenende. Er wäre von hinten gefoult worden und hätte daraufhin den anderen Spieler zur Rede gestellt. Der wollte ihm gleich einen Faustschlag ins Gesicht versetzen – was sich als schlechte Idee herausstellte. Yassin – seit Jahren im Boxverein – duckte sich automatisch und schlug den Anderen mit einem Schlag k.o. („Herr X, das war der Schlag des Jahrhunderts.")

Das hauptsächliche Problem: In zwei Wochen ist das Rückspiel zwischen den beiden Vereinen – und der Andere würde eine „Revanche" fordern. Yassin sagte, er wüsste nicht, was er jetzt tun solle. Daraufhin regt der Pädagoge ein Rol-

len-Gespräch an („Manchmal kommt schon so ein Rambo-Yassin aus dir raus!"), in dem auch biografische Erfahrungen thematisiert werden („Kennen Sie meine Schülerakte?"). Vor- und Nachteile einer erneuten Auseinandersetzung werden gemeinsam abgewogen.
Yassin füllt letzten Endes ein Schemamodus-Memo aus und verspricht Herrn X, über die „richtige Entscheidung" nachzudenken („Soll ich da hingehen und mich prügeln oder nicht?").
Zwei Tage vor dem Rückspiel sucht Yassin wieder das Gespräch. Er meint, er würde nicht zum Spiel gehen und die Situation aushalten. Seine Freunde würden ihn nunmehr für einen „Schlappschwanz" halten. Klassenlehrer X: „Ich bin sehr stolz auf dich, dass du das so angehen willst, Yassin!"
Antwort: „Ich mach das auch für Sie!"

Allgemeines

Jugendliche, die viel Erfahrung mit Gewalt haben, können zweifellos viele Pädagogen mit einigen erprobten Manipulationstechniken aus der Fassung bringen beziehungsweise zu erwünschten (negativen) Reaktionen animieren. Das heißt, der Zu-Erziehende „zieht" den Gesprächspartner in seine Welt, wo er selbstverständlich einen „Heimvorteil" hat.

Im oben beschriebenen Beispiel wird dies deutlich: Der Jugendliche forderte den Pädagogen forciert heraus („Ich boxe im Verein – willst mal probieren?"). Diese und ähnliche Tests bringen das Gegenüber in eine knifflige Situation, da alle Anwesenden das Geschehen gespannt mitverfolgen und sich aller Wahrscheinlichkeit nach die spannende Frage stellen, wie die professionelle Fachkraft wohl jetzt reagiert.

Eine solche Sachlage wird auch double-bind-Situation genannt. Lässt man sich (erste Möglichkeit) auf die Provokation ein und setzt Grenzen, kann man im Prinzip nur verlieren, da sich dann ein Psychospiel namens *Machtkampf* ergibt, bei dem der Jugendliche die Fäden selbst fest in der Hand haben könnte. Man sollte dann nach der Grenzsetzung versuchen, im Gespräch die Beziehungsebene wieder herzustellen.

Vermeidet man die Grenzsetzung und übergeht entsprechend die Bemerkung (zweite Möglichkeit), hat man dennoch nichts gewonnen. Im Gegenteil, der

Andere wird weitere Tests in die Zusammenarbeit einflechten und entsprechend „einen Gang höher schalten"; gerade durch das Nichtstun hat der Pädagoge unbewusst kommuniziert: „Du hast grünes Licht!" Im letzteren Fall machen sich auch, und das ist in der Regel sehr nachteilig, die übrigen Anwesenden einen eher negativen Eindruck von der professionellen(?) Fachkraft. Unter Umständen animiert der Pädagoge dadurch unbewusst andere Jugendliche zur Nachahmung, was wiederum zu Beziehungsstörungen führt.

Eigene Schemata und Rollen berücksichtigen

Daraus folgt: Man sollte als Pädagoge seine eigenen Schemata und Rollen genauestens um Auge behalten, insbesondere dann, wenn man mit gewaltbereiten Zu-Erziehenden zusammenarbeitet. Denn die Betreffenden „drücken" intuitiv die richtigen Knöpfe, um einen Machtkampf zu inszenieren.

Der Pädagoge hat im obigen Beispiel humorvoll und dennoch intuitiv sinnvoll auf die Provokation reagiert („Lass mal stecken, da habe ich gar keine Chance!"); ebenso versäumte er es nach der Stunde nicht, das Psychospiel noch einmal unter vier Augen zu thematisieren.

Er hat sich nicht in die Rolle des *Selbsterhöhers* drängen lassen (etwa: „Glaubst du wirklich, du hättest eine Chance, hm?"). Hätte er seinen ersten Impuls nicht bemerkt und unterdrückt, hätte wahrscheinlich schnell ein Wort das andere ergeben.

Hieraus folgt: Im Berufsalltag sollte man sich eine Art innere Gelassenheit zulegen. *Denn die Jugendlichen spielen ihre Psychospielchen mit jedem*. Der Pädagoge ist also im Falle einer Rollen-Aktivierung seitens des Jugendlichen nicht wirklich das Angriffsziel, er ist im Prinzip gar nicht persönlich gemeint.

Schemapädagogen machen sich immer mal wieder bewusst, dass gewaltbereite Jugendliche nicht „so" auf die Welt gekommen sind, sondern sehr schwierige soziale Verhältnisse erlebt haben. Die Betreffenden re-inszenieren lediglich ihr altes Thema, nur dieses Mal mit vertauschten Rollen: sie sind nunmehr die – Täter.

Folgende Faustformel gilt: Wenn der Pädagoge es schafft, Beziehungskredit aufzubauen, so lösen sich in der Regel alle nachteiligen Rollen des Betreffenden in „Wohlgefallen" auf – und man hat seine Ruhe und kann endlich effizient zusammenarbeiten.

Dies wird mittels der komplementären Beziehungsgestaltung erreicht.

Komplementärer Beziehungsaufbau

Da gewaltbereite Jugendliche (glücklicherweise) immer mal wieder diejenigen Freizeitbeschäftigungen nennen, die ihnen dazu dienen, bestimmte Grundbedürfnisse zu befriedigen, ergibt sich quasi von selbst eine ganz bestimmte Vorgehensweise. – Man spricht behutsam die eine oder Angelegenheit aus der Lebenswelt des Betreffenden an und verschafft ihm somit eine Experten-Rolle.

Der Pädagoge hat dies im Fall (siehe oben) ähnlich praktiziert. Es war sinnvoll, den Boxsport immer mal wieder anzusprechen. Zeigt man authentisch(!) Interesse an den Lebensthemen der Jugendlichen, bekommt man irgendwann den sprichwörtlichen Fuß in die Tür – und man kann an der Beziehungsgestaltung arbeiten.

Im Eingangsbeispiel hat der Pädagoge den Jugendlichen mittels Gespräche über den Boxsport auf seine Seite gezogen. Dies führte unter anderem dazu, dass keine Manipulationen mehr praktiziert wurden. Das heißt, es kam nicht zu weiteren Rollen-Aktivierungen im Unterricht.

Ausbau von vorhandenen Kompetenzen

Das ressourcenorientierte Arbeiten gehört zum Standardrepertoire eines Schemapädagogen. Dadurch werden in der Regel zwei „Fliegen mit einer Klappe geschlagen": (a) Der Jugendliche wird sozial vernetzt, da man ihm Institutionen empfiehlt, wo er seine Fähigkeiten und Potenziale entfalten kann, (b) aufseiten des Betreffenden wird die Rolle des *Gesunden Erwachsenen* gefördert (führt gleichzeitig zur Reduktion von Gewalt).

Im Eingangsbeispiel hat Lehrer X von dieser Intervention keinen Gebrauch gemacht. Schließlich war der Fachkraft bekannt, dass der Jugendliche nunmehr Mitglied eines Fußballclubs ist. In diesem Fall war der „Grad der Vernetzung" ausreichend.

Andererseits wäre es vonseiten des Lehrers ratsam gewesen, dem Jugendlichen im Status des *Gesunden Erwachsenen* immer mal wieder seine Kompetenzen klar zu machen (die er gerade nutzt beziehungsweise zu wenig nutzt), um ihn entweder zu loben oder ihn zu konfrontieren.

Problemaktualisierung

Jeder, der mit gewaltbereiten Jugendlichen arbeitet, weiß, dass von jetzt auf gleich eine gute Stimmung völlig kippen kann. Aus heiterem Himmel kommt es zu Situationen mit höchstem Eskalationspotenzial.

Vor dem Hintergrund des Schemapädagogik-Konzepts heißt das: Durch eigentlich „harmlose" Situationen können potenziell sehr nachteilige Schemamodi ausgelöst werden (Grund: Die Betreffenden schätzen die Mimik und Gestik ihrer Mitmenschen hypersensibel ein).

Solange die Jugendlichen kein Bewusstsein von ihren schemagetriebenen Rollen haben, sind sie der Konfliktdynamik hilflos ausgeliefert. Daher sollten Fachkräfte manchmal das Rollenmodell bereits zur Beginn der Zusammenarbeit vorstellen und zur Grundlage der Arbeitsbeziehung machen.

Lehrer X hat darauf im obigen Beispiel verzichtet, da nach den Anfangsschwierigkeiten rasch Beziehungskredit aufgebaut werden konnte, und zwar wie erwähnt durch das Prinzip „Übertragung der Expertenrolle". Von alleine reduzierten sich dann die Unterrichtsstörungen beziehungsweise Verhaltensauffälligkeiten. Als der Schüler dann von der Schlägerei erzählte, änderte sich die Lage. Der Lehrer war nun regelrecht gezwungen, den Jugendlichen in das Rollen-Modell einzuführen.

Problemklärung

Die beiden führten unter vier Augen ein Rollen-Gespräch über „Rambo-Yassin" und seine biografische Relevanz. Dadurch wurde seitens des Jugendlichen die Rolle des *Gesunden Erwachsenen* gefördert. Er erkannte, dass viele bisherigen Probleme auf das Konto einer bestimmten Persönlichkeitsfacette gehen, die er nunmehr kontrollieren soll und kann.

Unterstützung beim Transfer der erarbeiteten Lösungen in den Schulalltag

Im Anschluss an die Unterhaltung erstellte Yassin noch ein Rollen-Memo (siehe unten). Man kann davon ausgehen, dass die Interventionen von Lehrer X sicherlich dafür mitverantwortlich waren, dass der Schüler sich nicht in die Gefahrensituation begab – trotz des Gruppendrucks seitens seines sozialen Umfelds. Der Ausspruch des Heranwachsenden erhärtet diesen Eindruck („Ich mach das auch für Sie!").

Deutung des Eingangsfalls

Klassenlehrer X kennt Yassin (18) bereits aus der Berufsfachschule 1. Das ist zwei Jahre her. Am Anfang des aktuellen Schuljahres wurde der Beziehungsaufbau seitens Yassin auf verschiedene Arten sabotiert (***Grund: Rollen-Aktivierungen***). In der ersten Stunde, als sich die Schüler vorstellten, offenbarte der junge, physisch sehr imposante Türke dem Pädagogen: „Ich boxe im Verein – willst mal probieren?" (***Modus Manipulierer, Trickser, Lügner; Test***) Lehrer X widerstand dem ersten Impuls und erwiderte: „Lass mal stecken, da hab ich gar keine Chance!" (***Verweigerung des Tests/Psychospiels***) Nach der Stunde findet ein kurzes Tür-und-Angel-Gespräch statt, in dem der Lehrer ruhig offenbart: „Yassin, lass das das nächste Mal, du hättest vorhin an meiner Stelle anders reagiert!" (***Konfrontation auf der Ebene des Gesunden Erwachsenen***)

Trotz dieser Anfangsschwierigkeiten wächst die Beziehung zwischen Schüler und Lehrer. Der Pädagoge erkundigt sich nunmehr immer mal wieder – zu Beginn einiger Unterrichtsstunden – über den Ausgang der aktuellen Events im Schwergewicht (***komplementäre Beziehungsgestaltung***) und motiviert Yassin daraufhin zu einem „Fachgespräch mit emotionalem Tiefgang" („Na, boxt einer der Klitschkos mal wieder?") (***komplementäre Beziehungsgestaltung mittels „Experteninterview"***). In der Expertenrolle fühlt sich der Türke wohl, was man schnell an Mimik und Gestik erkennt (***Rolle Glückliches Kind/Erwachsenenmodus***).

Im Unterricht ergeben sich keinerlei Verhaltensauffälligkeiten beziehungsweise Störungen (***Anzeichen von Beziehungskredit – der Jugendliche reißt sich zusammen***). Die anderen Kolleginnen und Kollegen haben da weniger Glück, sie müssen sich immer wieder mit Yassin auseinandersetzen („Na, Frau X, haben Sie einen Freund?" – „Herr X – MACHEN SIE MICH NICHT AN!") (***Grund: Rollenaktivierungen***).

Eines Tages kommt Yassin auf Klassenlehrer X zu: „Haben Sie nach der Stunde mal Zeit, ich muss Ihnen was erzählen." (***Beziehungsangebot***) Herr X stimmt zu.

Im darauffolgenden Gespräch berichtet der Heranwachsende von einer Schlägerei beim Fußballspiel am letzten Wochenende (***Beziehungsangebot, Rolle des Gesunden Erwachsenen***). Er wäre von hinten gefoult worden und hätte

daraufhin den anderen Spieler zur Rede gestellt. Der wollte ihm gleich einen Faustschlag ins Gesicht versetzen – was sich als schlechte Idee herausstellte. Yassin – seit Jahren im Boxverein – duckte sich automatisch und schlug den Anderen mit einem Schlag k.o. („Herr X, das war der Schlag des Jahrhunderts.“) (***Rolle Glückliches Kind***)
Das hauptsächliche Problem: In zwei Wochen ist das Rückspiel zwischen den beiden Vereinen – und der Andere würde eine „Revanche“ fordern. Yassin sagte, er wüsste nicht, was er jetzt tun solle (***Beziehungsangebot***). Daraufhin regt der Pädagoge ein Rollen-Gespräch an („Manchmal kommt schon so ein Rambo-Yassin aus dir raus!“), in dem auch biografische Erfahrungen thematisiert werden („Kennen Sie meine Schülerakte?“). Vor- und Nachteile einer erneuten Auseinandersetzung werden gemeinsam abgewogen (***Förderung des Modus des Gesunden Erwachsenen***). Yassin füllt letzten Endes ein Schemamodus-Memo aus und verspricht Herrn X, über die „richtige Entscheidung“ nachzudenken („Soll ich da hingehen und mich prügeln oder nicht?“). Zwei Tage vor dem Rückspiel sucht Yassin wieder das Gespräch. Er meint, er würde nicht zum Spiel gehen und die Situation aushalten. Seine Freunde würden ihn nunmehr für einen „Schlappschwanz“ halten (***Rolle des Gesunden Erwachsenen***). Klassenlehrer X: „Ich bin sehr stolz auf dich, dass du das so angehen willst, Yassin!“ Antwort: „Ich mach das auch für Sie!“

Schemapädagogische Analyse

Der Jugendliche hatte am Anfang des Schuljahres die Absicht, mit Lehrer X ein paar Psychospiele zu spielen. Der Pädagoge verweigerte die Tests und widmete sich dem komplementären Beziehungsaufbau. Das Thema Boxen offenbarte sich schließlich als „Türöffner“. Nachdem der Jugendliche die Rolle des Experten bei „Fachgesprächen“ übernahm, ebbten die Rollenaktivierungen im Unterricht ab (Hinweis auf die Entstehung von Beziehungskredit). Der außerschulische Konflikt wurde zum Thema gemacht. Ohne Beziehungskredit wäre dies wohl nicht passiert. Der Pädagoge ging auf das Beziehungsangebot ein und praktizierte verschiedene schemapädagogische Interventionen, nämlich das Rollen-Gespräch und das Schemamodus-Memo. Wahrscheinlich unterstützten diese Bemühungen den „Erfolg“.

Die Erinnerungskarte von Yassin

1. Benennen einer Situation, in der ich mich boxe
„Wenn ich beim Rückspiel auf dem Spielfeld stehe!"

2. Erkennen der aktivierten Teil-Persönlichkeit
„Dann kommt der Rambo-Yassin raus – und er ist eigentlich nicht zu stoppen."

3. Anerkennen des unangepassten Denkens und Realitätsprüfung
„Wenn ich den Rambo-Yassin nicht kontrolliere, kann es sein, dass ich auf den Anderen einschlage, bis er gar nichts mehr macht; dann bekomme ich vielleicht eine Anzeige und in den Knast; für meine Mutter wäre das sehr schlimm!"

4. Trennen vom alten und Festigung des neuen Verhaltens
„Ich werde nicht zum Spiel gehen, dann halten mich meine Kumpel zwar alle für einen Schlappschwanz, aber ich bekomme keinen Ärger mit dem Gesetz!"

7. Ausblick

In den pädagogischen Praxisfeldern ist seit Jahren ein Anstieg an „schwierigen" Kindern und Jugendlichen zu verzeichnen. Der „Pädagoge von heute" kann sich diesem Thema eigentlich nicht mehr entziehen (BAUER 2009b).

Der Umgang mit gewaltbereiten Jugendlichen stellt an die Fachkraft sehr hohe Anforderungen. Denn „schwierige" Klienten üben effiziente Manipulationsstrategien aus, die stets einen biografischen Hintergrund haben und über Jahre hinweg perfektioniert wurden.

Erschwerend kommt hinzu: Die Betreffenden können nur sehr schwer dauerhaft konfliktfreie Beziehungen „ertragen", weil sie in der Regel schon in der frühen Kindheit inkonstante Beziehungserfahrungen sammelten; entsprechend hypersensibel ist die „Gefahrenwahrnehmung" eingestellt. Man kennt es ja nicht anders.

Erlebt der Jugendliche nun im pädagogischen Alltag auch nur eine Facette, einen „Hauch" einer altbekannten Situation, die einmal mit starken Emotionen einherging, so kommt es in der Regel zur Auslösung von bestimmten neuronalen Erregungsmustern (Schemata); sie wurden vor Jahren „eingebrannt" und infolgedessen nie vergessen (weshalb sie sich immer wieder in die Gegenwart „schieben").

Dann legt sich gewissermaßen blitzartig ein Schalter um, was der Pädagoge anhand einer völlig neuartigen Mimik, Gestik und Tonlage erkennt. Der Jugendliche ist dann nicht mehr wiederzuerkennen. Er ist in seinem „Film", man erreicht ihn nur noch schwer mit dem gesunden Menschenverstand.

Fazit: Schwierige Jugendliche sind sehr kompetent darin, mittels bestimmter Manipulationsstrategien den Pädagogen in ihre Wirklichkeitsdefinitionen, in ihre „Welt" hineinzuziehen. Gelingt dies den Jugendlichen, wird es für die Fachkraft sehr schwer, professionell zu agieren.

In diesem Buch wurden traditionelle wie auch neue Methoden zum Umgang mit gewalttätigen Heranwachsenden vorgestellt. Das Ziel der Interventionen ist jedes Mal dasselbe: Man will den Betreffenden zu prosozialem Verhalten animieren, der Teufelskreis der Gewalt soll dadurch dauerhaft durchbrochen werden. Ebenso wurde ein Exkurs im Rahmen des Aufwindtrainings zur Aufhebung einer Opferrolle dargestellt.

Beide Anliegen sind sehr große Aufgaben. Doch die Chancen stehen recht gut. In der Pubertät kommt es noch einmal zu massiven Umbaumaßnahmen im Gehirn (was die üblichen Stimmungsschwankungen erklärt). Es öffnen sich „neuronale Fenster", wie Neurowissenschaftler sagen (etwa ROTH 2003).

Wenn es uns Fachkräften gelingt, die Selbststeuerung des Klienten zu fördern, sodass in Zukunft brisante Alltagssituationen nicht eskalieren, dann haben wir einen wichtigen Beitrag zur Gewaltprävention in unserer Gesellschaft geleistet.

Wir freuen uns, wenn Sie einige Ideen und Anregungen für Ihren Berufsalltag mitnehmen konnten und den Mut besitzen, sich gegen Gewalt in Zukunft noch kompetenter einzusetzen.

Mit der hier aufgezeigten Herangehensweise möchten wir Ihnen ermöglichen, dass Sie die Persönlichkeitsstruktur von jungen Menschen noch klarer einschätzen und dementsprechend noch professioneller fördern können.

Weiterführende Literatur

Damm, M. (2010). Praxis der Schemapädagogik. Schemaorientierte Psychotherapien und ihre Potenziale für die psychosoziale Arbeit. Reihe Schemapädagogik kompakt. Band 1. Stuttgart: Ibidem-Verlag.
Das Buch schlägt eine Brücke zwischen Schematherapie und psychosozialen Arbeitsfeldern. Die Grundlagen – Kognitive Therapie, Klärungsorientierte Psychotherapie und Schematherapie – werden dargestellt. Ihr Potenzial für folgende psychosozialen Arbeitsfelder wird beschrieben: Schulsozialarbeit, Paarberatung, Sozialpädagogische Familienhilfe, Erziehungsberatung, Strafvollzug (Bewährungshilfe), Streetwork.

Damm, M. (2010). Schemapädagogik im Klassenzimmer. Ein neues Konzept zur Förderung verhaltensauffälliger Schüler. Reihe Schemapädagogik kompakt. Band 2. Stuttgart: Ibidem-Verlag.
Dieses Buch beinhaltet die Grundlagen der Schemapädagogik und ihr Transfer in den Unterrichtsalltag.

Damm, M. (2010). Schemapädagogik im Klassenzimmer. Das Praxisbuch. Materialien und Methoden für Lehrer und Schüler. Reihe Schemapädagogik kompakt. Band 3. Stuttgart: Ibidem-Verlag.
Dieses Praxisbuch ist als Ergänzungsband konzipiert. Er beinhaltet unter anderem Arbeitsblätter sowie Schemafragebögen.

Damm, M. (2011). Handwörterbuch Schemapädagogik 1. Kommunikation, Charakterkunde, Prävention von Beziehungsstörungen. Reihe Schemapädagogik kompakt. Band 5. Stuttgart: Ibidem-Verlag.
In diesem Nachschlagewerk finden Sie relevante Arbeitsbegriffe, die im Rahmen der Schemapädagogik eine große Rolle spielen. Neben den Grundlagen der Kommunikation findet sich auch eine tiefenpsychologisch orientierte Charakterkunde sowie Interventionen, die der Prävention von Beziehungsstörungen dienen.

Damm, M. (2011). Handwörterbuch Schemapädagogik 2. Manipulationstechniken, Selbstklärung, Intervention. Reihe Schemapädagogik kompakt. Band 6. Stuttgart: Ibidem-Verlag.
Dieser Ergänzungsband komplettiert die vorangegangene Publikation. Das Buch ist ebenfalls als Nachschlagewerk konzipiert. Neben wichtigen Schemapädagogik-Begriffen wird konkret auf Manipulationstechniken eingegangen, aber auch auf Schemata und Schemamodi, die aufseiten des professionellen Helfers vorhanden sein können.

Damm, M. & Ebert, M.-G. (2011). Lehrerpersönlichkeit. Professionelle Beziehungsgestaltung im Unterricht. Reihe Schemapädagogik kompakt. Band 7. Stuttgart: Ibidem-Verlag.
Hier findet der Leser Ursachen und Lösungsvorschläge für „typische" Konflikte im Schulalltag. Fokussiert werden vor allem Prozesse, die auf der (eher unbewussten) Beziehungsebene ablaufen, etwa Beurteilungsfehler und die sogenannten Abwehrmechanismen.

Damm, M. (2012). Schemapädagogik bei Persönlichkeitsstörungen. Schwierige Schüler – und wie man mit ihnen klarkommt. Reihe Schemapädagogik kompakt. Band 8. Stuttgart: Ibidem-Verlag.
Hier werden „schwierige" Schülerinnen und Schüler vor dem Hintergrund der Thematik Persönlichkeitsstörungen betrachtet. Entsprechend geht es unter anderem um den Umgang mit narzisstischen, zwanghaften, paranoiden, schizoiden, histrionischen Heranwachsenden. Überschneidungen zur Schemapädagogik werden außerdem dargestellt.

Damm, M. (in Planung). Schemapädagogik und Lehrerpersönlichkeit. Reihe Schemapädagogik kompakt. Band 9. Stuttgart: Ibidem-Verlag.
Dieses Buch widmet sich den Auswirkungen von bestimmten Schemata, die manchmal auf Lehrerseite vorherrschen. Anhand von verschiedenen Fragebögen, die im Rahmen der Schemapädagogik eingesetzt werden, lernen Pädagogen eigene innerpsychische Muster, die zu stets denselben Konflikten mit den Schülern führen, genau kennen. Ziel ist die bewusste Kontrolle von „nachteiligen" Schemata und Schemamodi im Unterrichtsalltag.

Roediger, E. (2009). Praxis der Schematherapie. Stuttgart: Schattauer.
In diesem Fachbuch werden die Grundlagen und einige Erweiterungen der Schematherapie erläutert.

Roediger, E. (2009). Was ist Schematherapie? Eine Einführung in Grundlagen, Modell und Anwendung. Paderborn: Junfermann.
Dieses Buch ist ein guter Einstieg in die Theorie und Praxis der Schematherapie.

Roediger, E. (2010). Raus aus den Lebensfallen. Wie Schematherapie helfen kann. Paderborn: Junfermann.
Hier wird vor allem das Schemamodus-Modell beleuchtet; außerdem wird seine Handhabung aus Sicht der Klienten thematisiert.

Roediger, E. & Jacob, G. (Hrsg.) (2010). Fortschritte der Schematherapie. Göttingen: Hogrefe.
Ausdifferenzierungen der Schematherapie finden interessierte Leser hier.

Sachse, R., Fasbender, J., Breil, J., Püschel, O. (2009). Grundlagen und Konzepte Klärungsorientierter Psychotherapie. Göttingen unter anderem : Hogrefe.
Hier werden die theoretischen Grundlagen und praktischen Arbeitsweisen der Klärungsorientierten Psychotherapie erläutert.

Sachse, R. (2006). Persönlichkeitsstörungen verstehen. Zum Umgang mit schwierigen Klienten. Bonn: Psychiatrie-Verlag.
Dieser leicht verständliche Ratgeber richtet sich an Angehörige der psychotherapeutischen und sozialpädagogischen Berufe.

Weidner, J. & Kilb, R. (2011). Handbuch Konfrontative Pädagogik: Grundlagen und Handlungsstrategien zum Umgang mit aggressivem und abweichendem Verhalten. Weinheim: Juventa.
Dieses praxisorientierte Expertenbuch liefert aktuelle Umgangsformen zum Thema Gewalt – ein Muss!

Young, J.E., Klosko, J. & Weishaar, M.J. (2005). Schematherapie. Ein praxisorientiertes Handbuch. Paderborn: Junfermann.
Dieses Fachbuch ist das Schematherapie-Grundlagenwerk – und ein Muss für alle Schemapädagogen.

Young, J.E. & Klosko, J. (2006). Sein Leben neu erfinden. Wie Sie Lebensfallen meistern. Paderborn: Junfermann.
Ursprünglich für Klienten der Schematherapie verfasst, eignet sich dieses Buch auch für Laien, die sich für Schematherapie interessieren.

Kontakte

Weitere Informationen zur Schemapädagogik (auch als Download) finden Interessenten auf der Homepage des Autors (www.schemapädagogik.de).

Fortbildungen in Schemapädagogik

Am Institut für Schemapädagogik (Worms) werden verschiedene Fortbildungen zur Schemapädagogik angeboten. Auf der oben genannten Homepage werden sie ausführlich beschrieben.

Kontakt (Marcus Damm):

Institut für Schemapädagogik
Dr. Marcus Damm
Höhenstr. 56
67550 Worms
Internet: www.schemapädagogik.de

Dr. Marcus Damm ist Referent für Förderpädagogik am Pädagogischen Landesinstitut Rheinland-Pfalz und arbeitet seit einigen Jahren als Berufsschullehrer. Ebenso bietet er Fort- und Weiterbildungen zur Schemapädagogik an.

Kontakt (Stefan Werner):

Stefan Werner
Bienengarten 18
55411 Bingen
Internet: www.gewaltlos.info; www.mentalstärke.de

Stefan Werner arbeitet seit 15 Jahren bei der Stiftung Juvente Mainz und bietet in diesem Rahmen Trainings (AAT, CT, KraVt und Aufwind) an. Ebenso arbeitet er als Referent, Mentaltrainer, Coach und Teamentwickler.

Literatur

Ainsworth, M.D.S. (1968). Object relations, dependency and attachment. A theoretical review of the infant-mother relationship. Child Dev., 40, 969–1025.

Arnold, R. (2007). Ich lerne, also bin ich. Eine systemisch-konstruktivistische Didaktik. Heidelberg: Carl-Auer.

Bamberger, G.G. (2010). Lösungsorientierte Beratung (4. Aufl.). Weinheim und Basel: Beltz.

Bauer, J. (2007a). Warum ich fühle, was du fühlst (6. Aufl.). München: Heyne.

Bauer, J. (2007b). Prinzip Menschlichkeit. Warum wir von Natur aus kooperieren (3. Aufl.). Hamburg: Hoffmann & Campe.

Beck, A.T. (1976). Cognitive therapy and the emotional disorders. New York: International University Press.

Beck, A.T., Freeman, A. & Davis, D. (2004). Cognitiv Therapy of Personality Disorders. New York, London: Guilford Press.

Berne, E. (1964/2005). Spiele der Erwachsenen. Psychologie der menschlichen Beziehungen (5. Aufl.). Reinbek: Rowohlt.

Bertalanffy, L.v. (1972). Zu einer allgemeinen Systemlehre. In: Bleicher, K. (Hrsg.). Organisation als System. VS-Verlag: Wiesbaden.

Bierhoff, H.-W. (2006). Sozialpsychologie. Ein Lehrbuch (6. Aufl.). Stuttgart: Kohlhammer.

Böhnisch, L. (2001). Sozialpädagogik der Lebensalter. München & Weinheim: Beltz.

Bowlby, J. (1973). Attachment and Loss (Vol. 2). Separation. Anxiety and anger. New York: Basic Books.

Brand, M. & Saasmann, M. (1999). Anti-Gewalt-Training für Gewalttäter. Ein sozialpädagogisches konfrontatives Training zum Abbau der Gewaltbereitschaft. In: DVJJ-Journal, 4, 419–425.

Cierpka, M. (2005). FAUSTLOS – Wie Kinder Konflikte gewaltfrei lösen lernen (3. Aufl.). Freiburg i.B.: Herder.

Corsini, R.J. (1994). Konfrontative Therapie. In: Corsini, R.J. (Hrsg.). Handbuch der Psychotherapie. Bd.1., 550–570. Weinheim: Beltz.

Damasio, A.R. (2000). Ich fühle, also bin ich. München: List.

Damasio, A.R. (2004). Descartes' Irrtum. Fühlen, Denken und das menschliche Gehirn. Berlin: List.

Damm, M. (2009). Nervensägen – und wie man mit ihnen klarkommt. Freiburg i.B.: Herder.

Damm, M. (2010a). Praxis der Schemapädagogik. Schemaorientierte Psychotherapien und ihre Potenziale für psychosoziale Arbeitsfelder. Reihe Schemapädagogik kompakt. Band 1. Stuttgart: Ibidem.

Damm, M. (2010b). Schemapädagogik im Klassenzimmer. Ein neues Konzept zur Förderung verhaltensauffälliger Schüler. Reihe Schemapädagogik kompakt. Band 2. Stuttgart: Ibidem.

Damm, M. (2010c). Schemapädagogik im Klassenzimmer. Das Praxisbuch. Arbeitsmaterialien für Lehrer und Schüler. Reihe Schemapädagogik kompakt. Band 3. Stuttgart: Ibidem.

Damm, M (2010d). Sei du selbst. Es ist dein Leben. Freiburg i.B.: Herder.

Dehner, R. & Dehner, U. (2007). Schluss mit diesen Spielchen. Manipulationen im Alltag erkennen und dagegen vorgehen. Campus: Frankfurt a.M.

DeShazer, S. (2005). Wege der erfolgreichen Kurztherapie. Stuttgart: Klett-Cotta.

Dilts, R. (2010). Die Veränderung von Glaubenssystemen. NLP-Glaubensarbeit. Paderborn: Junfermann.

Ellis, A. (1962). Die rational-emotive Therapie. München: Pfeiffer.

Feuerhelm, W. & Eggert, A. (2007): Evaluation des Anti-Aggressivitäts-Trainings und des Coolness-Trainings in Mainz. Unveröffentlichte Ausgabe der KFH Mainz.

Flückiger, C. & Wüsten, G. (2008). Ressourcenaktivierung. Bern: Hans Huber.

Freeman, A. (2000). Persönlichkeitsstörungen. In: M. Hautzinger (Hrsg.). Kognitive Verhaltenstherapie bei psychischen Erkrankungen (3. Aufl.), 249–294. Berlin, München: Quintessenz.

Grawe, K. (1998). Psychologische Psychotherapie. Göttingen unter anderem : Hogrefe.

Grawe, K. (2004). Neuropsychiatrie. Göttingen unter anderem : Hogrefe.

Hammelstein, P. (2009). Kognitive Therapie, Schematherapie und Klärungsorientierte Psychotherapie. Vergleich einzelner Aspekte. In: Sachse, R. et al. Grundlagen und Konzepte Klärungsorientierter Psychotherapie, 184–200. Göttingen unter anderem : Hogrefe.

Heckhausen, J. & Heckhausen, H. (2006). Motivation und Handeln (3. Aufl.). Heidelberg: Springer.

Heiner, M. (2007). Soziale Arbeit als Beruf. München: Reinhardt.

Herriger, N. (1995). Empowerment und das Modell der Menschenstärken. Bausteine für ein verändertes Menschenbild in der Sozialen Arbeit. In: Soziale Arbeit, 5, 155–162.

Herriger, N. (2010): Empowerment in der Sozialen Arbeit. Eine Einführung. Stuttgart: Klett-Cotta.

Hirblinger, H. (2001). Einführung in die psychoanalytische Pädagogik der Schule. Würzburg: Königshausen & Neumann.

Kasper, H. (2003). Schülermobbing – tun wir was dagegen. München: AOL.

Keller, G. (2010). Disziplinmanagement in der Schulklasse. Unterrichtsstörungen vorbeugen – Unterrichtsstörungen bewältigen (2. Aufl.). Bern: Hans Huber.

Kilb, R., Weidner, J. & Gall, R. (2009). Konfrontative Pädagogik in der Schule. Anti-Aggressivitäts- und Coolnesstraining (2. Aufl.). Weinheim und München: Juventa.

Kleine-Katthöfer, G. (2001). Grundbausteine Sozialpädagogik. Köln: Stam.

König, K. (2003). Abwehrmechanismen (3. Aufl.). Göttingen: Vandenhoeck & Ruprecht.

Kreuzer, T. (2006). Psychoanalytische Pädagogik und ihre Bedeutung für die Schule. Würzburg: Königshausen & Neumann.

Kriz, J. (2007). Grundkonzepte der Psychotherapie (6. Aufl.). München: Psychologie Verlags Union.

Kuhl, J. (2001). Motivation und Persönlichkeit. Göttingen unter anderem : Hogrefe.

Kreft, D. & Mielenz, I. (Hrsg.). (2008). Wörterbuch Soziale Arbeit (6. Aufl.). Weinheim und München: Juventa.

Langfeldt, H.-P. (2006). Psychologie für die Schule. Weinheim & Basel: Beltz.

Lammers, C.-H. (2007). Emotionsbezogene Psychotherapie. Grundlagen, Strategien und Techniken. Stuttgart: Schattauer.

LeDoux, J.E. (2001). Das Netz der Gefühle – Wie Emotionen entstehen. Wien: Carl Hanser.

Leahy, R.L. (2007). Techniken kognitiver Therapie. Paderborn: Junfermann.

Lohmann, G. (2007). Mit Schülern klarkommen. Professioneller Umgang mit Unterrichtsstörungen und Disziplinkonflikten (6. Aufl.). Berlin: Cornelsen Skriptor.

Main, M. & Solomon, J. (1986). Discovery of a new, insecure-disorganized /disoriented attachment pattern. In: T.B. Brazelton & M. Yohman (Hrsg.). Affective Development in Infancy, 95–124. Norwood, N.J.: Ablex.

Maturana, H. (1982). Erkennen. Die Organisation und Verkörperung von Wirklichkeit. Braunschweig.

Matza, D. & Sykes, G. (2010). La delinquenza giovanile. Teorie es analisi. Armando Editore.

Mentzos, S. (2009). Lehrbuch der Psychodynamik. Die Funktion der Dysfunktionalität psychischer Störungen (2. Aufl.). Göttingen: Vandenhoeck & Ruprecht.

Nowacki, K. (2009). Klärungsorientierte Psychotherapie aus bindungstheoretischer Sicht. In: Sachse, R. et al. Grundlagen und Konzepte Klärungsorientierter Psychotherapie, 165–183. Göttingen unter anderem : Hogrefe.

Olweus, D. (2008). Gewalt in der Schule. Was Lehrer und Eltern wissen sollten – und tun können (4. Aufl.). Bern: Hans Huber.

Piaget, J. (1976). Die Äquilibration der kognitiven Strukturen. Stuttgart: Klett.

Piaget, J. (1980). Psychologie der Intelligenz. Stuttgart: Klett-Cotta.

Püschel, O. & Sachse, R. (2009). Eine motivationstheoretische Fundierung Klärungsorientierter Psychotherapie. In: Sachse, R. et al. Grundlagen und Konzepte Klärungsorientierter Psychotherapie, 89–110. Göttingen unter anderem : Hogrefe.

Roediger, E. (2009a). Praxis der Schematherapie. Stuttgart: Schattauer.

Roediger, E. (2009b). Was ist Schematherapie? Eine Einführung in Grundlagen, Modell und Anwendung. Paderborn: Junfermann.

Roediger, E. & Jacob, G. (Hrsg.) (2010). Fortschritte der Schematherapie. Göttingen: Hogrefe.

Rogers, C. (1972/1999). Die nicht-direktive Beratung (9. Aufl.). Frankfurt a.M.: Fischer.

Roth, G. (2003). Fühlen, Denken, Handeln. Wie das Gehirn unser Verhalten steuert. Frankfurt a.M.: Suhrkamp.

Roth, G. (2007). Persönlichkeit, Entscheidung und Verhalten. Warum es so schwierig ist, sich und andere zu verstehen. Stuttgart: Klett-Cotta.

Roth, G. (2009). Aus Sicht des Gehirns (2. Aufl.). Frankfurt a.M.: Suhrkamp.

Sachse, R. (2003). Klärungsorientierte Psychotherapie. Göttingen unter anderem : Hogrefe.

Sachse, R. (2004). Persönlichkeitsstörungen. Leitfaden für die Psychologische Psychotherapie. Göttingen unter anderem : Hogrefe.

Sachse, R. (2006a). Therapeutische Beziehungsgestaltung. Göttingen unter anderem : Hogrefe.

Sachse, R. (2006b). Persönlichkeitsstörungen verstehen. Zum Umgang mit schwierigen Klienten. Bonn: Psychiatrie-Verlag.

Sachse, R., Püschel, O., Fasbender, J. & Breil, J. (2008). Klärungsorientierte Schemabearbeitung. Dysfunktionale Schemata effektiv verändern. Göttingen unter anderem : Hogrefe.

Sachse, R., Fasbender, J., Breil, J. & Püschel, O. (2009). Grundlagen und Konzepte Klärungsorientierter Psychotherapie. Göttingen unter anderem : Hogrefe.

Schmidt, G. (2004). Liebesaffären zwischen Problem und Lösung. Hypnosystemisches Arbeiten in schwierigen Kontexten. Heidelberg: Carl-Auer-Systeme.

Schmidt, G. (2008). Einführung in die hypnosystemische Therapie und Beratung. Heidelberg: Carl-Auer-Systeme.

Schmitt-Killian, J. (2010). „Ich mach euch fertig!“ Praxisbuch Gewaltprävention. Gütersloh: Gütersloher Verlagshaus.

Schulz von Thun, F. (1998). Miteinander reden 2. Stile, Werte und Persönlichkeitsentwicklung. Differentielle Psychologie der Kommunikation. Reinbek: Rowohl.

Seligman, M.E.P. (1979): Erlernte Hilflosigkeit. Weinheim: Beltz.

Siegel, D.J. (2006). Wie wir werden, die wir sind. Paderborn: Junfermann.

Singer, W. (2002). Der Beobachter im Gehirn. Essays zur Hirnforschung. Frankfurt a.M.: Suhrkamp.

Speck, K. (2006). Qualität und Evaluation in der Schulsozialarbeit. Konzepte, Rahmenbedingungen und Wirkungen. Wiesbaden: VS Verlag.

Spitzer, M. (2009). Hirnforschung für Neu(ro)gierige. Braintertainment 2.0. Stuttgart: Schattauer.

Taglieber, W. (2005). Berliner Mobbing-Fibel. Was tun wenn. Berlin: Berliner Landesinstitut.

Thiersch, H. (1992). Lebensweltorientierte Arbeit (6. Auf.). Weinheim und Basel: Beltz.

Wagner, R.F., Hinz, A., Rausch, A. & Becker, B. (2009). Modul Pädagogische Psychologie. Bad Heilbrunn: Klinkhardt.

Watzlawick, P. (2010). Wie wirklich ist die Wirklichkeit (10. Aufl.). München: Piper.

Weidner, J. (2004). Konfrontation mit Herz: Eckpfeiler eines neuen Trends in Sozialer Arbeit und Erziehungswissenschaft. In: Weidner, J. & Kilb, R. (Hrsg.). Konfrontative Pädagogik. Konfliktbearbeitung in Sozialer Arbeit und Erziehung. Wiesbaden: VS-Verlag.

Weidner, J. & Kilb, R. (2008). Konfrontative Pädagogik (3. Aufl.). Wiesbaden: VS-Verlag.

Wendt, W.R. (1999). Case Management im Sozial- und Gesundheitswesen. Eine Einführung. Freiburg i.B.: Lambertus.

Werner, S. (2009). Sicher im Umgang mit aggressiven Klienten. Möglichkeiten, Gewalt zu behandeln und mit ihr umzugehen. In: Konturen. Fachzeitschrift für Sucht und soziale Fragen. DO Suchthilfe Bad Orb.

Wolters, J.-M. (1992). Kampfkunst als Therapie. Die sozialpädagogische Relevanz asiatischer Kampfsportarten. Bern unter anderem : Peter Lang.

Young, J.E. & Brown, G. (1990). Young Schema Questionaire. New York: Schema Therapy Institut.

Young, J.E. (1999). Cognitive therapy for personality disorders. A schema-focused approach (rev. Ausg.). Sarasota, FL: Professional Resources Press.

Young, J.E., Klosko, J.S. & Weishaar, M.J. (2008). Schematherapie. Ein praxisorientiertes Handbuch (2. Aufl.). Paderborn: Junfermann.

Young, J.E. & Klosko, J. (2006). Sein Leben neu erfinden. Wie Sie Lebensfallen meistern. Paderborn: Junfermann.

Anhang „Arbeitsmaterial"

Beobachtungsbogen

Name des Klienten: ______________________

Beobachtungszeitraum: ______________

Beobachtete Tests

____

____

Beobachtete Psychospiele

____

____

Beobachtete Appelle

____

____

Beobachtete Images

____

____

Beobachtete Schemamodi/Rollen

____

____

Lässt auf folgendes Schema/folgende Schemata schließen:

Das Rollen-Memo

Erinnerungskarte
Name des Klienten: ______________________

1. Benennen einer Situation, in der ich meine „fünf Minuten habe"

____

____

2. Erkennen der aktivierten Teil-Persönlichkeit

____

____

3. Anerkennen des unangepassten Denkens und Realitätsprüfung

____

____

4. Trennen vom alten und Festigung des neuen Verhaltens

____

____

Das Rollen-Tagebuch

(in Anlehnung an ARNTZ & VAN GENDEREN 2010, 142)

Schemamodus-Tagebuch

Name des Klienten: ________________________

Datum: _______________

Positive Erfahrungen

___

___

Datum: _______________

Positive Erfahrungen

___

___

Datum: _______________

Positive Erfahrungen

___

___

Datum: _______________

Positive Erfahrungen

___

___

Beobachtungs- und Reflexionsblatt 1: Klientenrollen

Name des Klienten: ______________________

Aufgabe: Zeichnen Sie in die unten platzierte Skizze ein oder zwei Schemamodi/Rollen ein, die ein „schwieriger" Klient in Ihrer Gruppe regelmäßig offenbart und somit entweder (a) sich selbst beeinträchtigt, (b) die Arbeit und/oder (c) das soziale Umfeld stört. Betiteln Sie Ihre Zeichnungen, indem Sie die Rollen mit dem Vornamen des Klienten verknüpfen (etwa Mobber-Thomas, Verarscher-Thomas usw.).

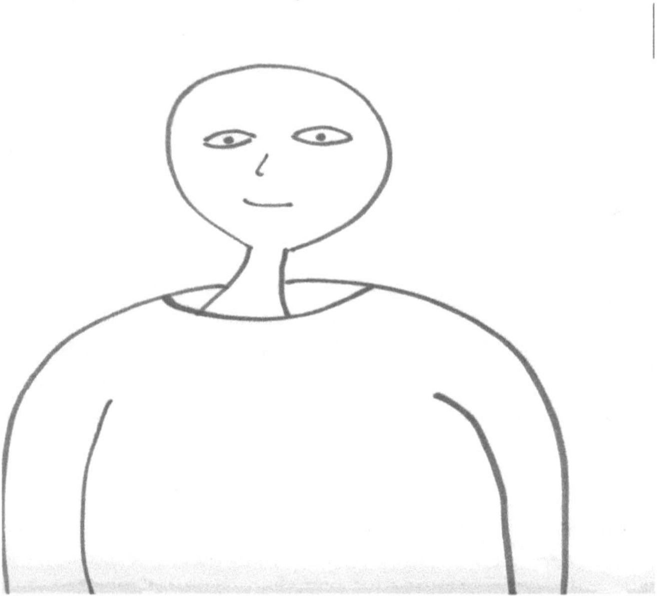

Frage 1: Wie sind Sie bisher mit entsprechenden Aktivierungen umgegangen?

____

____

Frage 2: Welche alternativen Vorgehensweisen ergeben sich in schemapädagogischer Hinsicht?

____

____

Anleitung Stühlearbeit

- Rahmenbedingungen: ein reizarmes Umfeld, nur der Klient und der Pädagoge sind anwesend; vorher sollte die Phase des komplementären Beziehungsaufbaus stattgefunden haben
- Material: drei Stühle, Karte
- Anlass: vor oder nach dem Schemamodus-Gespräch
- Ziel: Förderung des Modus des Gesunden Erwachsenen (= Förderung der Selbstkontrolle im Unterricht)

Anleitung:

Zunächst erklärt man dem Betreffenden, worum es geht. - Mithilfe einer kleinen Übung soll ihm klar werden, dass manchmal ein „Mobber", „Verarscher", „Schläger" usw. in ihm aktiviert wird. Die jeweilige Persönlichkeitsfacette übernimmt dann die Kontrolle über sein Denken und Verhalten, und er hat seine „fünf Minuten". Dann ist er „voll drin" in seinem „Film". Als „Mensch", so erklärt der Pädagoge, könne er den Teenager super leiden, und der innere „Mobber", „Verarscher", „Schläger" usw. nervt eben manchmal. Da müsse man was machen. Der Sozialarbeiter legt nach der **freundlichen** Einführung auf den dritten (leeren) Stuhl eine Merkkarte, auf der die Bezeichnung des „schwierigen" Schemamodus, anders gesagt, der störenden Klientenrolle steht, etwa: „Aggro-Thomas". Er erklärt dem Heranwachsenden in Klientensprache zunächst **authentisch** und **wertungsfrei**, wie genau er den aktivierten „Mobber-", „Verarscher-", „Schläger-Thomas" wahrnimmt.
Danach kündigt der Pädagoge an, dass er nun in diese eine bestimmte Rolle des Klienten schlüpfen wird, sobald er den leeren Platz einnimmt. Der Teenager wird dazu angehalten, genau aufzupassen, nichts zu sagen und das Ganze auf sich wirken zu lassen. Dann geht es los. Schauspielerische Kompetenzen sind gefragt. Nach zirka einer Minute „Schemamodus-Rollenspiel", bei dem durchaus prägnante, problematische Sätze mit Wiedererkennungswert fallen **müssen**, erhebt sich der Pädagoge, „switcht" um und offenbart wieder die Rolle des Gesunden Erwachsenen. Nun wird der Heranwachsende zu dem gerade Erlebten befragt („Wie war das für dich?", „Erkennst du den Aggro-Thomas?" usw.). Dies dient der Förderung der zukünftigen Selbstkontrolle. Es sollte im Anschluss an diese Übung ein Schemamodus-Memo erstellt werden. Ebenfalls kann man mit dem Klienten einen verbalen Vertrag („Ab jetzt bleibst du cool und kontrollierst deinen inneren ...!") schließen, der mit einem symbolischen Handschlag abgesegnet wird.

Beobachtungs- und Diagnoseblatt 2: Klientenimages

Name des Klienten: ______________________

Aufgabe: Fokussieren Sie zwei „schwierige" Schemamodi/Rollen, die ein „schwieriger" Klient in Ihrer Gruppe offenbart. Betiteln Sie die Rollen, etwa „Mobber", „Verarscher", mit dem Vornamen des Klienten (etwa Mobber-Thomas, Verarscher-Thomas usw.). Reflektieren Sie darüber, welche Images der Klient infolge der Schemamodi-Aktivierungen im Laufe der Zusammenarbeit kommuniziert hat.

Rolle 1: ______________________

- **Image 1:** ____

- **Image 2:** ____

Rolle 2: ______________________

- **Image 1:** ____

- **Image 2:** ____

Frage 1: Wie sind Sie bisher mit entsprechenden Images umgegangen?

____

____

Frage 2: Welche schemapädagogischen Vorgehensweisen ergeben sich?

____

____

Beobachtungs- und Diagnoseblatt 3: Kliententests

Name des Schülers: ____________________

Aufgabe: Fokussieren Sie zwei „schwierige" Schemamodi/Rollen, die ein „schwieriger" Klient in Ihrer Gruppe offenbart. Betiteln Sie die Rollen, etwa „Mobber", „Verarscher", mit dem Vornamen des Klienten (etwa Mobber-Thomas, Verarscher-Thomas usw.). Reflektieren Sie darüber, welche Tests der Klient infolge der Schemamodi-Aktivierungen im Laufe der Zusammenarbeit kommuniziert hat.

Rolle 1: ____________________

- **Test 1:** ____
- **Test 2:** ____

Rolle 2: ____________________

- **Test 1:** ____
- **Test 2:** ____

Frage 1: Wie sind Sie bisher mit entsprechenden Tests umgegangen?

____

____

Frage 2: Welche schemapädagogischen Vorgehensweisen ergeben sich?

____

____

Beobachtungs- und Diagnoseblatt 4: Klientenspiele

Name des Schülers: ____________________

Aufgabe: Fokussieren Sie zwei „schwierige" Schemamodi/Rollen, die ein „schwieriger" Klient in Ihrer Gruppe offenbart. Betiteln Sie die Rollen, etwa „Mobber", „Verarscher", mit dem Vornamen des Klienten (etwa Mobber-Thomas, Verarscher-Thomas usw.). Reflektieren Sie darüber, welche Psychospiele der Klient infolge der Schemamodi-Aktivierungen im Laufe der Zusammenarbeit kommuniziert hat.

Rolle 1: ____________________

- **Psychospiel 1:** ____________________
- **Psychospiel 2:** ____________________

Rolle 2: ____________________

- **Psychospiel 1:** ____________________
- **Psychospiel 2:** ____________________

Frage 1: Wie sind Sie bisher mit entsprechenden Psychospielen umgegangen?

____

____

Frage 2: Welche schemapädagogischen Vorgehensweisen ergeben sich?

____

____

Beobachtungs- und Diagnoseblatt 5: Klientenappelle

Name des Schülers: ____________________

Aufgabe: Fokussieren Sie zwei „schwierige" Schemamodi/Rollen, die ein „schwieriger" Klient in Ihrer Gruppe offenbart. Betiteln Sie die Rollen, etwa „Mobber", „Verarscher", mit dem Vornamen des Klienten (etwa Mobber-Thomas, Verarscher-Thomas usw.). Reflektieren Sie darüber, welche Appelle der Klient infolge der Schemamodi-Aktivierungen im Laufe der Zusammenarbeit kommuniziert hat.

Rolle 1: ____________________

- **Appell 1:** ____
- **Appell 2:** ____

Rolle 2: ____________________

- **Appell 1:** ____
- **Appell 2:** ____

Frage 1: Wie sind Sie bisher mit entsprechenden Appellen umgegangen?

____

____

Frage 2: Welche schemapädagogischen Vorgehensweisen ergeben sich?

____

____

Schemafragebogen©

Der folgende Fragebogen soll Ihnen dabei helfen, Hinweise auf eigene Schemata zu erkennen und zu sammeln. Dies fördert die Selbsterkenntnis, andererseits kommt man dadurch vielleicht schon einigen „altbekannten" Beziehungsstörungen auf den Grund, die sich bis dato immer wieder wie „von selbst" ergeben haben.

Man kann davon ausgehen, dass die Mehrheit der Personen, die in sozialen Berufen arbeiten (und auch sonstwo), eines oder mehrere Schemata aufweist.

Vorab sei noch erwähnt, dass der Fragebogen **nicht** dem in der Schematherapie eingesetzten Fragebogen entspricht, sondern auf der Textanalyse der Beschreibungen von YOUNG et al. (2008) basiert, die der Autor (Marcus Damm) vorgenommen hat. Wissenschaftlich wurde er noch nicht untersucht; aber man kann davon ausgehen, dass er sicherlich etwas über Schema-*Tendenzen* aussagt.

Lesen Sie sich die Fragen genau durch, lassen Sie sich auf sie ein, und bewerten Sie die entsprechenden Aussagen auf einer Skala von 1 bis 6 (1= dieser Aussage stimme ich **überhaupt nicht** zu; 6= dieser Aussage stimme ich **voll** zu). Markieren Sie Ihre Einschätzungen.

Schemafragebogen für Angehörige der sozialen Berufe

1. EV (1= stimme ich überhaupt nicht zu; 6 = stimme ich voll zu)	
In vielen Momenten, in denen es mir nicht gut ging, habe ich wenig Unterstützung von meinen Bezugspersonen bekommen	1 2 3 4 5 6
Ich war zeit meines Lebens häufig auf mich alleine gestellt	1 2 3 4 5 6
Ich gebe nicht viel von meinem emotionalen Innenleben preis	1 2 3 4 5 6
Ich weiß häufig gar nicht, was ich fühle	1 2 3 4 5 6
Ich weiß meistens nicht, was meine Gesprächspartner fühlen	1 2 3 4 5 6
2. V (1= stimme ich überhaupt nicht zu; 6 = stimme ich voll zu)	
Ich bin davon überzeugt, dass man sich in einer Beziehung nicht völlig auf den Anderen verlassen kann	1 2 3 4 5 6
Ich finde: Vertrauen ist gut, Kontrolle ist besser!	1 2 3 4 5 6
Mir fällt es schwer, mich mit mir zu beschäftigen, wenn ich alleine bin	1 2 3 4 5 6
Ich suche ständig Gesellschaft	1 2 3 4 5 6
Auch in Phasen, in denen es mir gut geht, habe ich eher eine pessimistische Weltanschauung	1 2 3 4 5 6
3. MM (1= stimme ich überhaupt nicht zu; 6 = stimme ich voll zu)	
Ich teile die Menschen ein in „gut“ und „böse“	1 2 3 4 5 6
Ich finde, man kann sich nicht genug vor den Mitmenschen in Acht nehmen	1 2 3 4 5 6
Ich brauche sehr lange, bis ich jemandem vertrauen kann	1 2 3 4 5 6
Manchmal mache ich Zu-Erziehende „so richtig zur Sau“	1 2 3 4 5 6
Ich erlebe oft Konflikte mit anderen	1 2 3 4 5 6
4. SI (1= stimme ich überhaupt nicht zu; 6 = stimme ich voll zu)	
Ich bin anders als die Anderen – das war schon immer so	1 2 3 4 5 6
Schon früher war ich „Außenseiter“	1 2 3 4 5 6
Ich fühle mich häufig missverstanden	1 2 3 4 5 6
Meine Mitmenschen haben wenig mit mir gemein	1 2 3 4 5 6
In meiner Rolle als Außenseiter fühle ich mich wohl	1 2 3 4 5 6

5. US (1= stimme ich überhaupt nicht zu; 6 = stimme ich voll zu)	
Kritik von meinen Mitmenschen annehmen – geht gar nicht	1 2 3 4 5 6
In meiner Freizeit bevorzuge ich typische Einzelgängertätigkeiten (zum Beispiel Angeln, Fotografieren usw.)	1 2 3 4 5 6
Ich bekommen häufig Rückmeldung, dass mit mir etwas nicht stimmt	1 2 3 4 5 6
Ich werde häufig von meinen Bezugspersonen negativ bewertet	1 2 3 4 5 6
Ich trete in Gesellschaft sehr oft in „Fettnäpfe"	1 2 3 4 5 6
6. EV (1= stimme ich überhaupt nicht zu; 6 = stimme ich voll zu)	
Viele Projekte, die ich beginne, scheitern letztlich	1 2 3 4 5 6
Mir will einfach nichts gelingen	1 2 3 4 5 6
Ich verliere schnell die Geduld, wenn eine Sache, die ich angehe, nicht sofort funktioniert	1 2 3 4 5 6
Ich zweifele oft an mir selbst	1 2 3 4 5 6
Ich glaube, ich strahle nicht genug Selbstvertrauen aus	1 2 3 4 5 6
7. AI (1= stimme ich überhaupt nicht zu; 6 = stimme ich voll zu)	
Ich glaube, dass meine hauptsächlichen Bezugspersonen in vielerlei Hinsicht kompetenter sind als ich	1 2 3 4 5 6
Ich fühle mich bei Aufgaben, die ich selbst übernehmen muss, schnell überfordert	1 2 3 4 5 6
Mein soziales Umfeld unterstützt mich in jeder Lebenslage	1 2 3 4 5 6
Ich finde, niemand sollte große Ansprüche an mich stellen	1 2 3 4 5 6
Ich kann schlecht im Alltag Entscheidungen treffen	1 2 3 4 5 6
8. V (1= stimme ich überhaupt nicht zu; 6 = stimme ich voll zu)	
Ich finde, dass das Leben voller potenzieller Gefahren steckt	1 2 3 4 5 6
Man muss sich im Alltag vorsehen	1 2 3 4 5 6
Ich bin häufig gestresst, weil ich stets auf so viele Dinge achten muss	1 2 3 4 5 6
Ich verbringe einige Zeit damit, meine Mitmenschen vor den Gefahren des Alltags zu warnen	1 2 3 4 5 6
Ich konsumiere häufig Medien, in denen Krankheiten, Unfälle, Naturkatastrophen usw. thematisiert werden	1 2 3 4 5 6

9. VUS (1= stimme ich überhaupt nicht zu; 6 = stimme ich voll zu)	
Meine hauptsächliche Bezugsperson ist die Nr. 1 in meinem Leben	1 2 3 4 5 6
Wenn ich von meinem Partner getrennt werde, geht es mir nicht gut	1 2 3 4 5 6
Ich höre oft, ich sei zu fordernd, einengend, anspruchsvoll	1 2 3 4 5 6
Dass die Anderen mir in vielerlei Hinsicht hilfreich zur Seite stehen, finde ich normal – das muss so sein	1 2 3 4 5 6
Ich habe keine großartigen Hobbys	1 2 3 4 5 6
10. AG (1= stimme ich überhaupt nicht zu; 6 = stimme ich voll zu)	
Ich fühle mich meinen Mitmenschen gegenüber größtenteils überlegen	1 2 3 4 5 6
Ich bin sehr ehrgeizig	1 2 3 4 5 6
Ich hätte in meinem Leben noch viele andere Berufe ergreifen können, denn ich habe viele Fähigkeiten	1 2 3 4 5 6
Ich finde, dass ich im Vergleich zu anderen talentierter, unterhaltsamer, intellektueller usw. bin	1 2 3 4 5 6
Mir geht es gut, wenn meine Leistungen von meinen Mitmenschen wertgeschätzt und anerkannt werden	1 2 3 4 5 6
11. USS (1= stimme ich überhaupt nicht zu; 6 = stimme ich voll zu)	
Es fällt mir schwer, täglich anfallende Routinearbeiten auszuführen (etwa im Haushalt oder im Beruf)	1 2 3 4 5 6
Wenn mich andere zu etwas drängen wollen, mache „ich dicht"	1 2 3 4 5 6
Ich fühle mich oft irgendwie „leer"	1 2 3 4 5 6
Mir fällt es schwer, Ordnung und Struktur einzuhalten, im Beruf wie in der Freizeit	1 2 3 4 5 6
Am besten geht es mir, wenn mich alle in Ruhe lassen und mich nicht beanspruchen	1 2 3 4 5 6

12. UU (1= stimme ich überhaupt nicht zu; 6 = stimme ich voll zu)	
Ich vermeide bestmöglich Kontakt mit den Autoritätspersonen in meinem Beruf	1 2 3 4 5 6
Ich bemühe mich immer darum, einen guten Eindruck auf meine Vorgesetzten zu machen	1 2 3 4 5 6
Ich denke manchmal darüber nach, ob meine Vorgesetzten auch wirklich eine gute Meinung über meine Person haben	1 2 3 4 5 6
Wenn ich zurechtgewiesen werde, geht mir das tagelang nach	1 2 3 4 5 6
Wenn ich mich mit meinen Vorgesetzten unterhalte, bin ich voll konzentriert und gehe voll und ganz auf ihre Anliegen ein (im Nachhinein ärgert mich das dann oft)	1 2 3 4 5 6
13. A **(1= stimme ich überhaupt nicht zu; 6 = stimme ich voll zu)**	
Ich denke viel an die Probleme anderer	1 2 3 4 5 6
Ich spüre sofort, wenn es meinem Gesprächspartner nicht gut geht	1 2 3 4 5 6
Ich habe immer ein offenes Ohr für meine Mitmenschen	1 2 3 4 5 6
Ich bin ein „super" Zuhörer und gebe meinem Gesprächspartner das Gefühl, dass er sich verstanden fühlt	1 2 3 4 5 6
Häufig denke ich, ich bin die erste Anlaufstation für die Probleme meiner Mitmenschen	1 2 3 4 5 6
14. SZA **(1= stimme ich überhaupt nicht zu; 6 = stimme ich voll zu)**	
Mir geht es gut, wenn ich gesellschaftlich integriert bin und nicht anecke	1 2 3 4 5 6
Ich suche häufig die Bestätigung und Zustimmung meines sozialen Umfelds	1 2 3 4 5 6
Mir fällt es sehr leicht, auf die Weltanschauung meiner Mitmenschen einzugehen und „Gleichklang" herzustellen	1 2 3 4 5 6
Bleibt einmal Lob für meine Arbeit aus, geht es mir augenblicklich schlecht	1 2 3 4 5 6
Mir bedeutet es sehr viel, was meine Familie, meine Arbeitskollegen, meine Nachbarn usw. über mich denken	1 2 3 4 5 6

15. EG (1= stimme ich überhaupt nicht zu; 6 = stimme ich voll zu)	
Ordnung, Struktur und Sicherheit sind wichtige Dinge in meinem Leben	1 2 3 4 5 6
Ich beschäftige mich häufig mit Statistiken, Tabellen und „Fakten", beruflich wie privat	1 2 3 4 5 6
Manche sagen zu mir, ich sei in Gesellschaft etwas zu „sachlich"	1 2 3 4 5 6
Ich denke erst darüber nach, bevor ich etwas sage	1 2 3 4 5 6
Ich finde, dass Emotionen überschätzt werden	1 2 3 4 5 6
16. ÜS (1= stimme ich überhaupt nicht zu; 6 = stimme ich voll zu)	
Meine Mitmenschen sagen mir manchmal, ich sei perfektionistisch und dazu ein „Arbeitstier"	1 2 3 4 5 6
Alle Projekte, die ich bearbeite, müssen gleich gut funktionieren	1 2 3 4 5 6
Gelingt mir mal etwas nicht, falle ich sofort in ein emotionales Loch	1 2 3 4 5 6
Ich habe immer einen großen Vorrat an „unerledigten", aber sehr wichtigen Dingen, die noch anstehen	1 2 3 4 5 6
Im Urlaub fällt es mir schwer, zu entspannen; die „Fünfe gerade sein lassen" – geht gar nicht	1 2 3 4 5 6
17. N (1= stimme ich überhaupt nicht zu; 6 = stimme ich voll zu)	
Für mich ist das „Glas immer halb leer"	1 2 3 4 5 6
Ich finde immer „das Haar in der Suppe"	1 2 3 4 5 6
Manche sagen, ich würde ihnen permanent die Stimmung vermiesen	1 2 3 4 5 6
Ich bewerte Alltagsangelegenheiten in der Regel sehr negativ	1 2 3 4 5 6
Ich habe wenig Bekannte, die meine negative Einstellung teilen	1 2 3 4 5 6
18. B (1= stimme ich überhaupt nicht zu; 6 = stimme ich voll zu)	
Ich schätze Regeln und Gesetze sehr und halte mich daran	1 2 3 4 5 6
Verfehlungen, die andere begehen, bestrafe ich umgehend	1 2 3 4 5 6
Bei Verfehlungen lasse ich keine Ausreden gelten	1 2 3 4 5 6
Ich verbringe viel Zeit damit, andere zu kontrollieren	1 2 3 4 5 6
Ich präferiere den autoritären Erziehungsstil	1 2 3 4 5 6

Auswertung

Zählen Sie nun die Punkte je Schema zusammen und tragen Sie sie in die Tabelle ein.

Nr.	Schema	Gesamtpunktzahl
1.	Emotionale Vernachlässigung	
2.	Verlassenheit/Instabilität	
3.	Misstrauen/Missbrauch	
4.	Soziale Isolation	
5.	Unzulänglichkeit	
6.	Erfolglosigkeit/Versagen	
7.	Abhängigkeit/Inkompetenz	
8.	Verletzbarkeit	
9.	Verstrickung/ unentwickeltes Selbst	
10.	Anspruchshaltung/Grandiosität	
11.	Unzureichende Selbstkontrolle/Selbstdisziplin	
12.	Unterwerfung/ Unterordnung	
13.	Aufopferung	
14.	Streben nach Zustimmung und Anerkennung	
15.	Emotionale Gehemmtheit	
16.	Überhöhte Standards	
17.	Negatives hervorheben	
18.	Bestrafungsneigung	

An folgender Skala können Sie sich orientieren:

0-10 Punkte	schwach ausgeprägte Tendenz
11-20 Punkte	mittelstark ausgeprägte Tendenz
21-30 Punkte	stark ausgeprägte Tendenz

Was resultiert aus einer stark ausgeprägten Tendenz?

Wie oben schon erwähnt – man kann davon ausgehen, dass die meisten Menschen in unserer Gesellschaft ein oder mehrere Schemata offenbaren. Dass Problem ist nicht die *Existenz* von Schemata, sondern die damit gewöhnlich einhergehenden *Unkenntnis* ihrer Existenz. Dies hat neurobiologische Ursachen.

Schemata entstanden meistens in der frühen Kindheit. Sie werden daher nicht infrage gestellt, und die Betreffenden denken und handeln in bestimmten Situationen immer wieder Schema-getrieben, das heißt: wie Kinder. So kommt es stets zu denselben Konflikten mit sich selbst und anderen.

Sollten Sie nun ein oder mehrere Schemata bei sich selbst entdecken, so haben Sie nunmehr die Chance, konstruktiv mit diesen innerpsychischen Mustern umzugehen.

In Hinsicht auf den pädagogischen Alltag heißt das: Sie müssen Situationen, die bestimmte Schemata auslösen, als solche *erkennen*. Und dann widerstehen Sie „einfach" Ihrem ersten Denk- beziehungsweise Verhaltensimpuls und handeln „anders".

Hierzu sind insbesondere ausgewählte schemapädagogische Interventionen hilfreich, etwa die Praxis der Stühlearbeit (Ihr Partner kann Sie dabei begleiten); aber auch das Rollenmemo und das -tagebuch unterstützen Verhaltensänderungen (siehe oben).

Langsam, aber sicher können Sie so bisherige Verhaltensautomatismen aufbrechen.

Abonnement

Hiermit abonniere ich die Reihe **Schemapädagogik kompakt (ISSN 2191-186X)**, herausgegeben von Dr. Marcus Damm,

❐ ab Band # 1

❐ ab Band # __

  ❐ Außerdem bestelle ich folgende der bereits erschienenen Bände:

  #___, ___, ___, ___, ___, ___, ___, ___, ___, ___, ___

❐ ab der nächsten Neuerscheinung

  ❐ Außerdem bestelle ich folgende der bereits erschienenen Bände:

  #___, ___, ___, ___, ___, ___, ___, ___, ___, ___, ___

❐ 1 Ausgabe pro Band ODER ❐ __ Ausgaben pro Band

Bitte senden Sie meine Bücher zur versandkostenfreien Lieferung innerhalb Deutschlands an folgende Anschrift:

Vorname, Name: ______________________________

Straße, Hausnr.: ______________________________

PLZ, Ort: ______________________________

Tel. (für Rückfragen): ______________ *Datum, Unterschrift:* ______________

Zahlungsart

❐ *ich möchte per Rechnung zahlen*

❐ *ich möchte per Lastschrift zahlen*

bei Zahlung per Lastschrift bitte ausfüllen:

Kontoinhaber: ______________________________

Kreditinstitut: ______________________________

Kontonummer: ______________ Bankleitzahl: ______________

Hiermit ermächtige ich jederzeit widerruflich den ***ibidem***-Verlag, die fälligen Zahlungen für mein Abonnement der Reihe **Schemapädagogik kompakt** von meinem oben genannten Konto per Lastschrift abzubuchen.

Datum, Unterschrift: ______________________________

Abonnementformular entweder **per Fax** senden an: **0511 / 262 2201** oder 0711 / 800 1889 oder als **Brief** an: *ibidem*-Verlag, Leuschnerstr. 40, 30457 Hannover oder als e-mail an: ibidem@ibidem-verlag.de *ibidem*-Verlag

Melchiorstr. 15

D-70439 Stuttgart

info@ibidem-verlag.de

www.ibidem-verlag.de
www.ibidem.eu
www.edition-noema.de
www.autorenbetreuung.de

Zeitfracht Medien GmbH
Ferdinand-Jühlke-Straße 7
99095 Erfurt, Deutschland
produktsicherheit@kolibri360.de